U0793132

高职高专精品系列教材

人力资源管理

第2版

主　编　张颖昆　曹　慧　刘子龙
副主编　胡　佳
参　编　申　鑫

机械工业出版社

本书在第 1 版的基础上进行了内容的精炼和更新，全面介绍了人力资源管理概述、人力资源战略规划、职位分析、员工招募与甄选、培训与开发、绩效管理、薪酬管理、劳动人事法规政策与劳动关系管理，以及职业生涯规划。

本书在编写时力求做到“寓理论于实践”，即以人力资源管理的“规划、选、用、育、留、汰”为主线，用应用案例、数据等对理论进行解析，从而帮助读者更深入地理解人力资源管理对组织的战略意义，使读者能更快地掌握人力资源管理的实用技能。

本书可作为高等院校，尤其是高职高专类院校经济类、管理类专业的专业课教材，还可以作为企业管理和人力资源管理从业人员的工作参考书。

图书在版编目（CIP）数据

人力资源管理/张颖昆，曹慧，刘子龙主编. —2 版. —北京：机械工业出版社，2020.3（2025.9 重印）

高职高专精品系列教材

ISBN 978-7-111-64815-4

Ⅰ. ①人… Ⅱ. ①张… ②曹… ③刘… Ⅲ. ①人力资源管理—高等职业教育—教材 Ⅳ. ①F243

中国版本图书馆 CIP 数据核字（2020）第 030310 号

机械工业出版社（北京市百万庄大街 22 号 邮政编码 100037）

策划编辑：孔文梅　　责任编辑：孔文梅　张美杰　王　芳

责任校对：张晓蓉　　封面设计：鞠　杨

责任印制：单爱军

保定市中画美凯印刷有限公司印刷

2025 年 9 月第 2 版第 6 次印刷

184mm×260mm・15.75 印张・384 千字

标准书号：ISBN 978-7-111-64815-4

定价：45.00 元

电话服务

客服电话：010-88361066

010-88379833

010-68326294

网络服务

机　工　官　网：www.cmpbook.com

机　工　官　博：weibo.com/cmp1952

金　书　网：www.golden-book.com

机工教育服务网：www.cmpedu.com

前　言

21 世纪，社会经济发展进入了知识经济时代。知识经济是依靠知识资本来发展的经济，知识经济时代的核心资源是知识资源，而知识资源的载体是人力资源。人力资源优势是知识经济时代的竞争优势。有效的人力资源系统是一个组织进行竞争的优势所在，是企业的一项重要无形资产。它渗透到企业的运作系统中，能够给企业创造竞争优势和提高绩效价值。

我国传统劳动人事管理的工作方式正面临着重大的革新和发展，现代人力资源管理与传统劳动人事管理在管理观念、管理模式、管理内容、管理重心和管理方法上都有本质而显著的差异。长期以来，我国传统的劳动人事管理强调的是人事关系的管理，运用组织、协调、控制、监督等手段实现一定的管理目的。而现代人力资源管理是根据企业发展的战略要求，对人力资源的获取、开发、使用和保持等方面进行计划、组织、指挥和控制，以激发员工的积极性，充分发挥人才的潜能，提高工作效率，实现组织的战略目标。人力资源管理已成为企业战略管理的一项职能，大大超越了传统劳动人事管理的狭窄范围。人力资源作为一种战略杠杆，有效地影响企业的经营绩效和竞争力。

社会对人力资源管理人才的需求量逐年攀升。为满足我国蓬勃发展的经济对高素质人力资源管理人才的需求，国内高校纷纷设置了经济管理类专业及相近专业，并开设了人力资源管理课程。为满足人力资源管理课程的教学需要和企业人力资源管理者学习的需要，编者于 2010 年编写出版了本书的第 1 版，并被多家高校人力资源管理专业选用为专业课教材。现应读者要求，编者对本书的第 1 版进行了修订和完善，力求推出更贴近现代人力资源管理专业人才培养方案要求的教材。

本书的特色主要体现在以下三点：

1）编者中融合了“双师型”教师和“学院派”教师。张颖昆、曹慧、胡佳均有 5～10 年的企业人力资源管理工作经验，曾任职的企业包括联想集团、TCL 集团、北京京客隆商业集团等大中型企业，具有丰富的人力资源管理实战经验。同时，张颖昆、曹慧、刘子龙又具有 10 年以上的高校教学工作经验，为本、专科学生讲授人力资源管理课程。曹慧、刘子龙，均具有较强的教学、科研能力，曾主持或参与多个省部级课题，并在核心期刊上发表多篇管理类论文，且具有十余年高校人力资源管理课程教学经验。各位编者各司其职，优势互补，既保证了教材的理论深度，又保证了教材具有较强的可读性。

2）对内容和架构重新进行了全面梳理。在本书第 1 版出版后，社会的政治、经济、技术环境，企业的管理模式等均发生了一些变化，使得第 1 版中有些内容已不符合人力资源管理要求。我们在重新编写此版教材时，参阅了大量相关管理书籍，融入了自己在教学中的体会和经验，本着适用性、有用性、有效性的原则对第 1 版教材进行了全面的修订和完善，全面、系统地阐述了人力资源管理的基本原理、流程和方法，主要包括人力资源战略规划、职位分析、员工招募与甄选、培训与开发、绩效管理、薪酬管理、劳动关系管理、职业生涯规划等内容。

3）对案例和小资料进行了更新，并增加了对案例的解析。每章章首均有“引导案例”，且有详细的解析；每章章末均设置了“复习思考题”。

为方便读者检测学习成果，本书每章章末均设置了单选题、多选题、案例分析题和实训项目。

本书编者如下：第一～三章，张颖昆（北京城市学院）编写；第四章、第七章，曹慧（北京城市学院）编写；第五章、第八章，胡佳（北京城市学院）编写；第六章、第九章，刘子龙（北京工业职业技术学院）编写。张颖昆、曹慧和刘子龙负责全书的统稿。华中科技大学在读硕士研究生申鑫同学参与了教材部分资料的整理和校对工作，并协助完成了教学资料的完善工作。

在本书编写过程中，得到了机械工业出版社的大力指导和支持。孔文梅编辑整合了各院校在使用本书第 1 版过程中的建议和意见，并对修订思路给予了全面的指导，在此表示衷心的感谢。

本书配有电子课件等教师用配套教学资源，凡使用本书的教师可登录机械工业出版社教育服务网 www.cmpedu.com 下载。咨询电话：010-88379375，服务 QQ：945379158。

由于时间仓促，编者水平所限，书中的不足之处在所难免，敬请读者批评指正。

编　者

目　录

第一章　人力资源管理概述

知识目标

✧ 掌握人力资源的概念、特征。
✧ 掌握人力资源管理的概念、内容。
✧ 掌握人力资源管理与人事管理的区别。
✧ 掌握战略性人力资源管理的相关内容。

技能目标

✧ 调研组织的人力资源管理各个模块的工作，并总结提炼该组织的人力资源管理特色。
✧ 通过调查能提炼组织在人力资源管理方面的特点。

引导案例

人力资源管理部门能做什么？

任力作为A公司人力资源经理被介绍给公司全体员工。A公司是一家从事高端人才寻访的猎头公司。上任之初，A公司各部门的负责人就纷纷向任力诉苦：员工流失率太高了；有的员工到岗后还没到两周就提出辞职；“95后”员工不好管理；工作了两三年的老员工工作内驱力不足，难以起到骨干员工的作用……

任力在上任之初，没有急于修订人力资源管理的各项制度，他决定先对A公司的业务情况和人力资源情况做全面的了解，在搜集了较全面信息的基础上，再做决策。他将自己的工作思路与A公司总经理沟通后，总经理表示支持他的做法，并表示会积极配合任力的工作。A公司多数业务经理认为人力资源部门可有可无，能按时给员工们发工资，定期组织一些团建活动就可以了。任力能解决公司目前的人力资源管理问题吗？

案例分析

首先，新任人力资源经理任力提出需要在全面了解A公司现状（包括企业战略目标、组织文化、人力资源等）的基础上再采取新的人力资源管理举措，这个思路是正确的。人力资源部门应成为企业发展的重要战略部门。

其次，公司总经理对任力积极支持的态度有利于人力资源战略的实施。企业高层管理者、一线经理均是人力资源管理的重要负责人，特别是各部门业务经理必须树立自己是本部门人力资源管理第一负责人的意识，积极与人力资源管理部门合作，方能解决人力资源管理的问题。

最后，任力作为人力资源管理部门的负责人，应从人力资源规划、人才的招募、甄选、培训与开发、绩效管理、薪酬管理、劳动关系管理等方面系统思考，统筹兼顾，提升A公司员工的工作满意度，实现员工与企业的共同发展。

第一节 人力资源管理的概念

一、什么是管理

什么是管理，这是在研究人力资源管理之前需要明确的概念。众所周知，管理有许多领域，如行政管理、经济管理、旅游管理，以及各种行业、部门和过程的管理等。这些领域都有专门的学科进行研究，但是稍加分析就可以发现，这些专门的学科有许多共性的内容，如基于外部环境对人、财、物的组织与计划等。直到现在，关于“管理”是什么，还没有一个统一的、为大多数人所接受的定义。出现这种现象的原因很简单，不同的人在研究管理时的出发点不同，因此，他们对“管理”一词所下的定义也就不同。美国管理大师彼得·德鲁克（Peter F. Drucker）认为，管理就是界定企业的使命，并激励和组织人力资源去实现这一使命。斯蒂芬·罗宾斯（Stephen P. Robbins）是美国著名的管理学教授，曾著有《管理学》等多部管理类经典教材，他对管理所下的定义是：管理是指同别人一起，或通过别人使工作完成得既有效率又有效果的过程。管理者主要履行管理中的5个基本职能：计划、组织、人事、领导和控制，如图1-1所示。

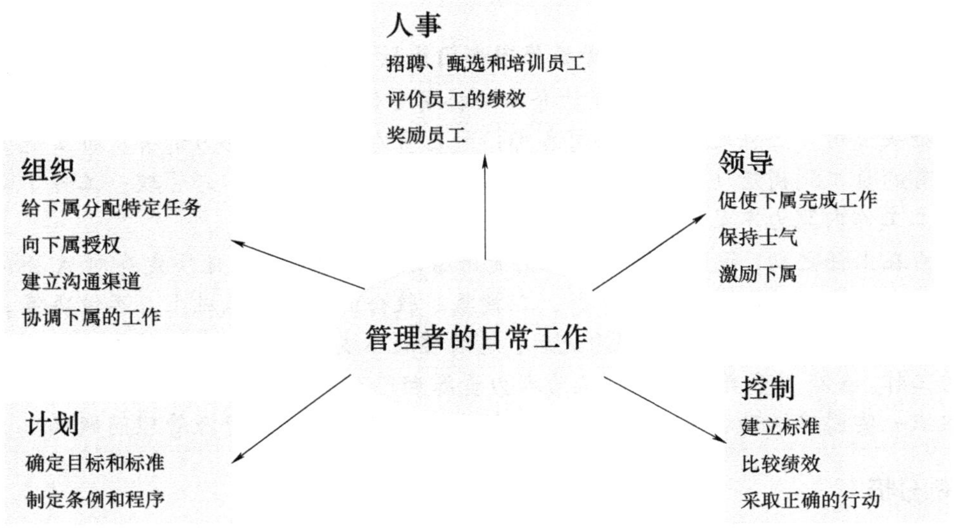

图1-1 管理者的日常工作

二、什么是人力资源

（一）人力资源的概念

资源泛指社会财富的源泉，是能给人带来使用价值和价值的客观存在物。一般把资源分为两类：一类是物质资源，另一类是人力资源。管理学中“人、财、物”的“人”就是人力资源，“财”和“物”就是物质资源。

组织中人力资源管理的对象是组织所拥有的人力资源。因此，要研究人力资源管理，首先必须明确“什么是人力资源”。但人力资源的概念与管理的概念一样，不同的学者从不同的角度对其进行界定，往往具有较大差异。本书从以下4个方面对人力资源的概念进行界定和把握：

（1）从内涵的角度来看　主要将人力资源作为一种特殊资源来进行研究。彼得·德鲁克（1954）在其《管理的实践》一书中引入了“人力资源”这一概念。他认为，人力资源与其他资源相比较，最重要的区别就是它是“人”，是一种特殊的资源。

（2）基于人力资源与其他资源相比较的角度　我国台湾学者黄忠英（1997）提出了人力资源所具备的主要特征，具体包括：

1）人力资源属于人类自身特有的，具有不可剥夺性。

2）存在于人体之中，是一种活的资源，具有生物性。

3）其形成受时代条件的制约。

4）在开发过程中具有能动性。

5）具有时效性。

6）具有可再生性。

7）具有智力性和知识性。

（3）从人力资源形成与发展的角度来看，人力资源具有如下特征：

1）人力资源生成过程的时代性。

2）开发对象的能动性。

3）使用过程的时效性。

4）开发过程的持续性。

5）闲置过程的消耗性。

6）组织过程的社会性。

（4）从人力资源作为一种资本的角度来进行研究，人力资本相对于财务资本，具有如下特征：

1）高价值创造、高风险投入。

2）自我经营、自我扩张。

3）经营复杂缓慢、收益难以计量。

4）人性化。

（二）人力资源的主要特征

人力资源的基本属性是人口，必要属性是具有劳动能力，包括智力劳动能力和体力劳动能力。人力资源是有意识的资源，所以这种资源具有鲜明的特征：

1．时代性

人力资源在其形成过程中受到时代条件的制约。人一生下来就置身于既定的生产力和生产关系的环境中，所以这种资源必然具有时代属性，具体地说，就是社会经济和生产力发展水平制约着人力资源的素质水平。人力资源不可能超现实产生，也不可能超现实存在和使用，只能在现实环境条件下发挥作用。另外，作为个体，个人与个人、个人与群体和团队、个人与企业制度、个人与企业文化等会相互作用和相互影响；作为整体，人力资源与组织、地区、民族、国家等紧密联系在一起。

2．能动性

自然资源在其开发过程中完全处于被动地位。由于人是有意识的，所以人力资源在被开发过程中具有能动性。人力资源的能动性是唯一能起到创造作用的因素，主要体现在人力资源可以自我强化、自主选择职业、自我驱动等方面。自我强化是指人可以通过后天的努力提升自己的素质，这一点也正是人力资源管理的着力点；选择职业是指人可以根据自己的好恶选择自己喜欢的职业的行为，人力资源管理应当努力让组织的所有员工喜欢自己的工作；自我驱动是指人可以自我约束、自我控制、自我工作，沿着组织制定的路线实现组织的目标。

3．两重性

人力资源的两重性体现在其既是生产者，又是消费者。人力资源无论是否被开发或利用，都会消耗维持生命所必需的物质资源。当被开发和利用时，在消耗必要物质资源的同时会为社会创造价值。社会人力资源的充分利用受社会经济、政治等宏观环境影响，组织内部人力资源的充分利用则是组织人力资源管理部门必须面对的课题。

4．时效性

物质资源长期存放不会有多大的数量变化，人力资源却不同，在人的生命周期的整个过程中，不同的阶段其体能和智能是不同的。无论是哪类人，都有其发挥才能的最佳时期，所以人力资源闲置会使其才能荒废、退化，造成浪费。人才开发和使用必须及时，开发使用的时间不同，所得的效益也不相同。

5．持续性

物质资源一般只开发一次或两次，形成产品使用之后就不再开发。人力资源则不同，使用之前必须进行必要的开发，使用过程也还是开发过程。为使人力资源能胜任某一职位，必须进行必要的岗前开发。人力资源开发后，会因社会进步、生产力发展及管理变革等多方面因素出现思想落后、技术陈旧等问题而不能胜任工作，或因自身身体的原因不再胜任原来的工作，或因人力资源自身发展的需要，人力资源会自觉地进行自我补偿、自我更新、自我丰富，这一过程是随着人力资源开发后的时间推移而连续发生的。

6．再生性

人力资源也存在消耗和磨损问题，具体表现在三个方面：生理磨损与消耗、心理磨损与消耗和能力磨损与消耗。生理磨损与消耗主要靠休息、饮食营养和新人力资源补充来实现再生；心理磨损与消耗主要靠良好的个人心理素质、和谐的人际关系、公正有效的企业制度和优秀的企业文化等实现修复和再生；能力磨损与消耗主要靠个人终生学习、在职培训和建立学习型组织来再生。传统的观念和做法认为，人毕业后就进入工作阶段，开发与使用界限分明。人力资源管理认为，人工作之后还需要继续学习，继续充实和提高自己。在具体使用这种资源时必须注意这一特点。

（三）人力资源的地位和作用

1．人力资源的地位

人力资源是第一资源。综观世界各国、各地区、各企业的发展，都有一个共同点，就是把社会、科技、经济等发展的依据放在“人才”这一支撑点上。这在人力资源的配置逐步全球化、社会化的今天，更是如此。之所以人力资源是第一资源，是因为知识经济正在崛起，并将逐渐取代工业经济，其战略资源已不再只是土地资源或材料、能源等物质资源，而是人力资源。国家间的竞争、地区间的竞争乃至企业间的竞争，归根结底是人才的竞争。人才是科技进步和社会经济发展最重要的资源和主要推动力。

2. 人力资源的作用

人力资源是国家、地区和企业经济增长最重要的支撑点之一。有关专家运用柯布-道格拉斯（Cobb-Douglas）函数进行的一项经典分析表明，实物资本存量增加带来的产量增加值相当于人力资本存量增加带来的产量增加值的25%。换言之，人力资源对企业经济效益的贡献是实物资源贡献的4倍。以美国经济学家罗默（P. M. Romer）和卢卡斯（R. E. Lucas）为代表的新经济增长理论认为，现代以及将来经济持续、快速、健康增长的主要动力和源泉已不再是物质资源，而是知识、技术等人力资源因素。美国著名经济学家西奥多•W.舒尔茨（T. W. Schultz）认为，人力资源既能提高物质资本，又能提高人力资本的生产率，因为人力资源随着时间的推移可使劳动者自我丰富、自我更新和发展；同时，劳动者品性、能力、操作技能和工艺水平的提高，可提高对物质资本的利用率和产值量。人力资本的不断发展与积累可直接推动物质资本的不断更新与发展。

小资料

人力资源管理工作的具体职责见表1-1。

表1-1 人力资源管理工作的具体职责

职　责	具体工作
人力资源战略规划	预测人力资源需求 预测人力资源供给
职位分析	通过多种方式收集职位信息 制定职位说明书
招募与甄选	发布职位信息 人才面试与甄选
培训与开发	拟订培训计划与方案 实施培训 培训效果的转移 培训效果的评估
绩效管理	拟订绩效管理方案 实施绩效管理工作 核查绩效管理各环节工作 反馈绩效管理结果并进行方案调整
薪酬管理	职位评价 建立职位薪酬体系
劳动关系管理	拟订《劳动合同》 与员工签订、续签、解除《劳动合同》 解决劳动争议

三、人力资源管理的概念和内容

（一）人力资源管理的概念

人力资源管理就是依据组织和个人发展的需要，对组织中的人力资源这一特殊资源进行有效开发、合理利用与科学管理的机制、制度、流程、技术和方法的总和，从而实现人尽其才、事得其人、人事相宜，进而实现组织的目标。具体地讲，就是制订人力资源规划、选人、育人、用人、留人的全过程。具体包括人力资源规划、员工招聘与配置、员工培训、绩效考核、薪酬管理、员工关系管理等模块的内容。

（二）人力资源管理的内容

人力资源管理的内容纷繁复杂，彼此交叉，很难将其划分得很清楚。笼统地讲，人力资源管理的主要内容就是在人力资源战略、规划和职位分析的基础上，对人力资源进行获取与配置、培训与开发、规范与约束、考核与激励、凝聚与整合、安全与保障。人力资源管理的主要内容见表1-2。

表1-2 人力资源管理的主要内容

职　责	主要内容
人力资源规划	配合公司战略，制订公司人力资源规划和方针政策，提出公司3～5年的人力资源战略；建立和执行公司的人力资源管理政策和制度
组织结构设计和职位设置	根据公司发展状况，对公司组织结构和职位设置进行设计和调整
人员调配	根据公司发展和组织结构变化情况，调配人员；优化公司的人力资源配置，提高公司人力资源的有效性
人员招聘	根据各部门用人需求，负责公司的人员招募，组织人员的甄选和录用
培训开发	制订员工培训计划，组织员工培训，组织培训效果评估
绩效管理	建立、实施和管理公司绩效管理体系
薪酬管理	建立、实施和管理公司薪酬与福利体系
员工关系管理	建立公司和员工间的沟通、了解渠道及方法；管理员工的劳动合同
企业文化建设	组织对公司文化的提炼、传播，增强公司凝聚力
人力资源数据库建设和管理	建立相关行业专家数据库，为解决公司的人力资源问题提供信息

四、人力资源管理的基本原理

（一）人力资源管理的人性观

西方管理中对人性的认识有“经济人”“社会人”“自我实现人”和“复杂人”四种观

点，它们是西方企业管理不同发展阶段人性观的典型代表，对我国现代企业管理产生了一定的影响。

1．经济人

“经济人”也叫“唯利人”，这种假说起源于享乐主义哲学和亚当·斯密（Adam Smith）关于劳动交换的经济理论，它认为人的行为在于追求自身利益的最大化。有人将这种人性假说指导下的管理理论概括为X理论。“经济人”假说的核心内容是：

1）人的本性是不喜欢工作的，只要有可能，人就会逃避工作。

2）由于人的天性不喜欢工作，所以对绝大多数人必须进行控制、指挥，才能迫使他们为实现组织目标去工作。

3）一般人宁愿受人指挥，希望逃避责任，野心较小，对安全的需要高于一切。

4）人是非理性的，本质上不能自律，易受他人影响。

5）一般人都是为了满足自己的生理需要和安全需要而参加工作的，只有金钱和其他物质利益的需要，没有自尊和自我实现的高级需要。

以“经济人”假说为指导的管理方式：

1）管理工作的重点在于提高生产效率，完成生产任务，不考虑员工的感情。

2）管理是少数人的事，员工只能服从，努力工作。

3）依靠金钱激励员工的积极性，对于表现不好的员工实行严惩、重罚。

4）以权力和控制体系来保护组织及引导员工。

“经济人”理论阐述的观点主要强调工作动机的经济诱因及相应的管理职能，这在劳动工作是人们谋生手段的历史条件下具有一定的合理性。

2．社会人

“社会人”也称“社交人”，这种假说认为，人们重视工作中与人的友好关系，良好的人际关系是调动员工工作积极性的决定性因素，物质利益是调动员工工作积极性的次要因素。“社会人”假说的核心内容是：

1）把员工当作“经济人”是不全面的，社会心理因素对调动员工工作的积极性起着很大作用，物质利益其次。

2）生产效率的高低与员工的士气有关，而士气取决于员工在家庭、组织及社会生活中的人际关系是否和谐。

3）除正式组织外，在组织内部还存在着“非正式组织”，这些“非正式组织”对员工的行为有一定影响。

4）员工希望领导能与他们沟通，听取他们的意见。

以“社会人”假说为指导的管理方式：

1）管理者不应只注意完成任务，而应把重点放在关心员工和满足员工的需要上。

2）管理者不能只注意传统的管理职能，更应重视人际关系，要培养和形成员工的归属感。

3）提倡集体奖，不主张个人奖。

4）管理者应在员工与管理部门之间起沟通和联络作用。

5）鼓励员工参与组织的管理工作。

社会人理论给人们的启示是，使人们认识到员工积极性的发挥和工效的提高，不仅受物质因素影响，更重要的是受社会和心理因素影响，使得管理理论开始从过去的“以人适应物”转向“以人为中心”。

3. 自我实现人

马斯洛（Maslow）的需求层次理论中，最高需求是自我实现。所谓自我实现，是指人们需要发挥自己的潜能，表现自己的才能，唯此才能感到满足。1957年，麦格雷戈（D. M. McGregor）总结马斯洛等人的观点，把它概括成Y理论。“自我实现人”假说的核心内容是：

1）人使用脑力和体力进行劳动就像娱乐和休息一样，同样是人的本性，在某些条件下，劳动能使人获得满足感。

2）控制和惩罚不是实现组织目标的唯一方法，人们在执行任务时能够自我约束、自我指导。

3）正常情况下，人不仅会接受责任，而且能主动承担责任。

4）人对目标是否尽力，取决于完成目标所得到的报酬，在报酬中最主要的不是金钱，而是自尊需要和自我实现需要的满足。

5）大部分人都具有解决组织中问题的潜力，但在现代组织中，个人的潜力只有部分得到发挥。

以“自我实现人”假说为指导的管理方式：

1）营造适宜的工作环境、工作条件，充分发挥人的潜能和才能，充分发挥个人的特长和创造力。

2）管理者的主要职能不是生产的指挥者和控制者，也不是人际关系的调节者，而是生产环境与条件的设计者与守护者。

3）重视员工获得知识，施展才华，形成自尊、自重、自主、创造等自我实现需要的内容。

4）民主管理，下放权限，建立员工参与决策的制度，更多地满足员工的自尊和自我实现需要。

4. 复杂人

“复杂人”假说是沙因（Edger H. Schein）等人在20世纪70年代提出的。他们认为，无论是“经济人”“社会人”还是“自我实现人”的假说都有其合理的一面，但都不适用于所有人。因为人与人之间存在着很大差异，即便是同一个人，也会因年龄、事件、地点和环境的不同，而具有不同的表现。人的需要和潜能，随着年龄的增长、知识的丰富、地位的改变以及人际关系的变化而各不相同。因此，“复杂人”不单纯是某一种人。这种假说被称为超Y理论。“复杂人”假说的核心内容是：

1）人的需要是多种多样的，随发展条件变化而变化，每个人的需要不同，需要层次也因人而异。

2）人在同一时间有多种不同的需要和动机，这些需要和动机会相互作用并结合成统一的整体，形成错综复杂的动机模式。

3）由于工作和生活条件的不断变化，人会产生新的需要和动机。

4）一个人在不同单位工作或在同一单位的两个部门工作，会产生不同的需要。

5）由于人的需要不同，能力各异，所以不同的人对同一管理方式会有不同的反应。

以“复杂人”假说为指导的管理方式：

1）根据工作性质不同，采用不同的组织形式，以提高管理效率。

2）根据组织情况不同，采取弹性、应变的疏导方式，以提高管理效率。

3）善于发现员工的需要、动机、能力、个性差异，因人、因时、因事、因地制宜地采取灵活多变的管理方式。

（二）人本管理的基本原则

人本管理的思想贯穿于人力资源管理的始终，尤其是舒尔茨人力资本理论的提出，更突出了人的价值，显示了生产力要素中人的重要地位。人既是管理主体，又是管理客体。人的积极性、主动性和创造性的发挥程度，决定着组织的兴衰成败。人本管理的核心是尊重人、激励人。在管理中体现“人的价值高于一切”的理念，需要在实践中贯彻人本管理的原则：

1. 个体差异原则

每个人都有各自的遗传体系，同时又都有各自的生存、生长、教育、家庭等环境。世界上很难找出两个遗传相同且所处环境完全相同的人。这些因素造成了人与人之间智力、性格、能力、受教育程度等多方面的差异。人本管理承认人与人之间的这些差异，同时在管理中注意这些差异，有的放矢地开发和使用人才，尽可能地使人与事、人与人的关系处于和谐环境中。

2. 科学管理原则

现代人力资源管理是建立在现代自然科学和社会科学的基础之上的。人本管理更是建立在科学管理的基础之上。没有科学管理的基础，人本管理寸步难行。组织管理者特别是高层管理者，必须具备管理相关的基础科学知识，掌握管理的科学方法，才能有效地管理现代化组织。

3. 要素有用原则

现代人力资源管理认为，任何要素都是有用的，关键是为其创造发挥作用的条件，正所谓“没有无用之人”。科学管理之父泰勒（F. W. Taylor）曾经提出“第一流的工人”的思想，第一流的工人具有从事某种工作所需的能力并且愿意从事该工作。泰勒还说，每一种类型的工人都能找到某些工作，使他成为第一流的工人，除了那些完全能做这些工作而不愿意做的人；人具有不同的天赋和才能，只要工作适合他，每个人都能成为第一流的工人。

人本管理是以“人”为中心的。人本管理认为任何人都是有用的人，关键是找到他们能干并且愿意干的工作，只有这样，他们才能最大限度地发挥他们的才能。

4. 激励强化原则

激励就是激发员工的工作动机，激励可分为正激励和负激励两种。激励是人本管理的核心。研究表明，一个人在没有激励的状态下工作，只能发挥 20%～30%的潜能，但通过适当的激励就可以发挥 80%～90%的潜能。发挥潜能的程度取决于激励的程度，正所谓“重赏之下，必有勇夫”。当组织中出现被组织赞许的行为，或组织想通过员工实现某一目标时，通常使用正激励进行强化；而出现组织反对的行为时，通常使用负激励加以消除。激励的一般过程模式如图 1-2 所示。

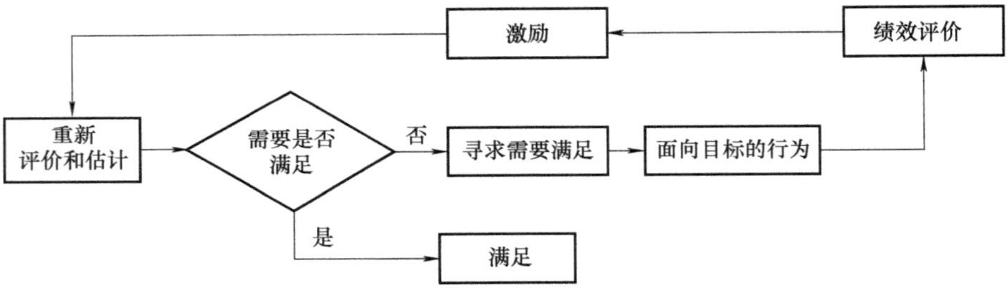

图 1-2　激励的一般过程模式

5. 教育培训原则

人是生产力中最活跃的要素，是组织的财富。提升员工的职业素质是组织增强竞争力最有力的手段。可以通过对员工的教育、培训，切实帮助他们提高知识与技能水平，以适应组织生产经营的需要。

6. 文化凝聚原则

人力资源管理的一个重要方面就是增强组织的凝聚力，组织的凝聚力强才能吸引人才和留住人才，才有竞争力。在现在的社会条件下，组织文化已经成为增强组织凝聚力的一种重要方法和手段。每一个优秀的组织都非常重视组织文化的建设并拥有优秀的组织文化。

7. 结构优化原则

结构优化原则是指在人力资源管理中，首先要注意从众多不同的组织结构中选择出最为优秀的一种，然后针对所选定的组织结构，再从众多人员或人力资源要素的配置中选择最为有效的一种，即达到结构优化与配置优化。在人力资源管理中，涉及 4 种结构优化，即组织结构优化、人员结构优化、职责权力结构优化与智能素质结构优化。

8. 能级层序原则

能级层序原则是指在组织中建立一定的层级结构，根据每个人所具有的能力将其置于合适的职位上，给予不同的权利和责任，实行能力与职位的匹配。组织中有高层管理者、中层管理者、监督层和操作层员工，对其素质能力的要求差异很大。高层管理者负责战略的制定；中层管理者在战略指导下进行具体政策的制定；监督层员工执行各种管理指令；操作层员工在监督层员工的监督指导下从事具体工作。稳定的组织结构应该是正三角形能级分布，具体如图 1-3 所示。

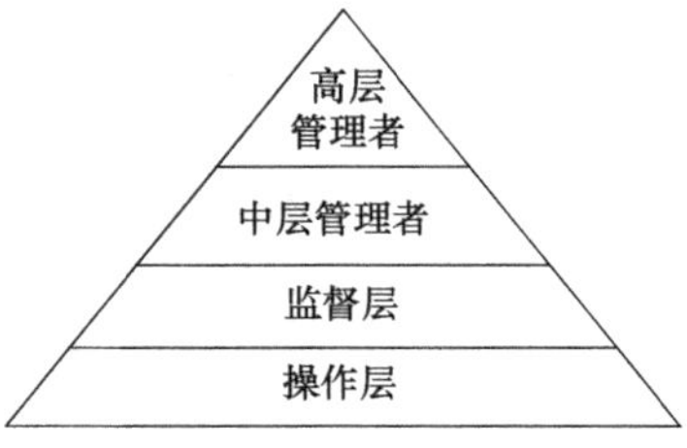

图 1-3　正三角形的组织结构

9. 互补增值原则

古语云："尺有所短，寸有所长。"每个人都不可能十全十美，就个体而言，很难"取长补短"。而人力资源管理是在群体中进行的，所以单个人的不足可以在群体中得到协调与平衡，实现整体优势，满足层序要求。这就是互补增值原则。该原则告诉我们，对人力资源的管理是非常必要的，同时告诉我们，在人力资源的管理过程中，必须注意人力资源的互补作用。

10. 动态适应性原则

在人力资源管理中，人与事的不适应是绝对的，适应是相对的，从不适应到适应是在运动中实现的，是一个动态的适应过程。这就是动态适应原理。

根据动态适应原则，我们应该对人力资源实行动态管理，随时监测营运系统的运行状况，进行人力资源的再配置。

11. 同素异构原则

同素异构原则是指同样数量的人，用不同的组织网络连接起来，形成不同的权责结构和协作关系，可以取得完全不同的结果。用系统理论来分析，组织结构的作用是使人力资源形成一个有机的整体，可以有效地发挥整体功能大于个体功能之和的优势。

合理的组织结构和先进的组织文化，可以充分发挥人力资源的潜能，发挥出组织的系统优化功能，这是人力资源管理的基本内容。

12. 公平竞争原则

公平竞争原则是指在人力资源管理中，对竞争各方遵循同样的原则，公正地进行考核、录用、晋升和奖惩等。在组织内部引入公平竞争机制，可以较好地实现奖勤罚懒、用人所长、优化组合等。

五、人力资源管理的发展历程

我国学者赵曙明在对国外人力资源管理的发展史进行研究的基础上，将人力资源管理的发展划分为人事管理阶段、人力资源管理阶段和战略性人力资源管理阶段。这种划分方式重在体现出传统人事管理和现代人力资源管理之间的差异性。

（一）人事管理阶段

人事管理阶段又细分为：科学管理理论阶段、霍桑实验和人际关系理论阶段、组织行为学理论的早期发展及其对人事管理的影响阶段。

1. 科学管理理论阶段

在 20 世纪初，以泰勒和吉尔布雷思（F. B. Gilbreth, L. M. Gilbreth）夫妇为代表，开创了科学管理的理论学派，并推动了科学管理实践在美国的大规模推广和开展。泰勒针对以前企业管理实践的弊端，提出了科学管理的理论，其主要内容如下：

1）对工人工作的每一个要素开发科学的方法，以代替老的经验和方法。

2）科学地挑选工人，并对他们进行培训、教育，以帮助其成长（在此之前，是由工人自己挑选工作，并进行自我培训）。

3）与工人们通力合作，以保证一切工作都按形成的科学原则去办。

4）管理者与工人在工作和职责方面划分几乎是相等的，管理者把自己比工人更胜任的各种工作都承揽过来（而在过去，几乎所有的工作和大部分责任都推到了工人们的头上）。

科学管理理论对美国工业管理产生了巨大影响，极大地推动了美国工业生产率的提高。从科学管理理论中，我们可以看到人力资源管理（或人事管理）理论和方法的雏形。在科学管理理论阶段，主要通过科学的工作设计来提高工人的生产率，同时，注重采用科学的方法对员工进行招聘和挑选，用企业的系统培训来取代以前的自我培训，以提高工人的生产率。并且，科学管理理论还创造了"计件工资法"，并最早提出将生产率改进所获得的收益在企业和工人之间分享的思想。这些理论都对现代企业人力资源管理的发展产生了重要的影响。

2. 霍桑实验和人际关系理论阶段

1924—1932年，美国心理学家梅奥（Mayo）等人在美国芝加哥的西屋电气公司霍桑工厂（Hawthorne Plant）进行了著名的霍桑实验。霍桑实验的研究成果使管理从科学管理时代步入人际关系时代。霍桑实验证明，员工的生产率不仅受到工作设计和所获报酬的影响，而且更多地受到社会和心理因素的影响，即员工的情绪和态度受到工作环境的较大影响，而这种情绪和态度又会对生产率产生巨大影响。因此，改变员工的情绪和态度将对生产率产生重要影响。

在人际关系理论阶段，人力资源管理在很多方面发生了变革，如在企业中设置培训主管，强调对员工的关心和支持，增强管理者和员工之间的沟通等，这些都作为新的人事管理方法被企业所采用。至此，人力资源管理开始从以工作为中心转变为以人为中心，把人和组织看成是和谐统一的社会系统。

3. 组织行为学早期发展阶段

人际关系理论建立在相对简单的员工行为分析的基础上，它强调只有理解员工的需要，才能提高员工的满意度和生产力。而行为科学的研究发现，组织中员工的行为是多种多样、复杂多变的。组织对员工的表现具有塑造、控制和协调的作用，而员工的行为还受到行业特点、职位、工作内容等方面的影响。组织行为学是一门综合学科，它综合了心理学、生理学、社会学、人类学等学科有关人的行为的知识和理论，研究组织中人的行为规律。组织行为学的相关理论，如产生于20世纪50年代的马斯洛需求层次理论、麦格雷戈的X理论和Y理论、赫茨伯格（Frederick Herzberg）的双因素理论等，都对人力资源管理的发展产生了重要影响。

（二）人力资源管理阶段

人力资源管理是作为替代传统人事管理的概念而提出来的，它将人看作组织中的一种重要资源，以此来探讨如何对人力资源进行管理和控制，以期提高人力资源的生产效率，帮助组织实现其目标。该阶段又分为人力资源管理概念的提出和人力资源管理的发展两个阶段。

1. 人力资源管理概念的提出

"人力资源"一词是由彼得·德鲁克于1954年在其著名的《管理的实践》一书中提出来的。在这部著作中，德鲁克引入了"人力资源"这一概念，并且提出，和其他资源相比较而言，人力资源唯一的区别就是它是"人"，人是经理们必须考虑的具有"特殊资产"性质的资源。因此，德鲁克要求管理者在设计工作时充分考虑人的精神和社会需求，采取积极的手段来激励员工，为员工创造具有挑战性的工作，并对员工进行持续的开发。

2．人力资源管理的发展

到了20世纪70年代中期，人力资源管理的定义发生了变化，“人力资源管理”一词已为企业所熟知。最初，人力资源管理的概念和传统的人事管理非常接近，两者基本没有本质上的区别，但随着理论的不断成熟和实践的不断发展，人力资源管理逐步和人事管理区分开来。现在，人们越来越重视包括生态环境在内的人力资源管理的环境，以及人力资源的健康保护和受教育程度。从组织的角度来看，人事管理是管理人的活动，而人力资源管理则更多的是参与组织战略发展规划的制订和实施活动；从管理实践来看，人力资源管理者与员工之间的工作关系更为密切。人事管理的目标仅停留在吸引、保留和激励员工方面；而人力资源管理的目标则更关注组织在利润、生存能力、竞争力和劳动力灵活性等方面的提高。人事管理注重的是开发人力资源的产品和服务；而人力资源管理则更为关注人力资源对企业的影响。人事管理的实践以个体为中心；人力资源管理则是以团队为中心。

（三）战略性人力资源管理阶段

随着人力资源管理理论的发展，学者们更多地开始探讨人力资源管理如何为企业的战略服务，即提出了战略性人力资源管理的观点。进入20世纪90年代以后，一些先进的国际化大公司为了提升企业的核心竞争力，占领市场产品、技术、资产和人才的制高点，在不断深入实践现代人力资源管理理论的基础上，又将人力资源管理从初级阶段推向了更高、更新的阶段，即战略性人力资源管理阶段。在这样一个新的历史阶段，人力资源管理的实践和理论，在管理的理念和目标、管理的性质和深度、管理的角色和职能、管理的方式和方法等诸多方面都出现了新的变化和新的特色。战略性人力资源管理理论的提出和发展，标志着人力资源管理迈上了一个新的台阶。

小资料

人事管理与人力资源管理的区别见表1-3。

表1-3　人事管理与人力资源管理的区别

传统人事管理	现代人力资源管理
重在管理	重在开发
管理事务性工作为主	开发人为主
人是管理对象	人是开发的主体
为组织创造财富	将个人发展融入组织发展，员工与组织双赢
服务于企业战略管理	是企业战略管理的伙伴
报酬与资历、级别相关度大	报酬与业绩、能力相关度大
晋升重资历	定期进行人才盘点，综合考虑人才的能力和潜力
职业发展方向是纵向的	全方位、多元化的职业发展
重视服从命令听指挥	重视沟通、协调和理解
培训是为了组织需要	培训是为了提升员工的人力资本
金字塔式管理模式	网络化、扁平化的管理模式

第二节　人力资源管理者及管理机构

一、人力资源管理者应具备的基本素质

在现代经济组织中，人力资源管理者需要具有多方面的知识和完善的素质结构，具体应包括如下内容：

1．高尚的职业操守

人力资源管理者应具备以下职业操守：

1）具有坚定的人生观和全心全意为员工服务的精神，时刻以企业的利益为重。

2）坚定不移地贯彻执行国家的法律法规，敢于同危害国家及企业利益的行为做斗争。

3）解放思想，实事求是，尊重知识，尊重人才。

4）有优良的思想作风和严格的组织纪律，谦虚谨慎，公道正派，作风民主，平易近人。

5）有爱心，爱职业，爱员工，敬重领导。

6）有责任心，认真做好每一件“小事”。人力资源管理工作事无巨细，事事重要，事事都是责任。

7）对业务精益求精，时时、事事寻求合理性，精通人力资源管理业务，知人善任，追求人与事结合的最佳点。

8）具有探索、创新、团结、协调、服从、自律、健康等现代意识。

2．合理的知识结构

人力资源管理者必须具备合理的、广博的知识，其知识结构应是“金字塔”式的，基础知识是塔基，相关知识是塔身，而塔尖则是专业知识。

3．先进的人力资源管理观念

先进的人力资源管理观念主要是管理观念和价值观念的转变。先进的人力资源管理观念，强调提高员工的素质与能力，具体包括下述内容：

1）指导思想的转变，由对工作负责、对上级负责到对工作的人负责。

2）管理方法的转变，由教人如何到让人如何，再到引导人如何。

3）管理手段的转变，由管理者的中心指挥变为中心导向。

4）管理组织的转变，由下属的参与管理到共同肩负责任。

5）管理职能的转变，由以计划、组织、控制、指挥、协调为中心到以提高人的素质为中心。

6）管理环境的转变，由简单、缓慢到复杂、多变。

7）管理目标的转变：由追求一般到追求卓越。

8）管理效果的转变：由被动服从到主动服务。

4．在人才的选聘方面坚持原则

1）用人所长，容其所短，把人才放在最能充分显示其才能的职位上，智者尽其谋，勇

者尽其力。

2）用其所愿，在服从工作需要和服从分配的前提下，尽可能将员工的意愿、兴趣、特长与工作结合，力求个人自身价值的实现和企业的发展目标相统一。

3）用当其时，珍惜人才的使用年限和最佳年龄。打破论资排辈、求全、平衡、照顾的束缚，大胆破格破例录用辈分小、资质好的青年人才；对业绩卓越、时代感强、身体健康的人才，即使他们到了退休年限，经审批后仍可延期任用。

5．先进的人力资源管理技能

人力资源管理应走向制度化、规范化，必须摒弃那些凭经验的、随意性的管理方法。人力资源管理者应掌握以下人力资源管理的先进方法：

（1）任务管理法　通过时间动作研究确定标准作业任务，并将任务落实到人。这样，组织中的每一个人都有明确的责任，按职责要求完成任务，就可获得一定的报酬。任务管理法的基本要求是规定组织中每一职位的员工在一定时限内完成任务的数额，即全额工作量。任务管理法最显著的作用在于提高组织的效率，而提高效率的关键又在于科学地进行时间和动作的研究。

（2）权变管理法　组织是一个由分系统所组成，并由可识别的界线将其与环境系统分开来的系统。权变观不仅探索和了解组织与组织环境之间的相互关系，而且了解分系统之内和各分系统之间的相互关系，从而得出变化因素的关系模式或构图。它强调组织的多变特性，并力图研究组织在变化的条件下和在特殊的情况中如何进行经营管理。各种权变的最终目标是提出最适用于具体情况的组织设计和管理活动。

（3）法律管理法　组织管理的法律化只有通过法律制度才能贯彻和落实，因为组织管理的显著特点之一即是法律管理。运用法律手段进行管理，重点是按《中华人民共和国公司法》和《中华人民共和国劳动法》（以下简称《劳动法》）等法律法规的要求，明确组织和个人享有的权利和承担的义务。

（4）经济手段法　经济手段是指按照客观经济规律的要求，运用经济手段调节各方面的经济关系，以提高企业经济效益和社会效益的管理方法。在实际工作中，使用的经济手段有税收、价格、利息、工资、奖金、罚款、经济责任和经济合同等。运用这些经济手段调节各方面的经济关系，有利于调动各级组织和广大员工的积极性，有利于提高工作效率和效益。

二、人力资源管理者的角色

（一）一般人力资源管理者与专业人力资源管理者的角色

组织的所有管理者都是人力资源管理者。人力资源管理者分为一般人力资源管理者和专业人力资源管理者。一般人力资源管理者是人力资源实践的承担者；专业人力资源管理者则是人力资源管理的专家，他们运用专业技术知识和技能，研究并开发企业人力资源产品与服务，为企业人力资源问题的解决提供方案。一般人力资源管理者与专业人力资源管理者的职责分工见表 1-4。

表 1-4 一般人力资源管理者与专业人力资源管理者的职责分工

	一般人力资源管理者	专业人力资源管理者
招募与甄选	对拟招募的职位要求基本了解 与专业人力资源管理者共同进行人才甄选	进行工作分析，拟订职位说明书 在合适的招募渠道发布招募信息，如新兴的互联网+招聘平台等 运用心理测试、评价中心技术等多种甄选方法进行人才甄选
培训与开发	配合人力资源部门完成培训计划 接受人力资源部门针对培训需求分析、培训效果评估等方面的访谈	根据外部环境和组织战略的变化，创新性地进行培训工作 重视培训效果的转移和培训后行为的变化 运用专业人才测评方法对员工进行评价，科学、量化地对人才进行盘点和开发 指导每一位员工进行各自的职业生涯规划设计，引导其将个人发展与组织发展相结合
绩效管理	按照绩效管理方案实施绩效管理工作，包括绩效目标的设定，绩效面谈，填写相关表格文件等工作	组织战略目标层层分解到每位员工，应用平衡计分卡等工具制定员工的绩效目标 重视绩效沟通，将其作为提升员工绩效的重要手段
薪酬管理	向人力资源部门提供各项工作的性质及相对价值方面的信息，作为薪酬决策的基础 决定给下属的奖励方式及数额 决定组织给员工的福利和服务	将组织的价值观作为职位评价的要素 了解本行业的员工薪酬水平 提供群体、个体绩效薪酬奖励计划，重视长期激励 提供多种形式的福利供员工选择
员工关系管理	营造互相尊重、互相信任、积极的工作氛围 贯彻执行劳资协议各项条款 与人力资源管理部门一起处理劳动争议，提供必要的举证材料	定期进行员工工作满意度和员工忠诚度等调研，了解员工的真实想法，并采取相应措施，提升员工的满意度 对一线经理进行培训，帮助他们理解员工关系管理中常用的相关法律法规 与一线经理一起处理劳动争议

小资料

与决策者并肩而行

若想在会议室中与企业决策者并肩而坐，人力资源管理者必须做到以下几点：

1）深入了解行业现状及本企业在行业中的位置。

2）了解本企业所处的政治、经济、文化和社会环境。

3）了解本企业当前的人力资源数量和质量。

4）了解最近一次人才盘点中高绩效、高潜力人才的基本情况。

5）了解员工目前的工作满意度、离职倾向、工作压力等基本情况。

6）对于如何从人力资源角度提升企业的行业竞争力有自己的对策和建议。

（二）人力资源管理部门的角色

任何组织都存在着人力资源管理的问题。有时组织小，不单独设置人力资源管理部门，其人力资源管理工作分散到其他部门；当组织规模较大时，就要单独设置人力资源管理部门，此时人力资源管理部门所充当的角色有5个：政策的制定者、业务的促成者、监控者、创新者和变革者。

1．政策的制定者

人力资源管理部门是组织决策的参与部门和信息提供部门，负责组织的环境监测，上传员工的意见，下达领导的指示。当涉及员工管理政策时，其方案的制定往往是人力资源管理部门。

2．业务的促成者

人力资源管理的成功取决于业务部门的经营活动，人力资源管理部门必须通过各种活动为业务部门提供服务，促使其完成经营任务。

3．监控者

人力资源管理部门通常将人力资源的实施交给业务部门，但是人力资源管理部门必须承担活动公平性的监督工作。

4．创新者

人力资源管理部门是提供解决人力资源问题的新方法和新方式的主要部门。

5．变革者

为了适应环境，组织必须不断采用新技术、结构、工艺、文化及过程。组织要求人力资源管理部门变革人力资源的管理技巧，为组织配置合理的人力资源，保证组织变革的成功。

三、人力资源管理部门的职能

现在的组织大多都有专门的人力资源管理部门，如人力资源部、人事部或管理部。不管叫法如何，作为人力资源管理部门，它的核心职能都包括以下几个方面：职位分析、招聘甄选、培训发展、绩效考核、薪资福利、员工关系等。人力资源管理部门就是全面负责这些职能的部门，只要涉及人的问题，不管是人的招募、培训还是绩效考核等，人力资源管理部门都要行动起来。

人力资源管理链中，企业高层处在顶层，他们从战略高度考虑人力资源的发展要求，并提出大方向上的需求；人力资源管理部门根据高层提出的人力资源需求研发各种人力资源管理产品，如考核办法与流程、骨干员工培养系统、研发人员招聘与培养计划等，这些产品完成后必须获得高层的支持，然后推销给业务部门；业务部门负责人认可了这些产品之后，负责传达给下属员工，从而实现整个链条的完整性。人力资源管理部门在这个链条中充当的是流程的制定者、上下的衔接者、监督者。

在企业没有设立专门的人力资源管理部门之前，人力资源管理的职能都由业务部门负责人承担，随着人力资源管理地位的提升，人力资源管理职能统一到专门的部门，由此达到专业化、职业化的目的。

第三节　战略性人力资源管理

一、战略性人力资源管理的意义

（一）战略的定义

“战略”一词属军事用语，是指挥军队的艺术和科学，也意指基于对战争全局的分析而做出的谋划，还可以理解为决定全局的策略。1938年，管理学家切斯特·巴纳德（Chester I. Barnard）出版《经理人员的职能》一书，在对影响组织经营因素的分析中提出战略因素的构想，开创了组织战略问题研究的先河。从此，很多学者都积极投身到战略研究领域，形成了多种不同的战略学派，也给战略下了多种定义。

战略的定义大体可以从4个视角去把握：

1．目标+手段

这是传统的战略定义，从这个定义出发，战略是两件事情：

第一，确定目标。

第二，寻找确定实现这种目标的手段。

2．问题+解决问题的方案

这里的问题是指现状与期望的差距，据此，战略也是两件事：

第一，寻找现状与期望的差距。

第二，找到修正差距的具体方法。

3．基于核心能力

所谓核心能力，是指促成组织为客户提供独特价值与利益的技能和技术的组合。它是所有能力中核心的部分，它可以通过向外辐射作用于其他能力，影响其他能力的发挥。

从核心能力出发，战略包括三件事：

第一，寻找组织的核心能力。

第二，根据寻找出的这种核心能力，确定组织的发展方向。

第三，基于这种核心能力的发展，与竞争对手竞争。

4．差异化的选择与定位

差异化就是与别人不同，这种不同可以是组织文化、经营理念、成本、产品和服务等方面的。据此，差异化的选择与定位的战略包括两件事：

第一，战略是与众不同的。

第二，确定一个组织的位置或者定位。

组织战略影响着组织的长远发展，它所研究的问题是宏观的、全局的、系统的。复杂多变的外部环境使得组织战略的地位越来越重要，同时战略的实施也越来越困难。任何组织目标的实现都离不开人力资源，所以人力资源管理的重心应放在激励员工实现组织的战略目标上面。

（二）战略性人力资源管理的定义、特征和部门角色定位

1．战略性人力资源管理的定义

战略性人力资源管理作为一种观点于20世纪80年代出现，至今还没有一个绝对权威的定义。目前，影响最大的战略性人力资源管理的定义是：为使组织达成目标，而进行的一系列具有战略性意义的人力资源部署和管理的行为。这个定义具体包括如下内涵：

（1）战略性人力资源　战略性人力资源是指，在组织的人力资源群体中，具有某些或某种特别知识、能力和技能的人才，或者拥有某些核心知识或关键知识的人才，并且他们处于组织经营管理系统的重要或关键职位上。相对于一般的人力资源来说，这些战略性人力资源具有不可替代性和专用性的特征。

（2）系统性人力资源管理　系统性人力资源管理是指组织为了获得持续竞争优势而部署的人力资源管理政策、实践、手段及方法等构成的人力资源管理。它强调人力资源的规划、政策、管理实践，以及达到获取竞争优势目标的人力资源配置。

（3）战略性人力资源管理　战略性人力资源管理是指人力资源管理与组织的发展战略匹配，人力资源管理系统的各组成要素相互匹配。

（4）目标导向性人力资源管理　目标导向性人力资源管理是指人力资源管理通过组织建构，将人力资源管理置于组织经营系统中，实现组织目标，促进组织的发展。

战略性人力资源管理作为一种新的人力资源管理模式，是统一性和适应性相结合的人力资源管理，它要求人力资源管理与组织的总体战略高度一致。

2．战略性人力资源管理的特征

战略性人力资源管理是一种新理念、新模式，不仅具有新的内容，而且具有新的特征。其特征体现在战略性、协调性和目标性3个方面。

（1）战略性　战略性人力资源管理的战略性是指人力资源管理战略和组织战略紧密结合。人力资源的战略性是战略性人力资源管理的核心特征，主要体现在4个方面：

1）战略思想方面，战略性人力资源管理是“以人为本”的人本管理。

2）战略目标方面，战略性人力资源管理是为了实现“竞争优势”这一目标。

3）战略范围方面，战略性人力资源管理是全员参与的民主管理。

4）战略措施方面，战略性人力资源管理运用“系统性科学和人文艺术”的权变管理。

（2）协调性　战略性人力资源管理与组织经营战略互动，组织经营战略改变，战略性人力资源管理随之改变，实现高度匹配和协调。具体而言，战略性人力资源管理必须与组织发展战略协调；人力资源的具体实践活动与人力资源的整合计划协调；个体目标与组织目标协调；人力资源管理系统各组成要素之间协调。组织环境是一个变化着的动态环境，人力资源管理系统必须感知这些变化，并随时调整自己，实现与组织经营战略相互协调。

（3）目标性　战略性人力资源管理具有极强的目的性，其目的就是确保人力资源具有良好的技能和出色的表现，进而使组织获得持续的竞争优势。

3. 战略性人力资源管理部门的角色定位

战略性人力资源管理部门除充当人力资源管理专家的角色外，还充当战略合作伙伴、变革的推动者、员工利益的维护者三重角色。

（1）人力资源管理专家　人力资源管理部门的角色是用专业知识和技能对组织所有人力资源活动进行评估和处理，因此它是人力资源管理专家。

（2）战略合作伙伴　战略合作伙伴是指人力资源部门必须充分理解组织的战略，并且基于战略构建人力资源体系，支持战略，实现人力资源管理体系与组织战略的协调，最终实现组织的目标。

（3）变革的推动者　现在的组织处在一个快速变化的环境中，人力资源管理体系如何适应这种变化，不断保持人力资源管理体系与组织战略的协调性，是人力资源管理部门的重要职责。因此，人力资源管理部门必须随时感知经营环境的变化，并使人力资源管理体系与之协调。人力资源管理部门帮助组织应对变革和利用变革的能力，可确保公司的战略转化为具体行动。

（4）员工利益的维护者　战略性人力资源部门最重要的工作之一就是最大限度地激发员工的工作积极性，员工的工作积极性来源于多方面，如尊重、薪酬、保险、个人发展机会等，而这些正是人力资源管理部门的工作内容。所以，人力资源部门必须切实站在员工的立场，为员工着想，维护他们的正当利益，为他们提供发展机会，并提供必要的资源使员工达到组织的要求，使员工满意。

战略性人力资源管理部门中4种角色的内涵见表1-5。

表1-5　战略性人力资源管理部门中4种角色的内涵

角　色	行　为	结　果
战略合作伙伴	组织战略决策的参与者，提供行业人力资源管理相关数据，从组织战略的角度进行组织人力资源规划	提升本组织人力资源的行业竞争力，为组织战略达成提供有效的人力资源保障
变革的推动者	营造创新、变革的组织文化，持续进行相关培训，招募有创新意识和能力的人才	提升员工对组织变革的适应能力，妥善处理组织变革过程中的各种人力资源问题，推动组织变革进程
人力资源管理专家	运用定性或定量的方法，开发人力资源管理的产品和服务，对人力资源的群体或个体现状进行评估，为组织进行人力资源管理决策提供科学依据	系统提升组织人力资源专业水平、敬业度等
员工利益的维护者	通过多种渠道随时与员工进行沟通，及时了解员工的需求，及时为员工提供支持	提高员工满意度，舒缓员工工作压力，增强员工的忠诚度，减少劳动纠纷

二、战略性人力资源管理目标的制定原则及方法

战略性人力资源管理是基于人力资源重要性的提升，从战略的高度审视和整合组织的人力资源以配合组织战略。战略性人力资源管理贯穿于组织管理的每一个环节，通过有效的管理实务，为保证组织的发展和培育核心竞争力的战略制定，提供机制和导向。

（一）战略性人力资源管理目标的制定方法

制定人力资源战略目标的具体方法有两种：一是自上而下法，二是自下而上法。

自上而下法是根据组织发展战略的要求，首先提出人力资源管理的总目标，然后将总目标层层分解到部门或个人，形成各个部门与个人的目标与任务。这种方法的优点是系统性强，对重大事件与目标把握准确，预测性好；缺点是战略容易与实际脱离，忽视员工的期望，过程琐碎，较难掌握。将总目标进行分解的目的是确定行动计划和实施步骤，前者主要提出人力资源管理战略目标实现的方法和程序；后者从时间上对每个阶段组织的每个部门与个人应完成的目标或任务做出决定，把人力资源管理战略的总体目标分解成可供实施的、具体的、分层次的小目标。

自下而上法是经过部门或员工讨论，首先制定出个人或部门的工作目标；其次规定目标实施的方法和步骤，由此形成部门目标；最后再把所有部门目标汇总，形成组织的人力资源战略总体目标。这种方法操作简单，目标与行动方法具体，可操作性强，并考虑到员工的个人期望；缺点是带有较大的主观臆断性，全局性较差，对重大事件的目标及对未来事件的预见性较差。

（二）战略性人力资源管理目标的制定原则

人力资源管理目标是根据企业战略的大目标、人力资源现状及员工的期望综合而确定的目标，它是未来组织内人力资源需求数量与规格、员工素质与能力、劳动态度与所要达到的绩效标准、企业文化与人力资源政策、人力资源投入等的具体要求。所以，战略性人力资源管理目标的制定必须遵循匹配原则和服务原则。

1. 匹配原则

匹配原则即人力资源管理战略目标必须与组织的其他战略目标匹配，如财务战略目标、市场战略目标、营销战略目标等。人力资源管理应推动员工实施组织的战略，应随着组织竞争战略的不同而不同，只有人力资源战略与组织的战略相匹配，才会产生较高的组织绩效。匹配有两种形式：一种是外部匹配，另一种是内部匹配。

外部匹配即人力资源管理应与组织发展阶段，特别是组织的竞争战略相匹配。由于组织的各个不同战略来自不同的部门、不同的制定者，它们往往带有一定的部门特征和个人倾向性，还往往会过于强调自己的重要性，以争取组织的支持与更多的资源。因此，为实现人力资源战略目标与组织战略目标最大限度的匹配，组织必须对各个战略进行综合平衡，合理地使用企业的各种资源，使组织的总体战略目标和各个战略得以实现。

内部匹配即人力资源管理措施应该相互促进，成为系统。在人力资源管理中，要注意避免两种倾向：一是相互削弱的组合，二是不经济的重复。

2. 服务原则

战略性人力资源管理应服务于组织的战略，战略人力资源管理目标的制定应有利于组织战略目标的实现，应与组织战略一致。战略性人力资源管理目标与组织战略目标一致至少有 3 大优势：

1）使组织的执行能力增强。

2）使组织适应变化的能力增强。

3）因为“战略一致性”而使组织更符合顾客的需求。

战略性人力资源管理服务于组织战略的最终目的，是形成组织的核心竞争力，为组织建立竞争优势。人力资源与组织核心竞争力的关系如图 1-4 所示。

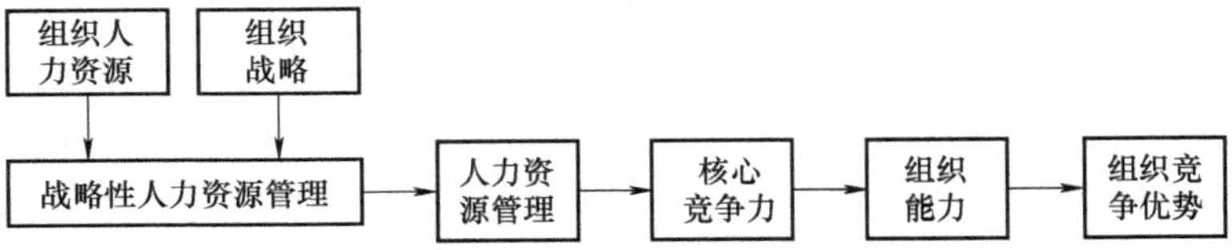

图 1-4　人力资源与组织核心竞争力的关系

三、战略性人力资源管理内容

战略性人力资源管理的内容由 6 个相互独立又相互影响的运行系统组成，如图 1-5 所示。

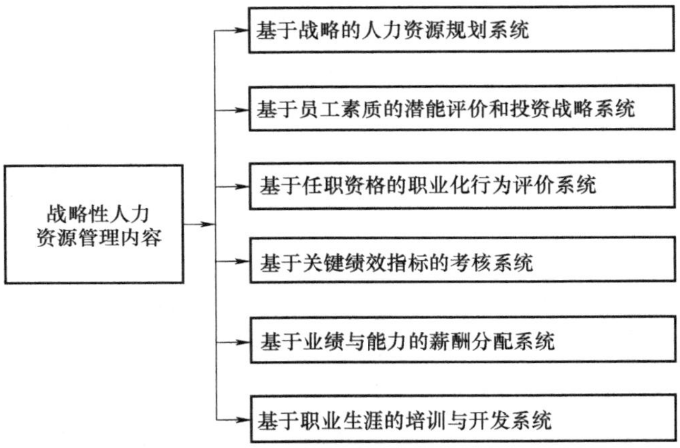

图 1-5　战略性人力资源管理内容

（一）基于战略的人力资源规划系统

组织战略决定人力资源的配置、储备和开发。人力资源规划系统是人力资源管理实施计划的具体体现，是根据组织发展战略规划对人才规格、数量、来源等的规划。人力资源规划是一种可以直接操作的计划。组织根据发展战略确定自身的人力资源规划，通过开发和实施规划确保组织人才队伍的稳定和素质的提高，不断加大专业人才的培养、储备和开发，制订内部培养和外部引进计划。

人力资源规划编制最根本的依据是组织战略，两者之间的联系要通过“经营计划”“成本预算”等一系列中间环节来实现。

小资料

人力资源战略规划如图 1-6 所示。

人力资源战略规划

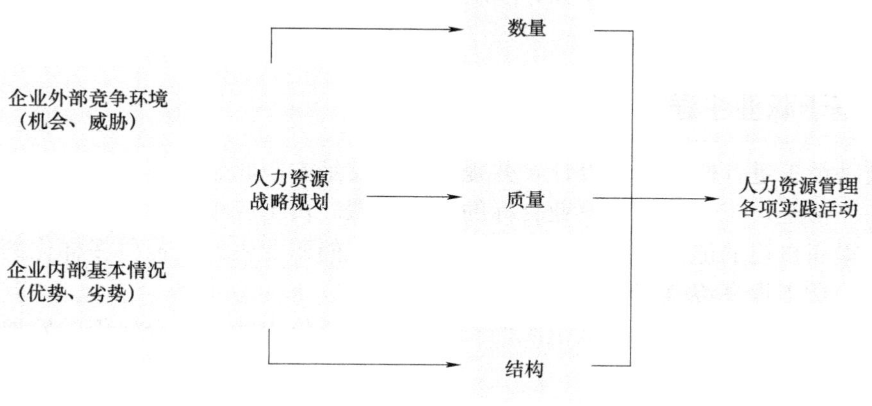

图 1-6 人力资源战略规划

（二）基于员工素质的潜能评价和投资战略系统

组织从发展战略、客户需求和竞争要求出发，对各类职位员工的内在素质进行分析，总结各类职位的成功模型。以素质模型为基础，建立相应的人才招聘和选拔标准，做到“人尽其才，职适其人，人职相宜”，充分发挥人的潜能，建立人才竞争机制。

提高员工素质的投资是战略人力资源管理的一项重要内容，人力资源战略投资会给组织带来巨大的经济效益。继续职业发展是组织人力资源投资的重要组成部分，全员培训与终生学习是当今世界科学技术迅猛发展提出的客观要求，也是组织提升竞争力的法宝。学习型组织的产生正是以人力资源战略为依托的现代经济发展的必然要求。

（三）基于任职资格的职业化行为评价系统

对高绩效员工的行为进行分析，总结提炼出组织各个职位的任职标准，引领员工不断提升业绩。任职资格标准的建立和任职资格认证，使职业发展通道开放，为员工晋升与薪酬调整提供决策依据。

（四）基于关键绩效指标的考核系统

建立分层分类的关键绩效评价体系，高层领导采用述职报告制度，中层管理者采用年度绩效考核制度，操作层员工采用月度测评制度。绩效目标的设立源于组织的战略目标和职位职责，对中高层管理者的绩效考核更注重结果指标，对操作层员工的考核更强调行为过程。考核结果与分配和晋升挂钩。

（五）基于业绩与能力的薪酬分配系统

由于薪酬管理的激励作用，薪酬管理成为人力资源管理的核心部分，它不仅能够促进组织业绩的提高，成为实现组织财务战略的工具，还是组织价值观和信仰的体现。

组织实行业绩与能力导向的薪酬分配制度时，员工的收入直接取决于其对组织的贡献，贡献越大，回报越高。

（六）基于职业生涯的培训与开发系统

组织鼓励员工进行职业生涯设计，并提倡员工立足本职职位规划事业远景，每一个本职位上的工作都是员工完成自己事业目标的一个步骤。员工应根据职业规划加强学习，结合职位不断提高自己的能力和素质。组织将针对员工的职业生涯，提供多样化的职业培训和课程，帮助员工提高终身学习能力。

战略性人力资源管理主要是从组织的长远和整体目标出发，结合组织的发展战略，对人力资源进行规划和管理。

小资料

腾讯公司人力资源管理的发展阶段

第一阶段：人力资源管理建立期（1998—2003 年）

公司逐渐建立起人力资源部门，这个时期属于公司的初创期，急需建立独立的人力资源管理体系。

此时，人力资源管理工作以招聘、薪酬制定等职能性工作为主；角色为行政职能类角色，较为单一。这个时期的人力资源管理组织结构是以职能为导向的，但是管理理念中已经出现了客户价值导向的理念与思想的萌芽。

第二阶段：人力资源管理发展转型期（2003—2009 年）

这个时期以公司的企业文化管理委员会和腾讯学院的建立为标志。

在这个时期，腾讯面临着企业文化被稀释，人才储备和培养跟不上企业发展等问题。公司对人力资源管理的要求剧增，公司逐步建立起职业发展体系、培训体系，进行企业文化的优化与变革等。人力资源管理的职能与角色急剧扩增，战略性角色和员工合作伙伴角色开始显现。

随着员工规模的不断扩大，员工发展是否与行业和公司的发展同步是一个急需解决的问题，公司的解决之道主要是靠文化——专门成立文化管理委员会，推广企业的价值观，加快新人融入公司的步伐。

第三阶段：人力资源管理新型组织结构的建立期（2009 年至今）

这个时期，公司业务和员工对人力资源管理的需求日益多元化和差异化。

公司期望人力资源管理工作能够融汇公司战略，推动组织变革，提供专业快捷的人力资源服务，灵活高效地支持一线业务单元的人力资源工作。人力资源管理角色更加多元化，战略性角色特征十分明显。

这个阶段，人力资源管理组织建立和完善了人力资源专家中心、人力资源平台部和人力资源业务合作伙伴三大组织结构，腾讯形成了客户价值导向的人力资源管理新型组织结构（见图 1-7）。

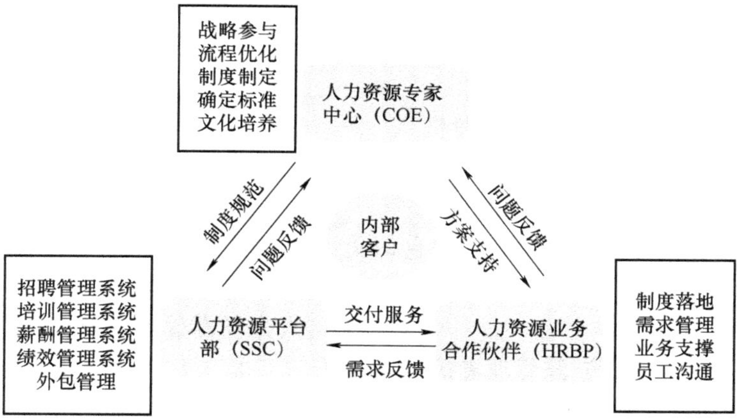

图 1-7　人力资源管理组织结构图

腾讯视员工为企业的第一财富，对于腾讯来说，业务和资金都不是最重要的。业务可以拓展，可以更换；资金可以吸收，可以调整，而人才却是最不可轻易替代的，是最宝贵的财富。

本章小结

人力资源是指一定范围内人口中所有具有劳动能力的人口的总和。人力资源是有意识的资源，这种资源具有不同于其他资源的时代性、能动性、两重性、时效性、持续性、再生性等鲜明的特征。人力资源管理是运用现代化的科学方法，对与一定物力相结合的人力进行合理的组织、培训和调配，使人力、物力经常保持最佳比例，使人尽其才、事得其人、人事相宜。人事管理属于行政事务管理，管理的重心是"事"；人力资源管理则是对"人"的战略性管理，是以"人"为核心，把人作为可再生资源进行开发。

西方管理中对人性的认识有"经济人""社会人""自我实现人"和"复杂人"四种观点。人本管理的思想贯穿于人力资源管理的始终，其主要有个体差异原则、科学管理原则、要素有用原则、激励强化原则、教育培训原则、文化凝聚原则、结构优化原则、能级层序原则、互补增值原则、动态适应性原则、同素异构原则、公平竞争原则等。

一般人力资源管理者是人力资源实践的承担者，专业人力资源管理者是人力资源管理领域的专家。人力资源管理部门所充当的角色是政策的制定者、业务的促成者、监控者、创新者和变革者。

战略性人力资源管理是为使组织达成目标所进行的一系列具有战略性意义的人力资源部署和管理的行为，体现战略性、协调性和目标性。

复习思考题

一、单选题

1. 下列关于“经济人”的说法，不正确的是（　　）。
   A. “经济人”也叫“唯利人”
   B. “经济人”有较强的成就动机
   C. 经济人是非理性的
   D. “经济人”本性不喜欢工作
2. 以下不属于人力资源管理部门角色的是（　　）。
   A. 变动的推动者　　B. 企业发展方向的决策者
   C. 业务的促成者　　D. 人力资源管理工作的创新者
3. 以下属于专业人力资源管理者工作的是（　　）。
   A. 根据组织工作要求安排员工，对新员工进行指导和培训
   B. 坚持贯彻劳资协议各项条款
   C. 根据组织的既定目标就管理者的发展计划向主管领导提出建议
   D. 持续不断地指导员工养成并保持安全工作习惯
4. 在人才选聘方面应坚持（　　）原则。
   A. 用人所长　　B. 补其所短
   C. 注重学历　　D. 注重资历
5. “人力资源”一词是由哪位学者最先提出的？（　　）
   A. 麦克利兰　　B. 亚当·斯密
   C. 彼得·德鲁克　　D. 斯蒂文·罗宾斯

二、多选题

1. 以下关于管理的定义，正确的是（　　）。
   A. 管理职能和领导职能有严格的区分
   B. 管理就是决策
   C. 管理者主要履行计划、组织、人事、领导和控制职能
   D. 管理就是界定企业的使命，并激励和组织人力资源去实现这项使命
2. 人力资源的主要特征包括（　　）。
   A. 时代性　　B. 时效性
   C. 再生性　　D. 持续性
3. 人本管理的基本原则包括（　　）。
   A. 动态适应性原则　　B. 教育培训原则
   C. 结构优化原则　　D. 激励强化原则
4. 战略性人力资源管理部门的角色定位包括（　　）。
   A. 变革的推动者　　B. 战略合作伙伴
   C. 员工利益的维护者　　D. 变革的决策者

5. 战略性人力资源管理的内容包括（　　）。

A. 基于战略的人力资源规划系统

B. 基于职业生涯的培训与开发系统

C. 基于任职资格的职业化行为评价系统

D. 基于员工素质的潜能评价和投资战略系统

三、案例分析

九州建筑公司的人力资源管理

九州建筑公司是浙江省的一家小公司，从事地下管道安装工程，公司的经营有明显的季节性，员工流动率也非常高。林斌是一名技校学生，每年夏天都来九州建筑公司兼职做反向铲挖土机的操作员，今年是第四年了。公司考虑到，林斌年轻能干，而且也有了相当的经验，就安排他去操作公司里最新的机器。但是，那台机器现在归王傅操作，王傅在公司已工作了10 年。公司的这种安排使得王傅不得不去操作一台旧机器。王傅对此很不满意，因为他觉得自己是公司的老员工，也是一名正式员工，没理由将机器让给一个兼职的年轻人。

冲突的出现使公司里的其他员工很快就分成了两派，一派支持王傅，一派支持林斌。不出一个月，林斌就辞职了。

问题：九州建筑公司的人力资源管理出现了哪些问题？应如何改进？

四、实训项目

5～6 人一组，调研一家企业，了解这家企业的人力资源管理情况，总结该组织人力资源管理的特点，并绘制人力资源管理部门的组织结构图。

第二章 人力资源战略规划

知识目标

- ✧ 理解和掌握人力资源战略规划的含义和主要内容。
- ✧ 理解人力资源战略规划的含义和意义。
- ✧ 掌握人力资源战略规划的过程。
- ✧ 掌握人力资源需求的预测方法。
- ✧ 掌握人力资源供给的预测方法。

技能目标

- ✧ 能够根据企业内部、外部情况对组织的人力资源需求和供给情况进行预测。

引导案例

L公司的人才接任计划

2007年，郑泉创建了L公司。L公司的主营业务是风力发电。十余年来，在国家大力发展风力发电的优惠政策支持下，L公司发展势头很不错，由创建之初的5个人，发展到了近100人。近一年来，L公司的中层干部屡有跳槽，由于缺少后备干部储备，每次中层干部离职都会对部门、公司造成一段时间的动荡。

郑泉与人力资源部商议后认为，为了保证核心力量后继有人，必须启动人才接任计划。这样做是为了确保公司平稳发展，减少骨干员工离职对公司造成的负面影响，同时让有才能的年轻人能够得到机会，晋升到重要职位上去，让他们的才能在更大的责任中得到锻炼。

案例分析

能否在合适的时间，将合适的人才安置在组织合适的职位上，是每一个人力资源管理者必须要面对的问题。作为人力资源的管理者，如果在接到用人部门的用人需求后，特别是高端人才的用人需求后，才开始考虑、着手进行人员的甄选工作，显然是滞后的，难以及时满足业务发展、组织发展的需要。战略型人力资源管理部门必须能与组织高层管理者“并肩而立”，对内结合组织的使命、远景和价值观，对外结合组织外部的政治、经济、文化和社会环境，制订组织的中长期人力资源战略规划，做好人力资源的供给预测和需求预测，这样才能为组织发展做好人才储备、培养计划，从而有力地支持、保障组织发展的需要。

第一节　人力资源战略规划及基本过程

一、人力资源战略规划的含义及其意义

（一）人力资源战略规划的含义

“战略”一词原是军事上的一个重要术语，是指统领战争全局的计划、方针和策略，是交战各方用以赢得战争胜利的一门科学和艺术。

人力资源战略通常泛指在组织未来的发展中，人力资源开发与管理的总体方向、工作目标和主要任务，而人力资源战略规划是依据企业发展方向和目标的定位，将目标细化为一个具有科学性和可行性的工作计划。因此，可将人力资源战略规划定义为：它是组织在对其所处的外部环境（如政治、经济、文化和社会等环境）、内部环境以及各种相关要素进行系统分析的基础上，从组织的全局利益和发展目标出发，对人力资源的开发、利用、提高和发展所做出的总体预测、决策和安排。也就是说，人力资源战略规划是为了实现企业战略目标，根据企业目前人力资源状况，为满足未来一段时间企业对人力资源质量和数量的需要，在引进、保持、利用、开发、流出人力资源等方面所做的预测和其他相关事宜，它有利于组织目标顺利实现，有利于组织更好地适应环境变化，有利于提高组织人力资源的使用效率。

小资料

组织战略与人力资源战略规划的关系如图 2-1 所示。

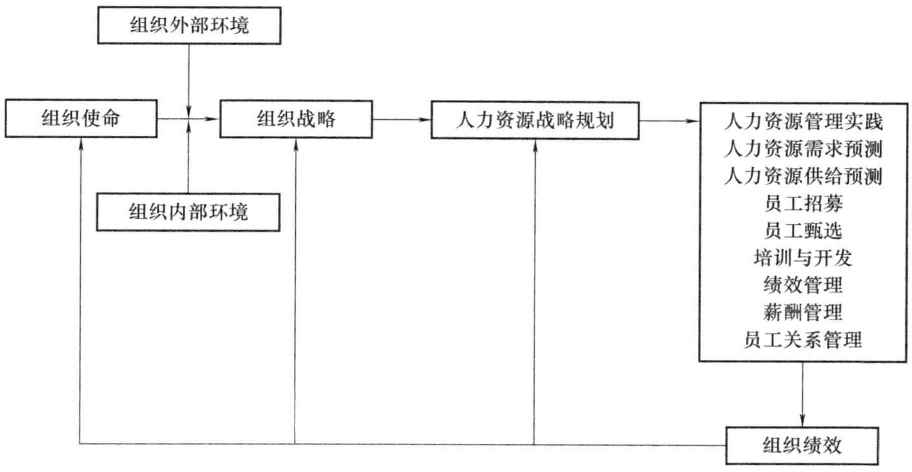

图 2-1　组织战略与人力资源战略规划的关系

（二）人力资源战略规划的意义

随着组织规模的扩大、人员的增多和经营环境日趋复杂多变，人力资源开发与管理受到越来越多组织内、外部因素的影响。为降低未来的不确定性，更好地帮助组织应付未来的变化，

解决和处理复杂的问题，人力资源管理应首先进行人力资源战略规划这项工作，这是人力资源管理的基础。有效的人力资源战略规划是通过对组织在不同时期、不同内外环境、不同组织战略目标下人力资源供需的预测，确保组织在人力资源数量、质量方面的需求得以满足，从而保障组织战略目标的实现。也就是说，人力资源规划是通过对组织人力资源供给和需求的预测，为组织生存、成长、发展、竞争及对环境的适应和灵活反应提供人力资源保障。

在组织总体发展战略已确定的情况下，制订人力资源战略规划具有以下重要意义：

1）有利于组织决策层明确在未来相当长的一段时期内人力资源管理的重点。即哪几项工作是真正值得投入的，为工作的先后次序列出优先级。

2）有利于界定人力资源的生存环境和活动空间。组织的管理问题可以分成内、外两个部分，对内管理的目的是在现有组织结构下，获得较高的工作效率和较好的工作业绩；对外管理的目的是在所处的政治、经济、文化、技术等环境下，选择和拓展组织的生存发展空间，与竞争对手、供应商、经销商、行业协会等保持均衡的互利互惠关系。组织竞争战略的着眼点立足于后者，制定人力资源战略时不仅要重视前者，也要重视后者。由于组织人力资源战略的着眼点是如何使组织保持人才竞争的优势，因此，人力资源战略的制定有利于界定人力资源的生存环境和活动空间。

3）有利于发挥组织人力资源管理的职能。组织人力资源管理的职能包括人才的选、用、育、留、淘汰，这些职能能否有效发挥作用，取决于人力资源战略能否与组织战略密切配合。

4）有利于增强管理者的战略意识。组织各层级管理者的首要任务是做好人力资源的管理，他们是人力资源管理的第一责任人。人力资源管理战略的制定和实施，有利于帮助管理者从战略的角度全面地考虑人力资源管理问题。

5）有利于组织人力资源的可持续发展。组织人力资源战略的核心是从组织战略出发制订人力资源管理的相关规划，是密切关系到组织、员工发展的纲领，是着眼于员工长远发展的规划，必将有利于实现组织人力资源的可持续发展。

二、人力资源战略规划的策略

从性质上可分为吸引策略、参与策略和投资策略 3 种类型。这 3 种策略在人力资源管理各模块中的不同表现形式详见表 2-1。

表 2-1　人力资源管理策略比较

内　容	吸引策略 (Inducement Strategy)	投资策略 (Investment Strategy)	参与策略 (Involvement Strategy)
职位分析评价	详尽、具体、明确	较为宽泛	详尽、明确
员工招募来源	外部劳动力市场	内、外部劳动力市场	内、外部劳动力市场
职位晋升阶梯	比较单一，不易转换	广泛、灵活多样	较为狭窄，不易转换
绩效考核目标	注重短线目标 重视实际成果	注重长期目标 重视绩效达成的过程和结果	注重中、短期目标 重视实际成果
培训内容	职位应知应会的技能为主	广泛的培训与开发项目，如专业培训、团队合作、人际技能等	专业培训为主
基本薪酬水平	强调多劳多得，按照劳动数量付酬	提供行业有竞争力的薪酬	提供行业内适中的薪酬
员工归属感	低	较高	很高
雇用保障	低	较高	很高

三、人力资源战略规划的内容

人力资源战略规划按照不同的划分原则可做出如下分类：

从时限上可分为：长期战略规划，即5年以上的人力资源总体战略规划；中期战略规划，即在3～5年内的战略规划；短期人力资源规划，即3年之内的战略规划。

从层级和内容上可区分为人力资源总体发展战略、员工招聘与配置战略、员工培训开发战略、绩效管理战略、薪酬管理战略、员工关系管理战略等。

人力资源战略规划是运行人力资源管理系统的前提，是开发人力资源管理各子系统的重要依据。人力资源战略规划主要包括3方面的内容：人力资源数量规划、人力资源素质规划、人力资源结构规划，这3方面的内容为组织人力资源管理提供了总体原则。人力资源战略规划的具体内容详见表2-2。

表2-2 人力资源战略规划的主要内容

名　称	定　义	作　用
总体规划	根据组织发展战略、目标及组织内外部环境的变化，预测未来的组织任务和环境对组织的要求，从而预见性地为满足组织发展提供人力资源的过程	满足组织发展对于人力资源数量、质量和结构的需求
补充规划	根据组织发展情况，预见性地把组织所需数量、质量的人员填补在可能产生空缺的职位上	满足组织当前以及可能出现的人员需求
晋升规划	根据组织人员分布状况和层级结构所制定的人员提升的政策和方案	体现组织的文化和用人决策，起到激励、培训员工的作用
培训与开发规划	为了对某些职位进行人才储备和提高现职位人员的适岗性而进行的规划	为重点职位储备人才，空缺时可迅速填补，改善个人与职位要求的匹配关系
绩效管理规划	管理者和员工关于工作目标和标准的契约制定及执行过程	确保组织总体绩效目标的实现，给员工提供自我发展和成长的平台、机会
薪酬管理规划	对组织未来一个周期内工资总额及分配、结构、增长率等做出的规划	有效控制人工成本，保持工资增长率低于劳动生产率增长率，有效地激励员工
员工关系管理规划	组织与员工在劳动时间、劳动保障、劳动环境等方面进行的约定与规划	创建和谐的工作氛围，增进各层级之间的沟通理解，提升员工工作满意度
职业生涯规划	对员工个人职业生涯进行的设计与规划	提高员工工作满意度，激发其努力发展自身潜力，将个人发展与组织发展结合起来

四、人力资源战略规划的原则

在制订人力资源战略规划时，要注意以下3个原则：

（一）充分考虑组织内部、外部环境的变化

人力资源战略规划只有充分考虑组织内部、外部环境的变化，才能适应组织发展的需要，真正做到为组织发展战略目标服务。内部变化主要是指组织结构、组织变革、组织文化、员工流动率、组织发展战略等的变化；外部变化是指社会消费市场、政府有关人力资源政策、人才市场的供需矛盾、新技术的使用等的变化。为了能够更好地适应这些变化，在人力资源规划中应该对可能出现的情况做出预测和风险分析，最好能有面对风险的应急策略。

（二）保障组织的人力资源供给

保障组织的人力资源供给是人力资源规划中应解决的核心问题。它包括人员的流入预测、流出预测、人员的内部流动预测、社会人力资源供给状况分析、人员流动的损益分析等。只有有效地保证了组织的人力资源供给，才可能进一步开展更深层次的人力资源管理与开发。

（三）使组织和员工共同发展

人力资源战略规划不仅是面向组织发展的规划，也是面向员工发展的规划。组织的发展和员工的发展是互相依托、互相促进的关系。如果只考虑组织的发展需要，而忽视了员工的发展，就会有损组织发展目标的达成。优秀的人力资源战略规划，一定是能够使组织和员工互惠互利，实现共同发展的规划。

五、人力资源战略规划与人力资源管理其他职能的关系

从人力资源战略规划的内容可以看出，作为人力资源管理的一项重要职能，它与人力资源管理的其他职能之间存在着非常密切的关系。

（一）与薪酬管理的关系

人力资源需求的预测结果可以作为组织制订薪酬计划的依据，由于需求的预测不仅包括数量而且包括质量，企业就可以根据预测期内预先设定的薪酬总额调整薪酬的结构和水平，还可以根据预测期内人员的分布状况，结合自身的薪酬政策进行薪酬总额的预测。

此外，组织的薪酬政策也是预测供给时需要考虑的一个重要因素，人力资源供给的预测是针对有效供给来进行的。先来看外部供给，如果组织自身薪酬水平等没有吸引力，那么再大的外部供给市场对它来说也是没有意义的，因此在进行外部供给预测时需要衡量组织自身的吸引力，而薪酬就是衡量吸引力的一个重要指标；对内部供给来说，各职位的薪酬水平也会影响供给的情况，薪酬水平高的职位其人力资源供给量肯定会大于薪酬水平低的职位。

（二）与绩效管理的关系

绩效管理是进行人员需求和供给预测的一个重要基础，通过对员工工作业绩、态度和能力的评价，组织可以对员工的状况做出判断，如果员工不符合职位要求，就要进行相应调整，这样造成的职位空缺就成为需求预测的一个来源；同时，对于具体职位来说，通过绩效考核可以发现组织内部有哪些人能够从事这一职位的工作，这也是内部供给预测的一个重要方面。

（三）与员工招聘的关系

人力资源战略规划与员工招聘有着直接关系。当预测到人力资源供给小于需求，而组织内部的供给又无法满足这种需求时，就要到外部进行招聘。招聘的主要依据就是人力资

源战略规划的结果，其中包括招聘的人力资源数量和人力资源质量。

（四）与员工配置的关系

员工配置就是在组织内部进行人力资源的晋升、调动和降职，员工配置的决策取决于多种因素，如组织规模的变化、组织架构的变动以及员工绩效的表现等。而人力资源规划也是其中一个重要因素，员工配置的一项重要作用就是进行内部人力资源供给，当然这种供给只是针对某个层次而言的。在需求预测出来以后，组织就可以根据预测结果和现有人员状况，制订相应员工配置计划，来调整内部的人力资源供给，以实现两者的平衡。

（五）与员工培训及开发的关系

人力资源战略规划与员工培训及开发的关系更多地体现在员工的质量方面。开展员工培训的首要工作就是确定培训的需求，从而保证培训的内容及时、有效。供需预测的结果则是确定培训需求的一个重要来源，通过将现有员工的质量和所需员工的质量进行比较，可以确定出培训的需求。这样，通过培训就可以提高内部供给的质量，增加内部供给。

（六）与员工关系管理的关系

做好人力资源战略规划工作，有助于保持人力资源的供需平衡，减少因人力资源供给大于人力资源需求造成的人员冗余现象。如果组织的人力资源需求小于组织的人力资源供给，可以通过与员工协商解除劳动关系、拓展新业务等方式实现供需的平衡。

六、人力资源规划战略的程序

（一）确立组织的发展战略与目标

人力资源战略规划的最终目的是确保组织实现其经营战略和目标，经营战略确定的依据是组织内部和外部环境的评价结果，所以，制订人力资源战略规划首先要明确组织发展的经营战略目标。例如，一个组织采取低成本战略时，应制订以严格控制成本为目标的人力资源规划；而当一个组织决定发展电子商务时，人力资源规划中则应说明组织对电子商务专业人员需求的数量与结构，这些专业人员在组织内部与外部的供给情况，以及通过什么方式使员工在数量与结构上满足组织需要。只有将组织的人力资源规划建立在组织发展战略和目标基础之上，才能保证组织有效地实施发展战略和目标。

（二）对组织人力资源供求进行调查和预测

组织人力资源供求预测工作基于组织内外环境的调查分析，调查是指对制订人力资源规划所需信息、资料的全面调查，主要包括两个方面内容：

（1）影响组织外部人力资源供给的各种因素的调查　如劳动力市场结构、供给与需求状况、劳动力择业心理等因素，人口发展趋势中的人口性别比例、年龄构成、地区比例等因素，宏观经济发展趋势，当地经济发展前景，科技发展趋势及其对人力资源供给的影响，以及政府的政策法规等因素。

（2）组织内部人力资源状况的调查　是对企业内部人力资源供需和利用情况的调查，重点调查目前各类员工的规模、人员变动和流动状况、知识结构、工作能力、技术和经验专长等方面的特点。

由于这些信息是人力资源规划的基础信息，因而被企业所重视，目前许多企业人力资源管理部门借用人力资源数据库来完成此项调查工作，数据库所含内容一般包括员工的姓名、性别、出生年月、出生地、工作年限、技术等级、工作经历、教育背景、培训及证书、外语能力、绩效评估、薪酬福利等内容。

在充分掌握信息的基础上，使用有效的预测方法，对组织未来一段时期的人力资源供给和需求做出预测。内部人力资源供给的确定要求组织对当前分布在组织内部的各种不同工作类型的员工数量进行详细分析，然后根据将来可能因员工退休、晋升、调动、离职等原因引起的变化来对预测进行调整。

（三）人力资源战略规划的制订

人力资源战略规划的制订包括制订总体规划、具体业务规划，以及相应的人事政策。

在制订各项具体业务规划时要全面考虑，注意各项业务规划间的相互关联性和系统性。

人力资源规划要随影响因素变化做相应变更，即人力资源规划是个动态过程。由于组织内外存在诸多不确定因素，造成组织战略目标不断变化，因而以实现战略目标为最终目的的人力资源规划也要做相应调整，需要不断修正规划方案。

（四）人力资源战略规划的实施

在供给和需求预测结果出来以后，就要根据两者之间的比较结果，通过人力资源的总体规划和具体业务规划，制定并实施平衡供需的措施，使得企业对人力资源的需求得到正常的满足。

（五）人力资源战略规划的评估和调整阶段

要重视人力资源战略规划的评估工作，人力资源战略规划的最终目标是保证组织目标的实现，即为组织发展提供及时有效的人力资源保障，人均营业额、人均利润、员工满意度等均可作为评估人力资源战略规划的指标。

人力资源战略规划的调整包括两层含义：一是指在实施的过程中，要随时根据内外部环境的变化来修正供给和需求的预测结果，并对平衡供需的措施做出调整；二是指要对预测的结果以及制定的措施进行评估，对预测的准确性和措施的有效性做出衡量，找出其中存在的问题及有益的经验。最后，评估结果要及时反馈，以便及时修正规划。

小资料

人力资源战略规划如图 2-2 所示。

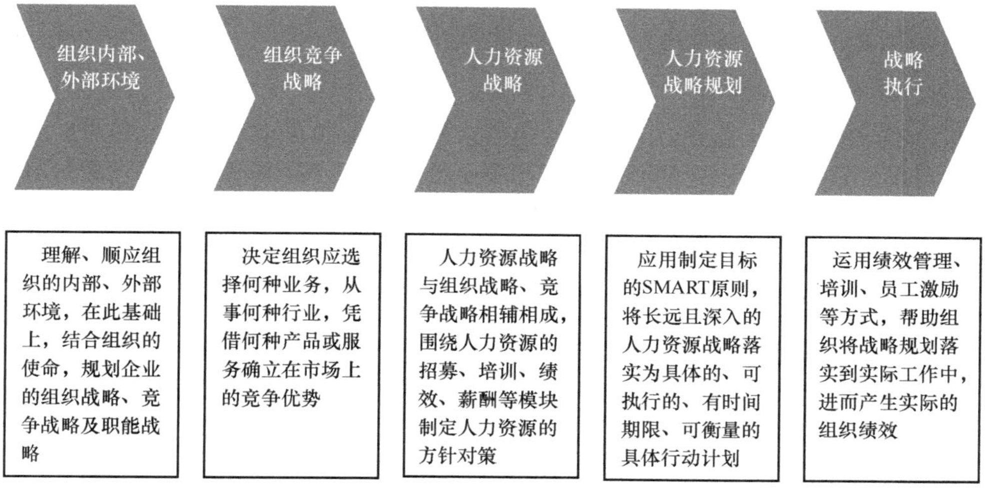

图 2-2 人力资源战略规划

第二节 人力资源需求预测

一、人力资源需求的预测及分析

（一）人力资源需求的预测

人力资源需求预测指根据组织发展的要求，对将来某个时期内企业所需员工的数量、质量进行分析和预测，进而确定人员补充的计划方案以及教育培训方案。

人力资源需求预测是公司编制人力资源战略规划的核心和前提，因为预测的基础是组织的总体发展规划和年度预算。对人力资源需求预测要持动态的观点，除了组织战略外，还要考虑到产品和服务的需求、生产率的变化等。人力资源需求预测的方法有定性预测法和定量预测法。

（二）人力资源需求的分析

企业对人力资源的需求直接与企业内部的职位联系在一起，企业设置有多少职位，它就需要有相应数量的任职人员；企业设置有什么样的职位，它就需要有相应质量的人员。因此，只要能够预测出企业内部职位的变动，就可以预测出企业对人力资源的需求。当然，这种预测既要有数量上的，也要有结构上的。预测职位变动时，通常需要考虑以下几个因素：

1．企业的发展战略和经营规划

企业的发展战略、竞争战略和经营规划直接决定着企业未来的组织结构和职位设置情况。比如，当企业决定实行扩张战略时，未来企业设置的职位肯定就要增加；再如，当企业调整经营领域时，企业的职位结构也一定会发生相应的变化。

2．对产品和服务的需求

按照经济学的观点，企业对人力资源的需求是一种派生需求，它源自客户对企业产品和服务的需求，这两种需求之间是一种正相关的关系。当产品和服务的需求增加时，企业设置的职位相应也会增加；反之，企业设置的职位就会减少。产品和服务需求数量的变化，直接体现在企业经营规模的变化上。

3．职位的工作量

如果职位的工作量不饱满，就要合并相关职位，职位数量就要减少；相反，如果职位的工作量超负荷，就要增设相应职位，职位数量就要增加。衡量职位的工作量是否合理，主要借助工作分析来进行。

4．生产效率的变化

在其他条件不变的情况下，生产效率的变化会引起职位数量的反向变化，生产效率提高，同一职位承担的工作量增加，职位的设置会减少；生产效率降低，职位的设置就要增加。而引起生产效率变化的原因又有很多，如生产技术的改变、工作方式的调整、对员工进行的培训、薪酬水平的提高，以及员工能力和态度的转变等。

通过以上分析，可以得出未来企业职位设置的变化值，将它和现有的职位进行比较，就能够计算出未来一段时期内企业的职位设置情况，从而可以预测出人力资源的需求。

（三）影响人力资源需求的因素

人力资源需求受到许多因素的影响，包括技术变化、消费者偏好变化和购买行为、经济形势、企业的市场占有率、政府的产业政策等。人力资源需求预测的影响因素一般包括以下几个方面：

1．企业规模的变化

企业规模的变化主要来自两个方面：一是业务范围的扩大或压缩，二是业务种类的发展和放弃。这两个方面的变化都会对人力资源需求的数量和结构产生影响。企业规模扩大，则需要的人力就会增加，新的业务更需要掌握新技能的人员；企业规模缩小，则需要的人力将减少，于是就会发生裁员、失业。

2．企业经营方向的变化

调整企业的经营方向，会导致企业内部人员结构的调整，对人力资源需求的影响主要在于重点经营方向上的人力需求将扩大。

3．生产技术水平或管理方式的变化

企业生产技术水平提高、管理方式的改良、设备的更新等，会使企业对相关人员需求的数量减少，同时对人员的知识、技术与技能的要求也随之提高。

4．预期的流动率

员工由于个人原因辞职或组织与员工协商解决劳动合同等会引起职位空缺。

5．企业拥有的财务资源

企业拥有的财务资源对人力资源需求有约束作用。

6．外部因素

外部因素对企业人力资源需求的影响，多是通过内部供给或内部因素而起作用的。影响人力资源需求的外部因素主要包括宏观经济环境、竞争对手等。宏观经济环境的变化会影响到企业的规模和经营方向；竞争对手之间的人才竞争，则会造成企业间的人才流动，流出人才的企业就会产生新的人力资源需求。

二、人力资源需求预测的方法

（一）定性分析

1．经验预测法

经验预测法是指根据过去的经验，将未来的活动水平转化为人力资源需求的主观预测方法，即根据产量的增量估算劳动力的相应增量的方法。经验预测法的基本假设是：人力资源的需求与某些因素的变化之间存在着某种关系。由于此种方法完全依靠管理者的个人经验和能力，预测结果的准确性难以保证，因此这种方法适用于环境变动不大、组织规模较小的情况。

2．职位分析法

职位分析法是根据职位的数量、职位的工作量大小和员工劳动效率来计算所需要的员工数量。职位分析法的关键是要先制定出科学的职位用人标准，其基础是完善的《职位说明书》。当企业结构较简单，职责清晰时，此种预测方法较易实施。

3．德尔菲法

德尔菲（Delphi）法是指听取专家对未来发展的分析意见和应采取的措施建议，并通过多次反复，在重大问题上达成较为一致的看法。通常专家的人数以10～15人为宜。

德尔菲预测方法的步骤是：

1）在组织中广泛选择各个相关领域的专家。这些专家都拥有关于人力资源需求预测的知识或专长，每位专家可以是管理者，也可以是普通员工。

2）主持者向专家们说明预测对组织的重要性。这一任务一般由人力资源部门牵头来完成，目的是取得专家对这种预测方法的理解和支持；同时通过对企业战略定位的审视，确定关键的预测方向，解释变量和难题。

3）发放调查问卷。决策小组的主持人列举出预测小组必须回答的一系列有关人力资源预测的具体问题；然后使用匿名填写问卷等方法，设计一个可使各位专家在预测过程中畅所欲言地表达自己观点的预测系统，例如主持人单独与每一位专家进行沟通，获取其决策结果。使用匿名问卷的方式可以避免专家们因面对面集体讨论而产生的弊端，因为专家组成员之间存在着身份或地位的差别，职位较低的专家容易受到职位较高专家的影响而丧失见解的独立性，同时也存在一些专家因不愿意与他人冲突而放弃或隐藏自己正确观点的情况。

4）第一轮意见的汇总与反馈。人力资源部门需要在第一轮预测后，将专家们提出的意见进行归纳，并将综合结果反馈给他们。

5）重复汇总反馈3～5轮。重复第4步，让专家们有机会修改自己的预测并说明原因，直到专家们的意见趋于一致。此方法的优点是避免了人际关系影响和群体压力，以及难以将专家在同一时间集中在同一地点进行商议的问题。

该方法的特点：第一，它吸取和综合了众多专家的意见，避免了个人预测的片面性；第二，它不采用集体讨论的方式，而是匿名进行，也就是说，采取“背靠背”的方式来进行，这样就使专家们可以独立地做出判断，避免了从众的行为；第三，它采用多轮预测的方式，经过几轮反复，专家们的意见趋于一致，具有较高的准确性。

（二）定量分析

1. 趋势预测法

趋势预测法是指根据企业过去几年的人员数量，分析企业在未来的变化趋势，并依此来预测企业在未来某一时期的人力资源需求量。这种预测方法相对比较简单直观，但是由于在使用时一般都要假设其他一切因素都保持不变或者变化的幅度保持一致，因此具有比较大的局限性，多适用于经营状况稳定的企业，并且主要作为一种辅助方法来使用。

具体步骤：首先，收集企业在过去几年内人员数量的数据，并且根据这些数据制图；其次，用数学方法进行修正，使其成为一条平滑的曲线，从这条曲线就可以看出未来的变化趋势。在实践中，为了简便，往往将这种趋势化为直线关系。

案例：甲公司的某个生产车间共生产4类产品，现在需要根据计划产量来预测未来3年所需的员工数。

1）通过测算，得出4类产品的工时定额分别为0.5小时/件、1小时/件、1小时/件、0.5小时/件，即生产完成1类、2类、3类、4类产品各一件，所需要的时间分别为0.5小时、1小时、1小时和0.5小时。

2）预计今后3年每一类产品的计划产量见表2-3：

表2-3 某车间的年计划产量 （单位：件）

类别＼年度	第1年	第2年	第3年
1	10 000	15 000	20 000
2	30 000	40 000	45 000
3	30 000	30 000	35 000
4	40 000	45 000	50 000

3）将工作量折算成所需工时数，见表 2-4：

表 2-4 工时数 （单位：小时）

类别＼年度	第 1 年	第 2 年	第 3 年
1	5 000	7 500	10 000
2	30 000	40 000	45 000
3	30 000	30 000	35 000
4	20 000	22 500	25 000
总 计	85 000	100 000	115 000

4）一年 365 天，减去 52 个双休日共 104 天，再减去国家规定的 11 天法定节假日，若工人出勤率为 80%，产品合格率为 95%，每天工作 8 小时。则每年工作小时数为：

（365−104−11）×8×80%=1 600（小时）

这样，得到 3 年所需人数分别为：

第一年：（85 000÷95%）÷1 600=55.92≈56（人）

第二年：（100 000÷95%）÷1 600=65.79≈66（人）

第三年：（115 000÷95%）÷1 600=75.66≈76（人）

2. 回归分析法

通过建立人力资源需求量与其影响因素间的函数关系，可以从影响因素的变化推算出人力资源需求量变化的一种预测技术，即回归分析法。

实际工作中，往往是多个因素共同决定企业的人力资源需求量，且这些因素与人力资源需求量呈线性关系，所以多元回归分析在预测企业人力资源需求量方面应用广泛。

下面，我们应用回归分析法帮助 A 医院预测 2020 年需要聘用的护士数量。我们首先要找出这家医院的护士需求量与哪些因素关系最为密切，在对相关数据进行统计分析后发现，医院的病床数与护士需求量之间的相关程度较高。在过去几年中，医院的床位数与护士人数的情况详见表 2-5。我们将床位数设为 x，护士数设为 y，这两者之间的相关关系用方程 $y=b+ax$ 来表示。

表 2-5 A 医院近年的床位数和护士人数

年 度	2013	2014	2015	2016	2017	2018	2019	2020
床位数（x）	200	300	400	500	600	700	800	1 000
护士人数（y）	180	270	345	460	550	620	710	?

根据以下公式进行计算：

$$a=\frac{\sum_{i=1}^{n}(x_i-\bar{x})(y_i-\bar{y})}{\sum_{i=1}^{n}(x_i-\bar{x})^2} \qquad b=\bar{y}-a\,\bar{x}$$

计算得出 $a\approx0.89$

$b\approx2.32$

得出回归方程为 $y=2.32+0.89x$

则 2020 年所需的护士人数约为

$$y=2.32+0.89\times1\ 000\approx893（人）$$

3. 比率分析法

比率分析法的目的是将组织的业务量转换为人力的需求量，是一种适合于短期需求预测的方法。例如，销售收入=销售员的数量×每位销售员销售额；产出水平=生产的小时数×单位小时产量；运行成本=员工的数量×每位员工的人工成本等。

以一所大学为例，假设学生的数量每增加一个百分比，就相应地要求教师的数量增加一个百分比，同时职员的数量也需要相应增加一个百分比，否则难以保证学生培养的质量。如果考虑劳动生产率的变化对员工需求量的影响，可以使用下面的员工总量需求预测方法，其计算公式为

计划期末需要的员工数量=（目前的业务量+计划期业务的增长量）÷[目前人均业务量×（1+生产率的增长率）]

假设某大学在 2019 年有本科学生 2 000 人，2020 年计划招生增加 200 人，目前平均每位教师承担 20 名学生的教学工作量；若教师人均承担的工作量保持不变，即生产率未发生变化，那么，在 2020 年该大学需要教师数量为

2020 年教师需求量=（2 000+200）÷20=110（人）

如果教师的人均工作量增加 10%，则教师的需求量为

2020 年教师需求量=（2 000+200）÷[20×（1+20%）]≈92（人）

小资料

如何打造国际化人力资源管理

截至 2018 年，联想已经从一家营业额仅 30 亿美元的我国本地公司，跃升为营业额超过 300 亿美元、业务遍布 160 多个国家的国际化公司。而在联想十余年的国际化进程中，联想的人力资源规划也实现了国际化，并发挥着越来越重要的作用，已成为联想国际化的重要内核。

随着联想业务在全球市场的不断拓展，人才资源已经成为公司发展的第一要素，直接关系到联想未来的生存和发展。经过多年亲身实践，联想集团高级副总裁乔健女士总结出三条行之有效的人力资源管理国际化的实现路径：

第一，通过人才的梯队培养建立起强大的人才后备资源，是人力资源管理的首要任务。公司业务的高速发展，要求联想不但要为新业务寻找更多合适的人才，而且要为重要职位储备和培养继任者。人力资源管理要未雨绸缪地选拔和培养一批接班人，以便人才变动后可以随时补充上去；同时还要对这批接班人进行有针对性的培训，这样就形成了梯队式的人才队伍。联想有多梯队人才培养计划，正在全面培养各层次人才，所以某一管理人员离开，马上会有新的有能力胜任的后备人才接任。

第二，在新市场中，团队建设是促进联想业务突飞猛进的重要法宝，这也是联想常

说的“搭班子”。联想派优秀人才到新市场，除了完成业务指标外，最重要的是要找到接班人。除此之外，联想还会尽量发现和挖掘当地人才。可以说，一个成功的全球化公司，其最卓越的地方在于不管到了哪里都有优秀的人才愿意加入。

第三，文化建设是聚合不同国籍员工的原动力。不同文化背景的员工对公司文化的理解往往不一致，要让他们达成文化共识，以便更好地理解公司的全球战略和管理，从而真正融入公司中来。

如今，联想已经在国际化的道路上稳步前行。联想立志要培养出更具国际化视野的管理人才，他们应具有吃苦耐劳的精神、持续不断的学习能力，有着从零做起、乐于沟通的开放心态，他们将为把联想打造成为一家世界级的、卓尔不群、基业长青的全球化公司而努力，同时也把在国际化道路上所积累的“中国经验”分享给所有希望走出去的中国企业。

第三节 人力资源供给预测

一、人力资源供给的预测及分析

人力资源供给预测是指为了满足组织对人力资源的需求，而对未来某个时期内，公司从其外部和内部所能得到的人力资源的数量和质量进行预测。

（一）外部供给的分析

外部供给预测是指对组织以外能够提供给组织所需要的人力资源的数量和质量进行预测，主要的渠道是外部劳动力市场。外部供给是解决组织人力资源新陈代谢和改变人力资源结构的根本出路，是任何组织都必须面对和采用的人力资源补充渠道；因此，合理地对外部供给进行预测是保证组织正常发展、节省人力资源购置成本的重要手段。但是外部供给有一个特点，即不能为组织所掌控，而只能通过信息的收集和分析加以利用。

人力资源外部供给的渠道将在本书后续章节中具体阐述。

（二）内部供给的分析

由于人力资源的内部供给来自组织内部，因此组织在预测期内所拥有的人力资源就形成了内部供给的全部来源，也就是说，内部供给的分析主要是对现有人力资源情况及其在未来的变化情况做出判断。

对人力资源内部供给的分析可以围绕以下几方面进行：

1）分析组织内部目前的员工状况，如各部门员工的知识、技能水平、工种、年龄、性别构成，以便全面了解员工的现状。

2）分析目前组织内部员工流动的情况（包括内部流动和外部流动）及其原因，预测未来员工流动的态势，以便采取相应的措施避免不必要的人员流动。

3）掌握组织内部员工，特别是关键职位员工的薪酬、培训、内部提升情况。

4）定期做员工满意度调研，以便把握组织内部员工的心态和期望。

人力资源供给预测与需求预测的一个重要差别在于：需求预测研究组织内部对于人力资源的需求；而供给预测则需要研究来自组织内部的供给，以及组织外部的供给两方面的问题。

二、人力资源内部供给的预测方法

进行组织内部人力资源供给预测的思路是：首先，确定各个工作职位上现有的员工数量；其次，预测下一个时期在每个工作职位上留存的员工数量，这就需要预测有多少员工将会调离原来的职位或离开组织。实际上，在进行内部劳动力供给预测时，需要人力资源规划的管理者通过主观判断来进行修正。

常用的人力资源内部供给的预测方法有以下几种：

1．技能清单

技能清单是一张反映员工工作能力特征的表，这些特征包括员工的培训背景、工作经历、持有的资格证书及工作能力的评价等内容。技能清单是对员工竞争力的一个反映，可以用来帮助预测潜在的人力资源供给。它主要服务于晋升人选的确定、职位调动的决策、对特殊项目的工作分配、培训和职业生涯规划等方面。

2．人员接任计划

这是预测人员内部供给的最简单的方法。制订这一计划的步骤是：

1）确定计划范围，即确定需要接任计划的职位。

2）确定每个职位上的继任者，所有可能的继任者都应该考虑到。

3）评价继任者，主要是判断其目前的工作情况是否达到晋升要求，可以根据评价的结果将继任者分成不同的等级，如可以晋升、需要培养、不适合该职位三个等级。

4）确定职业发展需要，将个人的职业目标与组织的目标相结合。这就是说，要根据评价结果对继任者进行必要的培训，使之能更快地胜任待接任职位的工作。

在实施接任计划时，需要注意的是，对于达到“可以晋升”标准的员工，在对其实施晋升前的准备工作时，一定要征得他本人的同意，只有在他有意愿且有能力的情况下，才能更好地达成工作绩效。

小资料

人才盘点九宫格

IBM公司、通用电气（GE）公司、联想集团等世界500强企业均采用了这类方法对人才进行盘点，进而甄选出合适的继任者。

如图2-3所示，通常由人力资源部门牵头，围绕潜力和绩效两个维度对组织内部人才进行盘点。人才盘点的方式有专家面谈、心理测试、评价中心技术等。根据各项测评的成绩，将各位潜在继任者放入九宫格中，从而有助于组织做好人才梯队建设。

潜力 \ 绩效	待提升	合格	优秀
高	新提拔的干部（不超过3个月）	经过一段时间的培养，可以得到提拔	未来可以提升两个层级以上（不超过10%）
中	责任心不强，对公司认同度不同，但具有一定发展潜力	稳定的贡献者	目前可以提拔一个层级
低	需要调整职位	认同组织，比较努力和敬业，但发展潜力小	经验丰富的干部

图 2-3 人才盘点九宫格

3. 马尔可夫分析法

马尔可夫分析法（Markov Analysis）的基本思路是：找出组织中以往人力资源变动的规律，以此来推测未来人力资源的变化情况。下面我们以某建筑公司的人力资源变动情况为例来加以说明。

分析的第一步是做一个人员变动的矩阵（见表 2-6），表中的数据表示一个时期到另一个时期发生工作调动的雇员数量的历史平均百分比。一般以 5～10 年为周期预测年平均百分比。周期越长，根据过去人员变动所推测的未来人员变动越准确。

例如，从表 2-6 中的数据可以看出：在一年里，平均 80%的高层领导仍留在公司内，而有 20%离职；大约 65%的会计员仍留在原工作职位，15%被提升为高级会计师，另有 20%离职。用这些历史数据来推算每类员工变动的概率，就可以推测出未来人员供给量的情况。

表 2-6 某公司人力资源供给情况的马尔可夫分析矩阵

职位类别	人员变动的概率				
	E	M	S	A	离职
高层领导（E）	0.80				0.20
中层领导（M）	0.10	0.70			0.20
高级会计师（S）		0.05	0.80	0.05	0.10
会计员（A）			0.15	0.65	0.20

将计划初期每类工作人员数量与每类工作的人员变动概率相乘，然后纵向相加，即得到组织内部未来劳动力的净供给量，见表 2-7。

我们再看表 2-7，如果下一年与上一年人员变动的概率相同，可以预计下一年年末将有同样数量的高层领导（40 人），以及同样数目的高级会计师（120 人），但中层领导将减少 18 人，会计员将减少 50 人。因此，利用人员变动概率，可以算出年末组织内部各类员工人力资源供给情况。

表 2-7　组织内部人力资源的净供给量　　（单位：人）

职位类别	年初人员数量	E	M	S	A	离职
高层领导（E）	40	32				8
中层领导（M）	80	8	56			16
高级会计师（S）	120		6	96	6	12
会计员（A）	160			24	104	32
预计的人员供给量		40	62	120	110	68

若通过计算，得出预计人员供给量加上留在原职位人员的数量小于组织对此职位的人力资源需求量，则需要进行人员招募。例如，根据这家公司既往人员变动概率，在年末，中层领导有 8 人（80×0.1=8）升职为高层领导，有 56 人（80×0.7=56）仍为中层领导，有 16 人（80×0.2=16）离职，高级会计师中有 6 人（120×0.05=6）升至中层领导职位，即组织内部有人力资源供给（6 人）补充到中层领导职位；因此，在年末，中层领导共有 62 人（56+6），若下一年初需要中层领导 80 人，则中层领导的需求量为 18 人（80−62=18）。因此，需要招募 18 位中层领导到岗。

通过对组织内人员的档案资料进行分析，也可以预测组织内人力资源的供给情况。档案中通常包括员工参与的培训课程、职业兴趣、业绩评估纪录（包括对员工个人成绩、优点和缺点的评价）、发明创造、发表的学术论文及获专利情况等信息资料。这些信息对企业的人力资源管理具有重要作用，如可以用于确定晋升人选，制订管理人员接任计划，对特殊项目的工作分配，工作调动，培训人选的选择和培训需求的确定，制订职业生涯规划，以及进行组织结构分析等。

三、人力资源外部供给预测

人力资源外部供给预测实质就是分析组织外部人力资源的供给状况，而外部人力资源供给状况受到国家甚至世界的政治、经济、文化、技术等外界因素的影响。因而当企业在预测外部人力资源供给时，必须立足高远，全面、系统地考虑这些因素。

（一）人口因素

人口因素具体包括：

1）本地区人口总量与人力资源率。它们决定了该地区可提供的人力资源总量，且这两个因素与人力资源总量成正比。

2）本地区人力资源的总体构成。它决定了在年龄、性别、教育、技能、经验等层次与类别上可提供的人力资源的数量和质量。

（二）经济与教育因素

1）本地区的经济发展水平决定了对外地人力资源的吸引能力。显然，经济发展水平越高，对外地人力资源的吸引力就越强，则本地区的人力资源供给也就越充分。如北京、广州、上海、深圳等地的外地补充人力资源更多。

2）本地区的教育水平，特别是政府与组织对培训和再教育的投入，直接影响人力资源供给的质量。

（三）人力资源市场状况

1）本地人力资源的平均价格、外地人力资源的平均价格。

2）本地区人力资源的择业心态、工作价值观及择业模式。

3）本地区地理位置对外地人力资源的吸引力，如沿海地区对内地人力资源的吸引力较大。

4）本地区外来人力资源的数量与质量。

（四）科技因素

科技发展对人力资源供给预测的影响主要体现在：

1）知识工作者的供给量增大。高科技的发展和其在各行各业中的运用，使得对掌握高科技的人力资源的需求量急剧上升，从而推动了教育界对高科技人才的培养，使人力资源市场中掌握高科技的人力资源增加。

2）由于办公室自动化的普及，管理的扁平化，企业对中层管理者的需求量大规模缩减，从而导致中层管理者的供给量相对缩减。

3）科技发展使人们从事生产的时间越来越少，闲暇时间越来越多，因此对从事服务行业的人力资源需求增加，从而导致该行业人力资源供给增加。

（五）相关的政府政策、法规

地方政府从本地经济和保护本地人力资源就业机会的角度出发，会在国家有关法律法规的基础上颁布一些地方性政策法规，如四川省政府在 2019 年推出了稳就业的十五条措施严禁童工就业、职工安全保护法规等。

四、人力资源供需的平衡

企业人力资源供给和需求预测的比较，一般会有以下几种结果：

（一）总量平衡，结构失衡

在整个企业发展过程中，企业的人力资源状况不可能始终自然地处于平衡状态。人力资源部门的重要工作之一就是不断地调整人力资源结构，使企业的人力资源始终处于供需平衡状态。只有这样，才能有效地提高人力资源利用率，降低企业人力资源成本。

企业人力资源供给和需求完全平衡一般是很难发生的，即使在供需总量上达到了平衡，往往也会在层次和结构上出现不平衡。对于人力资源结构性的供需不平衡，一般要采取下列措施实现平衡：

1）进行人力资源的内部重新配置，包括晋升、调动、降职等，来弥补那些空缺的职位，满足这部分人力资源需求。

2）对人力资源进行有针对性的专业培训，使他们能够从事空缺职位的工作。

3）进行人力资源的置换，释放那些企业不需要的人力资源，补充企业需要的人力资源，以调整人力资源的结构。

（二）供给大于需求

当预测的供给大于需求时，可以采取以下措施，从供给和需求两个方面来平衡供需：

1）扩大经营规模，或者开拓新的增长点，以增加对人力资源的需求。

2）永久性的裁员或者劝退，这种方法虽然比较直接，但是由于会给社会带来不安定因素，因此往往会受到政府的限制。

3）鼓励员工提前退休，即给那些接近退休年龄的员工以优惠政策，让他们提前离开企业。

4）冻结招聘，即停止外部招聘，通过自然减员来减少供给。

5）缩短工作时间，实行工作分享或者降薪，通过这些方式也可以减少供给。

在供给大于需求的情况下，常见平衡方法的比较见表2-8。

表2-8　供需平衡方法的比较

具体方法		速　度	员工受伤害的程度
供给大于需求	减薪	快	高
	降级	快	高
	工作分享和工作轮换	快	中等
	裁员	快	高
	退休	慢	低
	自然减员	慢	低
	再培训	慢	低

（三）供给小于需求

当预测的供给小于需求时，同样可以从供给和需求两个方面来平衡供需，可以采取下列措施：

1）从外部雇用人员，包括返聘退休人员，这是最为直接的一种方法。可以雇用全职人员，也可以雇用兼职人员，这要根据企业自身的情况来确定。

2）提高现有人力资源的工作效率，这也是增加供给的一种有效的方法。

3）延长工作时间，让人力资源加班加点。

4）降低人力资源的离职率，减少人力资源的流失，同时进行内部调配，增加内部流动来提高某些职位的供给。

本章小结

本章主要介绍了人力资源战略规划的概念、作用、意义、制订程序，以及做好人力资源需求预测和供给预测的方法，并介绍了人力资源平衡的概念。

人力资源战略规划是指为了实现企业战略目标，根据企业目前人力资源状况，为满足未来一段时间企业对人力资源质量和数量的需要，在引进、保持、利用、开发、流出人力资源等方面所做的预测和其他相关事宜，包括人力资源计划、人力资源规划和人力资源战略规划三个层面的内容。人力资源战略规划的制订大致经历以下几个过程：确立企业的发展战略与目标，调查企业内、外部人力资源供需状况，制订总体规划、具体业务规划和相应的人事政策等，以及规划的实施、评估与反馈。

人力资源需求预测的方法包括定性方法和定量方法。其中，定性方法主要有经验预测法、职位分析法和德尔菲法等；定量方法主要有趋势预测法、回归分析法、比率分析法等。

人力资源供给预测包括人力资源内部供给预测和外部供给预测。内部供给预测的方法主要有技能清单、人员接任计划、马尔可夫分析法等；外部供给预测应考虑人口的数量与结构、经济与技术、社会文化教育等影响因素。

企业人力资源的供需平衡不只包括数量的平衡，也要考虑结构的平衡。当供需失衡时，采取相应的措施力求保持企业内部供需平衡，最终目标是更好地达成绩效和目标。

复习思考题

一、单选题

1. 下列不属于人力资源战略规划意义的是（　　）。
   A. 有利于明确人力资源管理的重点
   B. 有利于保持人力资源的稳定
   C. 有利于组织人力资源的可持续发展
   D. 有利于发挥组织人力资源管理的职能
2. 雇用保障程度最高的人力资源管理策略是（　　）。
   A. 参与策略　　B. 投资策略　　C. 吸引策略　　D. 低成本策略
3. 以下不属于人力资源需求预测方法的是（　　）。
   A. 马尔可夫模型　　B. 德尔菲法
   C. 回归分析法　　D. 比率分析法
4. 以下（　　）是人力资源需求预测的定量方法。
   A. 职位分析法　　B. 趋势预测法　　C. 经验预测法　　D. 德尔菲法
5. 以下关于人力资源供需平衡的说法不正确的是（　　）。
   A. 当人力资源供给大于需求时，可考虑开拓新业务，以增加对人力资源的需求

B. 人力资源供需平衡指的是在供需总量上达到了平衡

C. 当人力资源供给小于需求时，可考虑通过业务外包的方式解决供给不足的问题

D. 人力资源即便在总量上达到了平衡，可能也会在结构上出现不平衡的状况

二、多选题

1. 人力资源战略规划的内容包括（　　）。

A. 员工培训与开发规划　　B. 薪酬管理规划

C. 员工职业生涯规划　　D. 绩效管理规划

2. 人力资源管理策略包括（　　）。

A. 吸引策略　　B. 投资策略　　C. 差异化策略　　D. 参与策略

3. 在进行人力资源需求分析时，需考虑（　　）。

A. 企业发展战略　　B. 对服务的需求

C. 职位的工作量　　D. 对产品的需求

4. 影响人力资源外部供给的因素有（　　）。

A. 政府颁布的政策、法规　　B. 科技因素

C. 人口因素　　D. 组织文化

5. 对于结构性的人力资源供需不平衡，可采取的措施有（　　）。

A. 调动　　B. 业务外包

C. 有针对性的培训　　D. 人员的重新配置

三、实训项目

请5～6名同学组成一个小组，到一家企业调研其人力资源战略规划的制订情况，调研内容包括：

1. 这家企业的人力资源战略规划的主要内容是什么？
2. 这家企业的人力资源供给预测和需求预测是如何进行的？具体工作是怎样开展的？
3. 这家企业人力资源战略规划的主要特点和存在的主要问题。

应用所学知识，先在小组内进行分析和讨论，形成分析报告，再与班级同学进行分享。

第三章　职位分析

知识目标

✧ 掌握职位分析的概念及作用。
✧ 掌握职位分析的流程和方法。
✧ 理解职位分析对招聘、培训、绩效管理、薪酬管理等人力资源管理模块的重要作用。
✧ 掌握素质模型的概念及其应用。

技能目标

✧ 能够运用书中提供的方法，编写职位说明书。
✧ 能够根据组织发展现状，对已有的职位说明书进行修订。

引导案例

无奈的人力资源总监

国际酒店上任不久的人力资源总监李先生近日在检查酒店招聘工作时发现，多数职位的职位说明书已经过时，很多职位甚至根本就没有详细的职位说明书。作为一位资深专业人士，他十分清楚，招聘和甄选的过程会影响员工的能力与行为，并通过员工的能力和行为影响公司的利润。可以说，所有事关公司人力资源的因素，如团队技能、士气、经验以及激励措施等，都取决于能否吸引并且留住合适的员工。而如果没有确切的职位说明书，所有为提升人力资源管理水平而做的努力都是徒劳的。

案例分析

如果企业连职位的职责、任职要求都不清楚的话，怎么能够决定聘用什么素质的人，以及如何对他们进行培训呢？要想甄选出能力与行为均符合企业需要的人，第一步就是对企业所有的职位进行分析和描述。

这个开篇案例提示了职位说明书的重要性。在编写职位说明书之前，管理者应先做职位分析。

第一节 职位分析概述

一、职位分析的概念和方法

（一）职位分析的基本概念

职位分析又称职务分析或工作分析，它是通过分析某项工作的相关信息，对该项工作的特征进行描述与规定的系统过程。

职位分析的结果为招聘、培训、绩效考核及薪酬管理提供了基本依据，它是现代人力资源管理的核心职能。

一般在3种情况下需要进行职位分析：一是创建新组织时；二是组织创建出新的职位时；三是任职要求、工作环境等发生改变，或者新技术出现，使得工作本身或工作性质发生重要变化时，均需要进行职位分析。

（二）职位分析的主要信息与结果

职位分析主要解决的问题通常围绕7个W展开，即：这个职位需要做什么（what），为什么要做（why），在哪里做（where），怎样做（how），什么时间做（when），为谁做（for whom），谁来做（who）。这些问题又可以分为两大类：一类以工作任务为中心，称为职位描述；另一类则以任职人员为中心，称为任职资格。

1. 职位描述

职位描述是对某一职位本身的特点进行说明，主要包括以下内容：

（1）职位识别　包括职位名称、职位所在部门、隶属关系和编号。一个合适的职位名称能准确而简洁地概括出其工作内容，并能将该项工作与其他工作清晰地进行区分。

但在实际中，有一些职位名称容易让人产生误解，例如，某橡胶企业的一位“地区服务经理助理”，他的工作主要是把轮胎从车上卸下并检查其表面是否磨损，所以更合适的名称应该是“轮胎装卸检查员”。

我国第一部《中华人民共和国职业分类大典》颁布于1999年。随着社会的不断发展，我国社会职业构成发生了很大变化。2010年开始，人力资源和社会保障部会同国家质检总局、国家统计局牵头成立了国家职业分类大典修订工作委员会及专家委员会，启动了修订工作。历时五年，七易其稿，最终审议通过了2015版的《中华人民共和国职业分类大典》。其中，将我国的职业结构划分为8个大类、75个中类、434个小类、1 481个职业；新增了“网络与信息安全管理员”“快递员”“文化经纪人”等职位；取消了“收购员”“平炉炼钢工”等职位。

（2）工作任务　包括工作目的、工作职责、工作流程和评价标准等。

工作目的是对该项工作意义的简要概括，如“招聘专员”这项工作的目的是“为企业招聘到合适的人才”。

工作职责是职位描述的主体，具体列出需要完成的工作任务和履行的责任，描述用语通常使用“动宾结构”，如收发信件、执行上级任务要求、撰写调研报告、制订工作计划等。

工作流程是将某项工作的不同环节按时间顺序和逻辑关系编制的序列。如先干什么、后干什么；若 A 的结果为 B，则继续 C；若 A 的结果为 D，则继续 E，等等。

评价标准是对工作过程和工作结果的要求，如编制计划的周密性、所上交报告的时效性和创新性等。

（3）工作条件　为完成工作而提供的物质条件和物理环境，如所用设备、装备、工具、材料、温度、照度、湿度、噪声、安全保障、地理位置等。

（4）社会环境　包括组织规模与人数、人员结构、部门关系、企业文化及设施、完成工作需进行的人际交往情况，以及其他人的正式工作关系、接受监督以及进行监督的人数、性质和内容等。

（5）工作待遇　包括工作时间、办公条件、休假制度、薪酬与福利水平、薪酬结构和支付方式、工作地位、晋升和学习机会等。

2. 任职资格

任职资格是指某一项工作对任职人员的要求，包括一般要求、身体要求和心理要求。

一般要求是指为完成某项工作所需的自然条件与专业背景，如年龄、性别、国籍和户籍、受教育程度（学历）、持有的职业资格证书、工作经历等。

身体要求包括健康状况、身高、体重等。

心理要求包括信息感知、学习、思维、决策、知识、技术、创新等能力因素，和性格、动机、情感、兴趣、价值观等个性心理特征。

3. 职位描述与任职资格的关系

如前所述，职位描述是以工作自身为中心对职位进行全面、系统、深入的说明，为工作评价、工作分类提供依据；而任职资格是在职位描述的基础上，解释什么样的人才能胜任本职位的工作，以便为企业员工的招聘、培训、考核、选拔、任用提供依据。

职位描述与任职资格都是职位分析的结果。一般来说，职位描述是任职资格的基础，即先有对工作本身的了解，才有对人员需求的了解，所以职位分析的步骤通常也是按这样的顺序进行的。

从两者的涉及范围来看，职位描述的内容十分广泛，包括对职位各有关事项的性质、特征、程序、方法的说明；而任职资格的内容则相对简单，主要涉及对该职位任职者资格条件的要求。

职位描述和任职资格常常合并在一个文件中，这个文件就是职位说明书，职位说明书的模板示例参见表 3-1。

表 3-1 职位说明书

1. 职位标识			
职位名称		职位代码	
所属部门		职位编制	
直接上级		直接下级	
所辖人数		填写日期	
2. 职位设置目标			
3. 职位职责			
4. 工作联系			
内部联系			
外部联系			
5. 任职资格基本要求			
教育背景			
工作经验			
能力/素质要求			
专业资质/职称证书			
其他			
任职者签字		日期	
上级主管确认		日期	

职位分析、职位描述、任职资格之间的关系如图 3-1 所示。

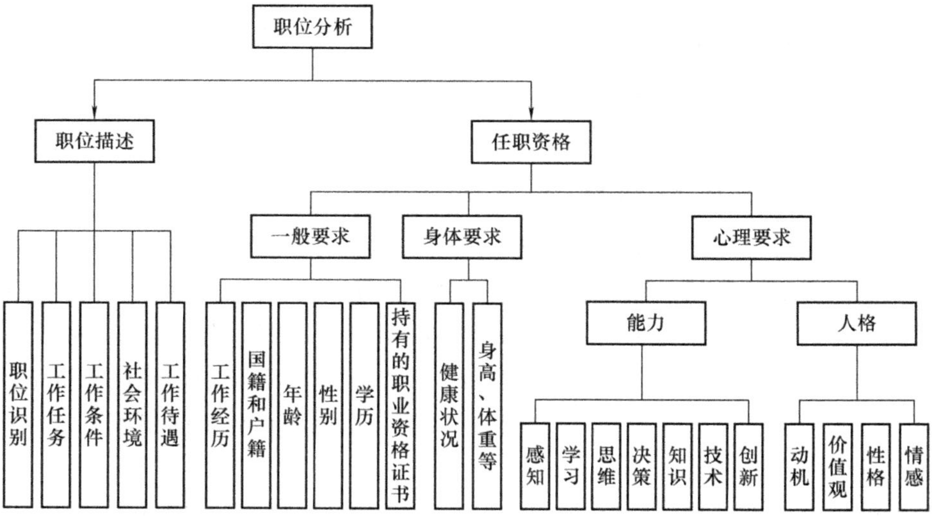

图 3-1 职位分析、职位描述、任职资格之间的关系

4. 法律禁忌

编写职位说明书必须遵守相关法律。《中华人民共和国就业促进法》已由中华人民共和国第十届全国人民代表大会常务委员会于 2007 年 8 月 30 日通过，并于 2008 年 1 月 1 日起

施行。其中明确规定：劳动者依法享有平等就业和自主择业的权利。劳动者就业，不因民族、种族、性别、宗教信仰等不同而受歧视，因此任职资格中列出的资格条件必须只与工作任务要求有关，防止对就业者有种族、宗教、性别、年龄、身体残疾方面的歧视。

此外，工作待遇必须遵循同工同酬原则。如果出现差异，必须证明是因技能、努力、责任或工作条件方面存在差异所致，而非因种族、性别等产生的差异。在工作条件中，必须明确告知应聘人员职位中存在的威胁健康、令大多数人厌恶或不满的工作要素。

（三）职位分析的基本术语

职位分析是人力资源管理中的常规技术，它涉及许多专业术语：

（1）工作要素　工作中没有必要再分解的最小动作单位，如抄写文件、主持会议、张贴通告等，这些都是工作要素。

（2）任务　一项相对独立和完整的具体工作，它可由一个或多个工作要素组成，如讲课、考试、飞行一条起落航线。任务是有层次和可以嵌套的，例如，一次飞行任务可能就包含了侦察、拦截、攻击等任务。

（3）职责　也就是责任，与具体任务相比，职责是对工作较为抽象的描述。例如，程序员的责任就是负责编程，实现软件要求的某种功能，程序员的具体任务则是为实现某目的而编制某一个软件或某一段程序。

（4）职位　又称岗位，是根据组织目标设定的员工编制。一般职位与员工是一一匹配的，有多少职位就有多少员工。当员工数少于职位数时为缺编，反之则为超编。职位是以“事”为中心确定的，不能因人设岗，强调的是人所担任的职位，而不是担任这一个职位的人。例如，职位是市场部经理、培训主管等。

（5）职务　又称工作，是对一组责任相似职位的总称。同一职务可能分别设有多个职位，以共同完成某项部门职责，如同一项目开发小组可能有多个名称均为“软件开发工程师”的职位；而某些职务只会由一人担任，例如总裁、市场部经理等，这种情况下它既是职位也是职务；当然，也有可能一人身兼数职，即多个职务由同一人担任的情况。

（6）职业　在不同组织，甚至不同时期，从事相似活动的工作的总称，如医生、教师、会计、采购员等就分别表示某种职业。

（7）职位分类　将所有职位从横向上分为职组与职系，从纵向上分为职级与职等，这样的结构化过程能较好地区分每一个职位的边界及其相互关系。对它们进行准确的定义和描述，制成职位说明书，可作为人力资源管理的依据。与职位分类相关的术语有：

1）职系（Series）。一组责任轻重和困难程度不同，但工作性质相同的职位系列，例如助教、讲师、副教授、教授构成了高校教师职系。

2）职组（Group）。工作性质相近的若干职系的总称，也叫职群。例如幼儿教师、小学教师、中学教师和大学教师构成了教师这个职组。

3）职级（Class）。在同一职系内，按难易程度、责任大小、所需资格等进行综合区分形成的不同级别。例如，初级钳工、中级钳工、高级钳工就是钳工职系内的三个不同职级。同一职级可进行同样的管理和使用，并给予同等的报酬。

4）职等（Grade）。不同职系间，工作的困难程度、责任大小、所需资格等条件综合后，相当的可归纳为同一职等。例如在行政体系中，正副科级、正副处级、正副局级等职位等级可使不同部门的人员在权力、地位、待遇等方面进行参照与比较。

（四）职位分析的作用

作为人力资源管理的基础，职位分析首先直接作用于人力资源管理自身的活动中。同时，职位分析为整个组织的各项职能工作奠定了基础。

1. 为人力资源管理工作提供重要依据

1）通过职位分析，可以梳理组织机构，明确职位职责，觉察环境变化，了解职位的工作重复程度或衔接度、工作饱和度，制订和确立必要和可行的人力资源规划与战略。

2）通过职位分析，可详细了解职位任务、责权利管理和任职资格等信息，继而为撰写职位说明书及为人员的招聘甄选提供明确标准与合法依据。

3）通过员工甄选和培训前的职位分析，了解员工任职要求、技能现状和培训需求，从而制订合理的培训开发方案。

4）通过职位分析，了解当前公司管理存在的问题和弊端，明确考核目标，建立科学客观的绩效管理与考核指标体系，形成良性的晋升和个人发展机制，以及更好的劳资关系。

5）通过职位分析，调查薪酬的内部公平度和外部竞争水平，为制定公平合理的薪酬政策奠定基础。

6）通过职位分析，使管理层与员工能更清晰地了解每一项工作的风险和其对健康的影响，实现安全生产。

2. 优化组织的各项职能

1）通过职位分析，组织各层级的管理者能够充分并详细地了解每个工作职位的任务、每名员工当前所做的工作，发现职位间的职责交叉和空缺现象，并及时进行调整，提高组织的协同能力。

2）通过职位分析，帮助员工反省自己的工作目标和工作任务，从而自觉、主动地寻找本职工作中存在的问题，以顺利达成职位对于组织绩效的贡献。

3）在职位分析的过程中，人力资源管理者能够充分地了解组织经营的各个重要业务环节和主要业务流程，从而有助于人力资源管理职能上升到战略地位，也为人力资源管理研究提供了素材和实践机会。

二、职位分析的方法

职位分析常用的方法有问卷调查法、访谈法、观察法、关键事件法和工作日志法等。

（一）问卷调查法

这是职位分析中最常用的一种方法，它将需要了解的信息编写成问卷，然后由被调查对象填写；再将问卷加以统计分析，做出职位说明书。问卷调查法的优点是能快速、大面积地进行调查；缺点是缺乏与调查对象的交流，职位信息的沟通是单向的，调查对象容易不认真作答或作假。

调查问卷可以进行开放式或结构化设计。开放式问卷需要调查对象用文字自由回答，例如“您的主要工作任务有哪些”常用于早期调查；结构化问卷为封闭式提问，调查对象只需在有限的选项上进行选择，一般成熟的标准化问卷常用于对职位分析结果进行最后确认。20 世纪 40 年代美国兰德公司（Rand Corporation）创立了一种广泛应用的专家评估法——德尔菲法，即采用“背靠背”的沟通方式征询专家小组成员的意见的过程。首先，编制提出开放式问题的调查表，发给专家填写；其次，收集整理专家意见后编制封闭问卷；再次，交给专家，请他们发表意见；最后，经过有控制的多次反馈后，对集体意见做出统计，形成最终满意的结果。职位分析调查问卷示例参见附录 A。

小资料

职位分析问卷（Position Analysis Questionnaire，PAQ），是美国普渡大学（Purdue University）的研究员麦考密克（E.J.McCormick）等研究的一种数量化的职位分析方法，它是一个广泛流行的通用工具。在细分的 194 个项目中，要求被试对各个行业可能出现的信息输入、心智过程、工作输出、人际关系、职务背景和其他工作特征进行重要程度和需求程度的评价。例如，是否需要眼睛与手或脚的协调（如开汽车、操作缝纫机等），是否需要持续监视连续变化的事件（如驾驶汽车、驾驶飞机、持续观察仪表盘和计量器的变化等）等。中国科学院心理研究所于 1994 年对其进行了本土化的修订，保留了 187 个项目，参见附录 B（仅列出部分）。

（二）访谈法

访谈法是指通过与任职员工进行面谈来搜集职位的信息资料。它的优点是可以详细了解任职员工的工作态度与工作动机等深层次内容，能有重点地进一步跟进并澄清某些不清楚的问题；缺点是耗时较长，工作成本高，访谈需要应用专门的技巧，收集到的信息受访谈者和被访者的交互影响较大，带有一定主观性，信息的完整性可能不够。

访谈方式按访谈对象分为三类：一是与个别员工进行访谈，适用于员工之间的工作差别明显，职位分析时间又较充分的情况；二是与群体进行访谈，群体访谈法用于员工之间的工作同质性较高的情况；三是与该职位的主管进行访谈，与一个或多个主管面谈，因为他们对下属的工作有更全面的了解，有助于把握整体情况。

同问卷调查法一样，面谈的程序可以是标准化的，也可以是非标准化的。后者一般用于早期收集信息，而前者用于后期确认信息。用标准化的访谈及其格式记录，便于控制访谈的内容，以及对同类职务任职者的回答进行相互比较。还要注意的是，需要根据访谈对象的职位等级和职位类别分别设计访谈问卷提纲，具体可参见表 3-2。

表 3-2 访谈问卷示例（访谈普通员工）

序　号	访 谈 问 题
1	谈谈您所在部门的主要业务状况及您所在职位的主要工作
2	工作任务定义是否明确？有没有交叉？如何完成任务
3	工作任务流程是否清晰？横向配合如何？是否有双重领导或汇报线不清晰的情况
4	您每天在工作中花费时间最多的是什么

（续）

序　号	访谈问题
5	是否存在必须去做，但是没人做的事情
6	您每天需要与公司内部哪些人员沟通合作
7	您每天需要与公司外部哪些人员沟通合作
8	公司目前提供的办公环境和办公用品是否可以满足您的日常工作之需
9	公司整体工作环境和氛围如何？最好的一点是什么？不太喜欢的一点是什么？吸引您在此工作的最重要的理由是什么
……	……

（三）观察法

观察法是一种传统的职位分析方法，是指职位分析人员对工作现场的作业活动进行观察，收集、记录有关工作信息，然后进行分析和归纳总结的方法。职位分析人员在观察前，应事先拟好详细的观察提纲（见表 3-3）和行为标准，一边观察一边核对和记录。在观察过程中，观察人员应尽量不要使被观察者受到干扰，以保证观察到的信息符合真实情况。

在应用观察法进行职位分析时，可以采用多种方式，如职位分析人员在员工的工作期间观察并记录员工的工作活动，然后和员工面谈，请员工补充；在合法的前提下，也可以采用隐蔽的方式或机器记录的方式进行观察。

观察法的主要优点是：比较直接，观察的内容比较真实；自然观察能获得生动的资料；时效性强；可以获得难以用书面语言表达的信息。

观察法的主要缺点是：时间偶然性较大；某些隐秘事件无法使用观察法；观察结果容易受到观察者主观意识的影响；不适用于观察脑力活动；不适用于大面积的职位调查。

小资料

表 3-3　职位分析观察提纲

观察日期：____________________

观察时间：____________________

所在部门：____________________

被观察者姓名：____________________

观察者姓名：____________________

职位名称：____________________

每天工作时间：____________________

观察期内完成的具体工作任务有哪些：____________________

观察期内与哪些内部部门进行了沟通和协作：____________________

观察期内与哪些外部部门进行了沟通和协作：____________________

工作环境：____________________

被观察者的工作状态：____________________

（四）关键事件法

关键事件法又称为关键事件技术，是对工作过程中的“关键事件”进行调查、观察、记录和编码，从而对工作任务和任职资格进行分析研究的方法。所谓关键事件，就是能对职位的工作成果产生决定影响的行为特征或事件（如导致成功与失败、盈利与亏损、高效与低产等），它是该职位任职人员工作的工作样本，而不是其工作的全部内容。

在很多情况下，人们很难对工作总体产生清晰的认知，但却对某些现象有强烈的印象，常常容易产生明确的看法。例如，对组织中绩效最优和最差的员工看得比较清楚，对组织严重亏损事件、某个严重的事故记忆深刻。因此，关键事件法是客观评价体系中最简单、针对性最强的一种方法，它是由美国学者约翰·C.弗拉纳根（J.C.Flanagan）和伯恩斯（Baras）在 1954 年提出的，通用汽车公司在 1955 年运用这种方法进行职位分析并获得成功。

关键事件法的关键是识别工作职位的关键事件，这对调查人员的专业水平要求很高，一般非本行业、对专业技术了解不深的调查人员，很难在很短时间内识别出某个职位的关键事件是什么。识别关键事件时发生的偏差，将给整个调查结果带来巨大的影响，这也是关键事件法的劣势。

识别工作职位的关键事件后，可以从 4 个方面进行调查、观察和记录，即事件发生时的情境（Situation）、行为的目标（Target）、当时采取的行动（Action）、事件结果（Result），这 4 个方面联合起来也被称为关键事件法的情境-目标-行动-结果模型（STAR 模型）。

（五）工作日志法

工作日志法是让员工本人用工作日志的方式记录每日工作的内容、程序、方法、权限、时间等，然后对其归纳提炼，取得所需工作信息的一种职务信息获取方法。工作日志的示例见表 3-4。这种方法可以获得对高度专业化工作的有价值的理解，但也容易出现员工夸大其工作重要性的问题。

工作日志的形式可以是不固定的，也可以由组织事先拟定并提供统一格式，让员工按要求及时填写。需注意的是，工作日志应该随时填写，比如以 10 分钟或 15 分钟为一个周期，而不应该在下班前一次性填写，这样是为了保证填写内容的真实性和有效性。同时，记录日志的目的是为了能从日志中查看每天计划的完成情况，记录的应是职位最基础的数据，以保证通过日志控制工作的准确性和及时性。

工作日志法的特点：第一是详尽，随时发生，随时记录；第二是可靠，比较真实地记录了工作中发生的事件；第三是成本低廉；第四是对高水平与复杂性工作的分析比较有效；第五是存在主观性偏差和误差，因为是由工作者自行填写的，工作者可能更注重工作过程；第六是烦琐，整理工作量大，归纳工作繁重，还可能会有遗漏。

表 3-4 工作日志表格示例

时间	内容	参与人
7:30—8:00	阅读《组织行为学》英文版 24～30 页	
8:00—8:20	与汪老师讨论 12 日晚会议筹备情况	汪老师
8:30—10:00	准备《薪酬设计》第三章，即薪酬设计的原则	

10:00—10:40	与胡主任讨论薪酬改革方案	胡主任

（续）

时　间	内　容	参与人
10:50—12:10	继续备课，完成第三章的教案	
13:30—15:50	准备项目动员报告讲稿	
16:00—17:30	与刘教授讨论合作	刘教授
17:30—22:00	与两名研究生讨论论文开题	张健、余林

小资料

使用工作日志法进行职位分析的操作要点

工作日志法是需要任职者进行职位相关信息反馈的一种职位分析方法。由于任职者在人力资源管理方面知识和技能的水平差异，职位分析人员应在撰写工作日志前对其进行工作动员和相应培训，以保证所采集信息的准确性、全面性。

为了保证任职者在进行信息反馈时为职位分析工作提供有效的信息，同时减少撰写工作日志的难度，职位分析人员最好事先为其准备结构化程度较高的表格，帮其理清思路，从而有利于减少描述方面的不规范性。在工作日志填写过程中，职位分析人员应积极参与填写过程，为任职者提供专业的帮助与支持。

还需要注意的是，工作日志法是职位分析工作的补充，绝对不能将其作为唯一的职位分析方法。

三、不同职位分析方法的优缺点及适用范围

几种职位分析方法的比较见表3-5。组织在进行实际的职位分析工作时，应视具体情况将各种方法结合使用。

表3-5　职位分析方法的比较

方　法	优　点	缺　点	适　用
观察法	职位分析人员能较全面、深入地了解职位的整体工作情况，获得丰富的第一手材料	不适用于脑力活动为主的工作和处理紧急情况的间歇性工作，不能得到任职资格的要求，观察的过程可能会引起观察者的不适甚至反感	工作内容标准化，任务周期较短；外显性的工作，如以体力活动为主的工作
访谈法	职业分析人员通过与任职者进行访谈，可以了解到工作者的工作态度、工作动机和职业兴趣等深层次的内容；收集信息简单、快速、具体，有助于缓解工作压力	对访谈者的要求较高，其专业性将直接影响访谈的成效	工作任务周期长，工作行为不易被直接观察的工作，如以脑力活动为主的工作
问卷调查法	成本较低，回收速度快，适用范围广，结果可量化	问卷设计费时；员工与调查者之间交流不足；员工填写问卷时的态度，将影响调查的成效	适用于各种类别的工作；样本数量较大的职位分析工作
关键事件法	行为标准明确，能更好地确定每一行为对组织绩效的作用	费时费力，无法描述工作职责、任务、背景、任职资格等，难以涉及中等绩效员工，职位分析人员对组织的目标要非常熟悉	以招聘选拔、培训、绩效评估等为目的的职位分析
工作日志法	便于获取工作职责、内容与关系、劳	关注过程而非结果，整理信息量	任务周期较短、工作

	动强度等信息，费用低，分析复杂工作时比较经济有效	大，存在误差，可能影响正常工作	内容较固定的工作

四、职位分析的程序

（一）职位分析的原则

为了提高职位分析工作的科学性、合理性，组织在实施职位分析工作过程中应注意遵循以下原则：

1．系统性原则

职位分析工作是人力资源管理工作中的基础工作、核心工作，起着“牵一发动全身”的作用。因此，组织在实施职位分析工作时，要注意职位与其他职位之间的关系，从总体上把握该职位的特点及对任职人员的要求。

2．动态性原则

根据组织战略意图、内外部环境变化等，经常对职位分析的结果进行调整。职位分析工作伴随着企业的发展，是一项“与时俱进”的工作。

3．目的性原则

根据职位分析的目的确定工作重点。比如，职位分析是为了明确工作职责，那么分析的重点应放在工作范围、工作职能、工作任务的界定；如果职位分析的目的在于甄选人才，那么工作重点在于任职资格的界定；如果职位分析的目的在于决定薪酬的标准，那么工作重点在于工作责任、工作任务量、工作环境、工作条件等因素的界定；等等。

4．参与性原则

职位分析是由人力资源部门主持开展的工作，但它需要各级管理者与员工的广泛参与，特别是需要组织高层管理者的重视和业务部门的大力配合才能顺利开展，并取得预期的效果。

5．职位性原则

职位分析工作“对岗不对人”，分析的是职位的工作任务、任职资格等内容，因此所有职位分析工作应从组织对职位的要求出发，避免出现现任员工的素质、绩效影响该职位任职人员应有的素质、绩效要求的情况。

6．应用性原则

职位分析的结果形成职位说明书后，管理者就应该把它应用于组织管理的各个方面。人员招聘、选拔、培训、考核、激励等，都需要严格按职位说明书的要求来完成。

（二）职位分析的过程

职位分析是对工作进行全面评价的过程，整个过程包括 5 个阶段：计划、设计、分析、结果表述、运用指导。

1．计划阶段

1）确定职位分析工作的目的及其分析结果的使用范围。明确所分析的资料到底用来干什么，解决哪些管理问题；提出原有职位说明书主要条款存在的不清楚、模棱两可的地方；对此次职位分析工作提出拟解决的主要问题。

2）确定所要分析的信息内容与方式。

3）组建职位分析小组，分配任务与权限（工作小组一般由职位分析专家、职位现任人员、职位直接上级主管等组成）。

2．设计阶段

1）明确分析客体，选择分析样本，保证分析样本的代表性与典型性。

2）选择分析方法与人员。人员的选择主要由经验、专业知识与个性品质等来决定。

3）做好时间安排，制定分析标准。

4）选择信息来源（工作人员、主管人员、顾客、分析专家、词典、文献汇编等）。

3．分析阶段

收集、分析、综合所获得的信息资料，主要包括4个方面的分析：

1）工作识别分析：包括工作特征的分析与概括、名称的选择与表达。

2）任职资格分析：包括工作任务、工作责任、工作关系与工作强度的分析。

3）工作条件分析：包括硬件条件、物理环境、安全环境与社会环境的分析。

4）人员条件分析：包括一般要求、身体要求、心理要求的分析。

具体工作包括：仔细审核、整理获得的各种信息；分析、发现有关工作与任职人员的各种关键成分；归纳总结出职位分析的必需材料和要素。

4．结果表述阶段

职位分析结果的表述主要有职位描述、任职资格描述以及两者结合的职位说明书。

5．运用指导阶段

通过职位分析，将职位划分为不同的类别和等级，为进行人力资源管理的各项工作提供基础与依据。

第二节　素质模型

素质模型评估是一种新型人力资源评价分析技术，它最初兴起于20世纪60年代末至70年代初，是指通过对员工外显及内隐特征进行全面研究和综合评价，确定其是否胜任某一职位。

一、素质模型的基本概念

20世纪初，“科学管理之父”泰勒通过“时间-动作研究”，将复杂的工作拆分成一系列简单的步骤，以识别不同工作任务对能力的要求，以及如何通过工人操作动作的优化提高工作绩效。很显然，那些可直接观察的动作技能或能力因素，如灵活性、力量、持久性等，与工作绩效密切相关。泰勒这一研究的影响极为深远，当今盛行的职位分析方法和工效学研究在很大程度上都是“时间-动作分析”的延续。但这种思想仅是把员工当成机器，只关注体力、智力、知识、技能等外显因素，未意识到员工的内隐动机、价值观、自我认知等因素对其绩效的影响。

1973 年，哈佛大学教授戴维·麦克利兰（David C.McClelland）在帮助美国政府甄选外事信息官员时发现，个体的态度、动机、自我形象、价值观等深层次素质，能比通常认为的知识、智力、经验等更好地预测其在组织中的表现。因此，他把那些能带来杰出绩效的潜在素质称为素质模型（Competency Model），并由此建立“素质冰山模型”。该模型将个体的不同素质划分为表面的“冰山浮出水面的部分”和潜藏的“冰山位于水面下的部分”。从两部分的体积对比，可知潜藏部分的作用巨大。后来，美国学者理查德·博亚特兹（Richard Boyatzis）又提出了“素质洋葱模型”，比素质冰山模型更具层次性。该模型把素质模型由里及表概括为层层包裹的结构，最核心的是动机，向外依次展开为个性、自我形象与价值观、社会角色、态度、知识、技能。越外层，越易于培养和评价；越内层，越难以评价和习得。

素质模型就是为了完成某项工作，达成某一绩效目标，要求任职者具备的一系列不同素质要素的组合，其中包括不同的动机表现、个性与品质要求、自我形象与社会角色特征以及知识与技能水平等。

二、素质的构成要素

素质模型是指一个人潜在的特征，隐含着表现力或思考力，这种力量可以类推到个人工作或生活中各种不同情况，并且能停留在人身上相当长一段时间。素质模型自上至下可包括如下几个层面：

1）动机：动机是指推动个人达到一定目标而采取行动的内驱力。

2）个性：个性表现出来的是一个人对外部环境与各种信息等的反应方式、倾向与特性。个性与动机可以预测一个人在长期无人监督情况下的工作状态。

3）自我形象与价值观：自我形象是个人自我认知的结果，它是指个人对其自身的看法与评价。一个人对自我的评价，主要来自将自身与他人的比较，而比较的标准即他们所持有的价值观。因此这种自我形象不仅是一种自我观念，也是在个人价值观范畴内对这种自我观念的解释与评价。这种价值观既受到个人过去与现在观念的影响，也与其所处的生活、工作环境中他人的观念有关系。例如，自信就是一个人坚信在任何情况下，自己都可以有效应付各种事情，它是一个人对自我形象认知的一部分。

4）社会角色：社会角色是个人对于其所属的社会群体或组织接受并认为是恰当的一套行为准则的认知。个人所承担的角色代表了他对自身所具备特征的认识，也包含了他对他人期望的认识，这种角色是建立在个人动机、个性与自我形象基础上的，表现为个人一贯的行为方式与风格。

5）态度：态度是一个人的自我形象、价值观以及社会角色综合作用外化的结果。它会根据环境的变化而变化，态度的变化本质上是个人动机、个性等相对持久稳定的因素与外部环境相互作用的结果。当作用力一致时，态度对于达成预定目标是有利的，反之则不利。

6）知识：指个人在某一特定领域拥有的事实型与经验型信息。

7）技能：指一个人结构化地运用知识完成某项具体工作的能力，即对某一个特定领域需要的技术与知识的掌握情况。

这几个方面犹如一座浮在水面上的冰山（见图 3-2）：水上部分的知识和技能是可见而外显的，如员工的学历、计算机应用能力、演讲能力等，可以通过自学、在学校学习、在企业参加培训等获取或提升；水面下的冰山是我们所指的潜在特征，包括社会角色、自我形象与价值观、动机，是深藏而内隐的，需要对员工进行长时间的观察和分析，才能得以确认。从上到下的深度不同，表示被挖掘与感知的难易程度不同。越向下越深，越不容易被挖掘与感知。冰山水面上的部分是表象部分，即人的知识与技能容易被外界测查到。

素质洋葱模型如图 3-3 所示。

图 3-2 素质的冰山模型

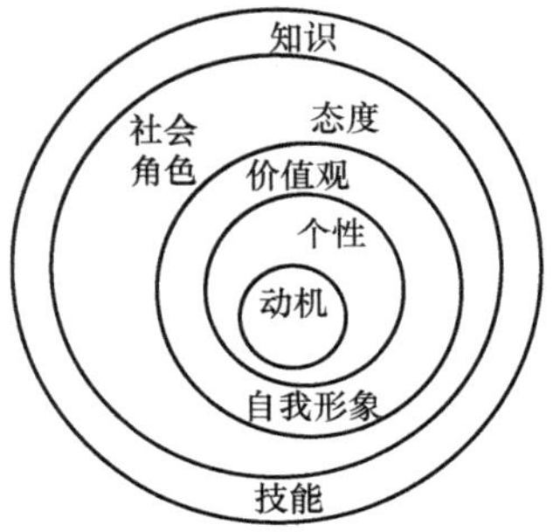

图 3-3 素质洋葱模型

很多组织在甄选员工时，常常以知识和技能为标准，而忽视了员工内在的态度、动机、价值观等核心素质。因此，组织在选聘员工时，最应该关注的是应聘者的个人目标与组织目标是否可以融合在一起，是否认同组织的文化，是否有较强的成就动机等深层次的素质；而是否具有职位所要求的知识、技能等浅层次的素质可以放在其次，因为这些都是容易培养和提升的。

三、素质模型的构建

（一）建立素质模型的步骤

1. 选定研究职位

要建立一整套完整的素质模型通常要花费若干个月的时间。实际上企业并不需要对所有职位进行素质研究，必须首先确定哪些是企业的关键职位，是值得企业花费大量时间、精力和费用来投入的。这个步骤一般可以通过分析组织结构图，或与企业高层进行访谈的方式来进行。

2. 明确绩优标准

对于选定的职位，明确绩优标准就是要制定一些客观明确的标准与规则，用来确定与衡量什么样的绩效是优秀的，什么样的绩效是较差的。多数企业有员工绩效考核的记录，因此获得高绩效员工的资料并不困难。除了对员工个人绩效进行评价外，还要由该职位的上级、同级和其他相关人员（如客户、供应商等）对任职者的绩效进行评价，从而最终界定该职位的绩效标准。

3．选取分析效标样本

根据职位要求，分别从该职位绩效优秀和绩效普通的员工中随机抽取一定数量的员工进行调查。

4．行为事件访谈（BEI）

采用结构化的问卷对优秀和一般的任职者分两组进行访谈，类似于绩效考核中的关键事件法。它要求被访谈者列出他们在管理工作中发生的关键事例，包括成功事件、不成功事件或负面事件各 3 项，并且让被访者详尽地描述整个事件的起因、过程、结果、时间、相关人物、涉及的范围以及影响层面等。同时也要求被访者描述自己当时的想法或感受，例如是什么原因使被访者产生类似的想法以及被访者是如何达成自己的目标的等。在行为事件访谈结束时，最好让被访谈者自己总结一下事件成功或不成功的原因。

对比分析访谈结果，发现那些能够导致两组人员绩效差异的关键行为特征，进而得出职位任职者必须具备的素质特征。

行为事件访谈一般采用问卷和面谈相结合的方式。访谈者会有一个提问的提纲，以此把握面谈的方向与节奏；并且访谈者事先不知道访谈对象属于优秀组或一般组，避免造成先入为主的误差。访谈者在访谈时应尽量让访谈对象用自己的话详尽地描述他们成功或失败的工作经历，他们是如何做的、感想又如何等。由于访谈的时间较长，一般需要 1～3 小时，所以访谈者在征得被访者同意后，应采用录音设备把内容记录下来，以便整理出详尽的有统一格式的访谈报告。

5．建立素质模型

通过行为访谈报告提炼素质模型，首先对行为事件访谈报告进行内容分析，记录素质模型各种要素指标在报告中出现的频次；然后对优秀组和普通组的要素指标发生频次和相关的程度统计指标进行比较，找出两组的共性与差异特征。根据不同的主题进行特征归类，并根据频次的集中程度，估算各类特征组的大致权重。

6．素质模型的评估与确认

在素质模型的框架形成后，还要通过管理实践对其进行评估与确认。

一方面，可以通过与相应职位的任职者及其上级进行讨论，确认素质模型中的素质要素是否为驱动任职者达成高绩效的关键因素；另一方面，还可以通过素质模型的实践应用来检验素质模型的有效性。

（二）素质模型的作用

员工素质模型的建立为企业人力资源管理效率的提升找到了新的思路，人力资源管理实践的各个环节也因此发生了变化。素质模型对企业人力资源管理的作用如下：

1．素质模型与招聘甄选

传统的招聘，往往只注重职位要求很狭窄的一个方面，如知识学历、技术能力等显性素质，没有考虑到高绩效所需要的其他隐性素质要求，导致企业雇用了那些不能胜任职位的人，增加了企业因人员挑选失误所带来的培训支出、裁人支出。然而，基于素质模型的人员招聘，挑选的不仅是能做这些工作的人，更是具备胜任素质和能够取得优秀绩效的人。因此，人职匹配不仅体现在知识、技能的匹配上，还体现在其内在素质的匹配上。

2．素质模型与培训开发

培训开发的目的是为企业员工提供获得高绩效所需要的技能与知识，然而培训内容并不是始终都能瞄准最相关的素质或影响最大的方面。通常，培训所做出的决定受企业突发业务需要或者问题的驱使，因此常常达不到预期的培训效果。如果以素质模型为基础开发培训需求，将有助于避免目光短浅或盲目跟风，从而让企业真正从培训中受益。

3．素质模型与绩效管理

一些企业的绩效管理工作过于强调考核而不是过程，侧重行为结果而不是个人的动机、态度、个性等因素，导致企业的绩效管理工作达不到预期目的。虽然以素质模型为基础的绩效系统不一定就是解决问题的灵丹妙药，但是以素质为基础的模式与绩效考核系统相结合确实能够解决许多问题，如素质模型与企业战略目标相结合，具体列举出衡量职位成功和有效性的绩效标准，会使员工明确公司对他们的期望。

4．素质模型与薪酬管理

对于知识经济时代的知识型员工，其薪酬设计要素应更多地注重与工作相关的知识、技能、能力等，而不仅是职位分析。基于素质模型的薪酬体系设计，有利于员工提升自己的知识、技能或能力，进而提升企业人力资源的素质；可以打破传统职位等级的特点，为员工职业生涯铺设了多条通道，如技术型通道、管理类通道等；可以帮助员工提升核心专长和技能，支撑企业核心能力的培育，为企业战略的实现提供人力资源支持。

5．素质模型与员工职业生涯规划

员工职业生涯规划根据员工的个人性格、兴趣等内在特征，结合组织环境等因素为其规划未来的发展通道。素质模型不仅通过职类职种的建立为员工提供了多种发展通道选择，而且提供了员工素质的分析标准，为合理规划员工职业生涯奠定了基础，帮助员工不断地在达成企业目标的同时实现自我，实现企业与个人共同发展。

四、素质模型在人力资源管理中的应用

（一）职位分析

传统的职位分析较为注重工作的组成要素，是一种职位导向的分析方法。但随着信息技术的发展和组织变革的不断进行，传统的职位分析已经不能在动态的人力资源管理环境中发挥中心和基础的作用。以素质模型为基础的职位分析的提出和应用，将使职位分析更加适应工作环境的变化。

基于素质模型的职位分析以素质模型为基本框架，通过对优秀员工的关键特征和组织环境与组织变量两方面分析来确定职位胜任要求和组织的核心能力，具有更强的工作绩效预测性，使“人-职位-组织”匹配成为企业获取竞争优势的一条关键途径。随着战略性人

力资源管理的发展，基于素质模型的职位分析将更趋向于未来导向和战略导向，即按照组织未来发展的要求重构职位职责、工作任务和任职要求。

（二）人才甄选

在职位分析的基础上，基于素质模型的人员选拔，挑选的是具备素质模型要素和能够取得优异绩效的人，而不仅是能做这些工作的人。这样做的理由是，处于素质模型结构表层的知识和技能，相对易于改进和发展；而处于素质模型结构底层的核心动机、人格特质等，则难以评估和改进，但对工作绩效却有着重要的贡献。其基本假设是：只有具备与企业哲学、企业使命一致的人格特质和动机的人，才可能与企业建立以劳动契约和心理契约双重纽带为基础的战略合作伙伴关系，才可能被充分激励且具有持久的奋斗精神，才可能将企业的核心价值观、共同愿景落实到自己日常的行为过程中，才可能造就卓越的组织。

（三）员工培训

培训内容来源于组织当前或以后发展的潜在需要，依据职位分析中所构建的素质模型，重点内容是高绩效者比普通绩效者表现突出的特征。显然，对组织中不同层次的员工，其胜任力培训的内容就应该有不同的侧重。一项研究显示：正、副职总经理的管理素质模型所包含的成分不尽相同。对正职来说，素质模型包含价值取向、诚信正直、责任意识、权力取向、协调监控能力、战略决策能力、激励指挥能力和开拓创新能力 8 个要素；而副职的素质模型则包含价值取向、责任意识、权力取向、经营监控能力、战略决策能力和激励指挥能力 6 个要素。正职与副职相比，更加突出了诚信正直和开拓创新能力这两个要素。这意味着，在副总经理升任总经理的培训中，需要培养他们诚信正直的品性与表现，增强其开拓创新能力。

可见，基于素质模型的员工培训在理念与技术上不同于职位知识与技能培训，在知识的培训上也不能局限于陈述性知识，还要加强结构性、程序性知识的培训。进一步提高培训的效能，可以全面增强员工的胜任力，从而提高企业的核心能力。

（四）绩效管理

将素质模型应用于企业绩效管理，需要建立公正的、具有发展导向和战略性的绩效管理体系。这样一个绩效管理体系应包括 3 方面的内容：首先，绩效目标建立在认同和信任的基础上，并通过管理沟通形成绩效承诺；其次，整个绩效管理过程中，管理者给予员工更多的授权、指导、支持与援助，提高员工的自主权，满足员工的事业发展期望；最后，绩效管理不能局限于员工个人的绩效，还应注意素质模型中人际技能和团队协作能力的培养与发挥，合理设计工作群体，努力提高群体绩效。

（五）员工职业生涯规划与职业发展

指导员工进行职业生涯规划，帮助他们实现职业发展，这是现代人力资源开发的一个基本理念，也是人本管理的一项基本要求。通过开发素质模型，对员工的素质模型进行评价，帮助员工了解个人特质与工作行为特点及发展需要，指导员工设计符合个人特征的职业发展规划，并在实施发展计划过程中对员工提供支持和辅导。这样不仅能帮助员工实现自身的发展目标及职业潜能，也能促使员工努力开发提高组织绩效的关键技能和行为，实现个人目标与组织经营战略之间的协同，实现员工和企业共同成长和发展。

本章小结

职位分析是对组织中某个特定工作职位的目的、任务、职责、权利、隶属关系、工作条件、任职资格等相关信息进行收集与分析，以便对该职位的工作做出明确的规定，并确定完成该工作所需要的行为、条件、人员的过程。

职位分析所形成的职位说明书是人力资源开发与管理中必不可少的环节或重要的工作，它与其他人力资源管理方面的工作有着密切的关系。

素质模型是指根据职位的工作要求，确保该职位的任职人员能够顺利完成该职位工作的个人能力特征结构，它可以是动机、特质、自我形象、态度或价值观、某领域知识、认知或行为技能，且能显著区分优秀与一般绩效的个体特征的综合表现。

素质模型是从组织战略发展的需要出发，以强化竞争力，提高实际业绩为目标的一种独特的人力资源管理的思维方式、工作方法、操作流程。

素质模型评价法是一种新型人力资源评价分析技术，通过对员工进行系统、全面的研究，对其外显特征及内隐特征进行综合评价，从而寻找适合某一职位的理想人选。它不受被访谈者经验影响，通过记录素质模型要素出现的频次和等级，能够得到较多的探察点，因而能获得被评价者较为稳定的平均等级分数。

复习思考题

一、单选题

1. 下列属于职位分析方法的是（　　）。
   A. 分类法　　B. 计点法　　C. 排序法　　D. 关键事件法
2. 提出关键事件法的学者是（　　）。
   A. 约翰·C.弗拉纳根和伯恩斯　　B. 德鲁克
   C. 麦克利兰　　D. 泰勒
3. 首先提出了素质模型概念的学者是（　　）。
   A. 勒温　　B. 德鲁克　　C. 麦克利兰　　D. 泰勒
4. 人力资源管理工作的基础是（　　）。
   A. 绩效管理　　B. 薪酬管理　　C. 职位分析　　D. 员工关系管理
5. 以下关于素质模型的说法不正确的是（　　）。
   A. 知识技能属于个人外显的特征，不属于素质模型要素

B. 素质模型可应用于人才招聘、绩效管理、薪酬管理等人力资源管理工作
C. 个人动机、价值观等内隐个人特征不易改变
D. 知识、技能等外显个人特征比较容易提升

二、多选题

1. 职位分析的结果可应用于（　　）。
A. 员工培训与开发　　B. 人才甄选
C. 员工职业生涯规划　　D. 绩效管理
2. 在素质模型的各要素中，以下选项属于内隐特征的是（　　）。
A. 技能　　B. 价值观　　C. 动机　　D. 知识
3. 职位分析工作应遵循的原则包括（　　）。
A. 系统性原则　　B. 目的性原则　　C. 效率性原则　　D. 动态性原则
4. 职位说明书中必备的要素有（　　）。
A. 职位职责　　B. 任职要求　　C. 直接上级姓名　　D. 职业发展路径
5. 职位说明书中的任职资格包括（　　）。
A. 学历　　B. 工作流程　　C. 职称　　D. 工作经历

三、案例分析

一位机床操作工把大量液体洒在机床周围的地板上。车间主任让操作工把洒掉的液体清扫干净，操作工拒绝执行，理由是职位说明书里并没有包括清扫的条文。车间主任顾不上去查职位说明书中的原文，就找来一名服务工做清扫工作。但服务工同样拒绝，他的理由是其职位说明书里没有包括这类工作，清扫工作是清洁工的职责。车间主任威胁说要把他解雇，因为这种服务工是分配到车间来做杂务的临时工。服务工勉强同意，但是干完之后即向公司投诉。

有关人员看了投诉后，审阅了机床操作工、服务工和清洁工这三类人员的职位说明书。机床操作工的职位说明书规定：操作工有责任保持机床的清洁，使之处于可操作状态，但并未提及清扫地板；服务工的职位说明书规定：服务工有责任以各种方式协助操作工，如领取原料和工具，随叫随到，即时服务，但也没有包括清扫工作；清洁工的职位说明书中确实包含了各种形式的清扫，但是他的工作时间是从正常工作结束后开始的。

问题：

1. 对于服务工的投诉，您认为该如何解决？为什么？
2. 如何防止公司类似意见分歧的重复发生？
3. 你认为公司在管理上有哪些需改进之处？

四、实训项目

5～6 人一组，选择一家企业，应用本章中学习到的方法，对其 2～3 个职位进行职位分析，并编制职位说明书。

第四章　员工招募与甄选

知识目标

- ✧ 了解招聘的概念、意义、原则、程序。
- ✧ 掌握常用招募渠道的特点和各自的优劣势。
- ✧ 掌握招聘面试的各种方法及特点。
- ✧ 理解笔试、心理测验、评价中心技术等甄选方法的适用情形。
- ✧ 理解录用的原则、程序。
- ✧ 理解招聘工作评估的意义和内容。

技能目标

- ✧ 能根据职位类别、层级选择合适的招募渠道。
- ✧ 能根据职位任职要求设计面谈提纲。
- ✧ 能针对职位设计甄选的方法。

引导案例

捕鼠部经理的招聘

有一个农场，原捕鼠部经理离职了。没多久，农场内就鼠患成灾。农场总经理立即下令，要求人力资源部经理在5天内招聘一名捕鼠部经理。

人力资源部经理接到命令后，赶紧写了一张小红纸条："本农场诚聘捕鼠部经理一位，待遇福利顶呱呱，欢迎有志之士加盟。"然后贴在了农场的大门口。

第二天，农场来了7位应聘者——鸡、鹅、牛、狗、猪、猫、猫头鹰。人力资源部经理开始组织筛选工作。

第一轮是学历筛选。鸡和鹅都是本科学历，当然过关；牛和狗是大专毕业，也过关；猫和猫头鹰是高中毕业，人力资源部经理皱了皱眉头，勉强过关了；最后，只有读到小学二年级的猪先生在第一轮被淘汰了。

第二轮是笔试筛选。鸡和鹅学历高，考试不过是手到擒来，轻轻松松过关了；牛一向勤奋，考前做了充分的准备，也过关了；狗上学的时候天天逃课，拿到考卷非常为难，但是在短短的考试时间里，它一直给主考官鞠躬作揖，点头哈腰，主考官大手一挥，狗也过关了；猫头鹰本来是不会做的，可它眼力好，左顾右盼偷看到了，所以也就抄过了关；只有猫坚持原则，既不向主考官阿谀逢迎，也不弄虚作假，不会做就是不会做，所以，这一轮猫被淘汰了。

第三轮是答辩筛选。农场主、总经理和人力资源部经理组成面试小组，对应聘者一个一个进行面试。

第一个面试的是鸡，它来了就说："我在学校学的是捕鼠专业，曾经就鼠的习性与行动方式写过一本著作。"三个面试考官一碰头：这个好，留下了。

第二个面试的是鹅，它说："我虽然没有发表过什么著作，但是在大学期间，我一共发表了 15 篇有关鼠的论文。对于鼠的各个种类和地理分布，我是了如指掌。"这个也不错，留下了。

第三个面试的是牛，牛说："我没有那么高的学历，也没有发表过著作、论文。但是我有一颗持之以恒的心和坚硬的蹄子。只要找到老鼠洞口，我就会站在那里等待。只要有老鼠出来，我就会狠狠地踩下去，十次当中总会有两三次可以踩死老鼠。只要坚持下去，农场的老鼠一定会被我消灭的！"三个面试考官深受感动，牛也被录取了。

第四个面试的是狗，狗一进来就鞠躬作揖，点头哈腰，它说："瞧三位神采奕奕，精明干练，一定都是优秀的成功人士……"一顿马屁把三个面试考官拍得晕晕乎乎、云里雾里，最终狗也被录取了。

最后一个面试的是猫头鹰，没有高学历，也没有著作、论文，还不会拍马屁，唯一的成绩就是从事捕鼠一年多来抓了五六百只老鼠。但猫头鹰长得凶神恶煞的，太不讨人喜欢了，三个面试考官看着直皱眉，所以它被淘汰了。

至此，整个招聘活动结束，但真正会捕鼠的猫和猫头鹰却被淘汰了。为什么会是这样的结果呢？

案例分析

招聘是一个系统工程，需要有科学合理的招聘程序和严密有效的甄选方案。科学的招聘程序应该是基于职位职能的需求而设置的，本案例中的招聘程序明显不合理：首先，缺少招聘计划，没有结合工作分析形成岗位工作职责和任职资格要求，用人标准含糊不清；其次，甄选方式不合理，没有根据岗位职责设计合理、专业的测试，导致合适的应聘者被淘汰，不合适的应聘者却应聘成功；最后，考官不专业，缺少必要的培训，存在"以学历取人，以貌取人"等以主观因素评判应聘者的典型错误。

第一节 招聘概述

一、招聘的概念

曾任美国通用电气公司董事长的杰克·韦尔奇（Jack Welch）曾说过："我们所能做的一切就是把赌注押在我们所挑选的人身上。"企业的竞争归根结底是人才的竞争，随着互联网时代的到来，人才的重要性越来越凸显，企业必须不断吸纳优秀的人才。招聘就是企业补充人才的主渠道。人力资源管理中对"招聘"一词的解释包括了两层意思：招聘是企业获取人力资源的过程；招聘要选择最合适的员工。招聘是组织为了生存和发展的需要，根据组织人力资源规划，以及职位分析得到的对人力资源的数量和质量的要求，通过信息发布和科学甄选，获得所需合格人才，并安排他们到相应职位上工作的过程。

招聘的目的是以最低投入招到最合适的人，实现组织最佳的人岗匹配。招聘的核心内容有两个：一是招募，即使尽可能多的人参加组织的应聘，具体工作包括招聘计划的制订与审批、招聘信息的发布、应聘者申请等；二是甄选，即从众多应聘者中选出适合组织需要的人，并予以录用，具体工作包括简历筛选、心理测试、笔试、面试、体检等环节。

人力资源管理中，招聘工作的开展有两个前提，即制订人力资源规划和职位分析。

人力资源规划是指为实施企业发展战略，实现组织目标，根据组织内外部环境的变化，利用科学的方法对其人力资源的供需进行预测，制定相应的政策和措施，从而使组织人力资源的供给和需求达到平衡的活动过程。人力资源规划主要解决3个问题：人力资源的需求是什么，人力资源的供给是什么，供给与需求是否平衡。

职位分析是指全面了解、获取与工作有关的详细信息的过程，是对组织中某个特定职位的定位、目标、工作内容、职责权限、工作关系、业绩标准、人员要求和职务规范的描述和研究过程，即制定职位说明书。职位分析要解决两个问题：某职位是做什么事情的，什么样的人来做这些事情最适合。

二、招聘的意义

1. 提高企业的核心竞争力

现代市场竞争日益激烈，企业之间的竞争归根结底是人才的竞争，哪个企业能够在人才的竞争中获胜，哪个企业就会在市场竞争中立于不败之地。企业的经营业绩是靠员工共同创造的，通过招聘得到优秀的人才，是确保员工队伍良好素质的基础，是企业核心竞争力的来源。为了提升企业的经营业绩，必须确保企业在人才竞争中占有主动地位，所以招聘工作的质量至关重要。

2. 为企业注入新的活力

在不断变化的高科技商业环境中，发掘和招聘到有必要技能和才能的人才将成为企业竞争的主战场。成功的企业将是那些善于吸引、发展和留住具备必要技能和经验的人才的企业。新员工将新的管理思想和新的工作模式带到工作中，能推动企业的制度创新、管理创新和技术创新，不断为企业注入新的活力。

3. 树立企业良好形象

招聘既是吸引、招募人才的过程，又是向外界宣传企业形象、扩大企业影响力和知名度的一个窗口。招聘时，企业可以利用电视、报纸、广播、网站等媒体开展招聘活动，应聘者能通过招聘过程了解该企业的组织结构、经营理念、管理特色、企业文化等。尽管招聘不是以企业形象传播为目的的，但在招聘过程中却可以宣传企业，帮助企业树立良好的形象。所以，招聘是一项树立企业形象的对外公关活动。

4. 增强企业凝聚力

有效的招聘既可以使企业更多地了解应聘者的求职动机和需求，也可以使应聘者更多地了解企业和职位的情况。员工与企业的良好匹配能够为留住员工打下良好的基础，有助于减少因人员流动过于频繁而带来的损失，并有利于增进企业内的良好气氛，增强企业的凝聚力，提高员工对企业的忠诚度等。同时，有效的招聘工作对人力资源管理的其他职能的优化也有帮助。

三、招聘的原则

1．合法平等原则

企业在招聘过程中，应严格遵守《中华人民共和国劳动法》（以下简称《劳动法》）及相关的法律法规和政策。向所有应聘者提供平等的聘用机会，即不论性别、年龄、婚姻状况、宗教信仰、肤色、种族、民族、地区或社会背景等，人人都享有平等的竞争机会；对弱势群体、少数民族和残疾人等都应该给予保护和关心；同时严格控制未成年就业，保护未成年人的合法权益。

2．能岗匹配原则

招聘的目的不是选拔和录用最优秀的人员，而是要招聘到最适合企业的人员。我们需要寻找这样适合某个特定职位的人。实际上，我们在招聘之前，已经有了这个人的轮廓（职位说明书中的任职资格），并详细界定了他的各种素质和能力。招聘要做的就是找到对号入座的人，如果没有合适的人选，则宁缺毋滥，因为选对人比培养人更重要。

能力>任职要求，优质人才流失快，企业与个人两败俱伤。

能力<任职要求，企业业绩下降，会形成恶性循环。

能力=任职要求，企业成熟、稳定，业绩上升，团队战斗力强。

3．文化匹配原则

文化与价值观的认同是人才与企业合作的基础。文化匹配原则就是在能岗匹配的基础上，着重强调员工对企业文化的认同，即关注员工个人价值观、目标、态度等内在特质与企业文化的吻合度。众所周知，宝洁公司选人的成功率非常高。这是因为宝洁更多关注员工内在核心层次的素质，如员工的求职动机、价值观、职业兴趣和潜力等，这些因素与企业的匹配确保了企业长久的发展和繁荣。

4．着眼于战略和未来的原则

招聘工作要紧跟企业的人力资源战略，对于稀缺人才、高科技人才、行业领军人才，应适当储备，以供未来发展之需。同时，招聘要重视应聘者的综合素质和潜在发展能力，对于知识面广、综合素质高的人才，要优先考虑。

5．重视职业素养和道德品质原则

职业素养包括完成工作所需的素质，对工作的责任心和对职业的忠诚度。道德品质包括内外兼修的高尚品德和良好的信用度，讲诚信、善合作，有严谨的行为准则。招聘时，无论是人力资源部门还是用人部门，都希望招到“德才兼备”的人才。当二者不能兼得时，一定要更关注其“德行”，这比“才干”更重要。

小资料

华为招聘的七大原则

员工招聘是企业获取人才、保持自身活力和健康发展的重要工作。华为所取得的成功很大程度上要归功于其人才战略的成功。在华为，员工招聘遵循一个根本性原则：招聘企业规划中最需要的人才，让所有招聘到的员工都能人尽其才。具体来说，包括7项原则：

原则1：最合适的，就是最好的。

原则2：强调“双向选择”。

原则3：坚持“条条都要有针对性”的招聘策略。

原则4：招聘人员的职责=对企业负责+对应聘者负责。

原则5：用人部门要现身考场。

原则6：设计科学合理的应聘登记表。

原则7：人才信息储备就是给企业备足粮草。

四、招聘的程序

招聘工作是一个非常专业化的人力资源管理工作，是一个复杂、系统、完整、连续的程序化操作过程，其程序大致可以分为4个阶段：招募、甄选、录用和评估。

招募阶段是企业为了吸引更多更好的应聘者来应聘而进行的若干活动，它主要包括：根据人力资源规划和工作分析确定员工招聘的数量和质量，制订招聘计划并进行审批，设计招聘广告，选择招募渠道，发布招聘信息，接收应聘者申请等。

甄选阶段是企业从“人”和“事”两个方面出发，挑选出最合适的人来负责某一职位，它包括简历筛选或资格审查、初选、笔试、面试、其他测评方式、体检、甄选决策等环节。甄选过程关系到应聘者质量把关，是招聘工作的核心环节。

录用阶段向合格的应聘者发出录用通知，向不合格的应聘者发出辞谢通知。对新员工进行初始安置，完成新员工培训、试用期考察以及正式录用等工作。

评估阶段即对招聘活动的效益与录用人员质量的评估。通过效果评估，从人员匹配度、招聘效率、费用等结果指标分析各过程环节指标，不断优化过程、方法，不断提升人力资本以发挥效能，为企业的战略提供有力的支撑。

招聘的每个阶段需要完成的主要工作如图4-1所示。

招募阶段	甄选阶段	录用阶段	评估阶段
根据人力资源规划和工作分析确定员工招聘的数量和质量	简历筛选或资格审查	初始安置	招聘活动效益及录用人员质量评估
制订招聘计划	初选	新员工培训	
审批招聘计划	笔试	试用期考察	
设计招聘广告	面试	正式录用	
选择招募渠道	其他测评方式		
发布招聘信息	体检		
接收应聘者申请	甄选决策		

图4-1 招聘的每个阶段需要完成的主要工作

在招聘的不同阶段和环节都需要设计一些专业的文书和表单，见表 4-1。

表 4-1 招聘各环节常见文书和表单

招聘各环节	常见文书与表单
人力资源规划	《人力资源年度规划》
招聘计划	《招聘申请表》《招聘计划表》《招聘启事》
甄选（面试）	《应聘人员登记表》《面试评价表》
录用决策	《新员工录用审批表》《录用通知书》
入职管理	《入职流程跟踪表》《劳动合同》
试用期管理	《新员工试用期考核表》
转正管理	《转正审批表》《转正通知书》《试用期解除劳动合同通知书》

招聘计划表可以保证企业招聘工作有条不紊地进行，年度招聘计划的格式见表 4-2。

表 4-2 年度招聘计划表

	第一财季	第二财季	第三财季	第四财季	小　计	备　注
招聘人数						
占全年比例						

招聘计划说明：

填表人：　　　　　　　　　　　　　　　用人部门审批：

年　月　日　　　　　　　　　　　　　　　　年　月　日

人力资源部审批意见：

（签字）：

年　月　日

总经理审批意见：

（签字）：

年　月　日

招聘需求申请表（见表 4-3）也称为需求审批表，企业各级用人部门根据自身用人需求情况，向人力资源管理部门递交招聘需求申请表，提出用人需求申请，内容涉及申请理由、拟聘人员的基本要求等。

表 4-3 招聘需求申请表

招聘职位		招聘人数		其他		最迟到岗日期		
招聘部门		招聘原因				可晋升职位		
职责与工作内容	1.							
	2.							
	3.							
任职资格	性别		年龄		学历		专业	
	最低工作年限		薪酬		从业行业要求			
	其他要求							
	□内部招募	推荐人选：				□外部招募		
人力资源部与用人部门确认后填写以下内容								
招募渠道	□内部招募	内部员工推荐：						
	□外部招募	□公开竞聘	□人才信息库	□网络招聘	□校园招聘	□猎头	□其他	
主管部门负责人签字：　　年　月　日				总经理签字：　　年　月　日				

应聘人员登记表（见表 4-4）是面试前企业要求应聘者填写的，目的是让每位应聘者都回答同样的问题。它将所有人放在同一起跑线上，有助于对应聘者的评估，还可以根据申请表上的信息建成信息库，以备将来之用。

表 4-4　应聘人员登记表

<table>
<tr><th>应聘职位</th><th colspan="3"></th><th>应聘部门</th><th colspan="2"></th></tr>
<tr><td>姓名</td><td></td><td>性别</td><td></td><td>出生日期</td><td colspan="2"></td></tr>
<tr><td>民族</td><td></td><td>户口</td><td></td><td>婚姻状况</td><td colspan="2"></td></tr>
<tr><td>身份证号</td><td colspan="2"></td><td>籍贯</td><td colspan="3"></td></tr>
<tr><td>最高学历</td><td></td><td>专业</td><td></td><td>毕业时间</td><td colspan="2"></td></tr>
<tr><td>学历类型</td><td colspan="6">□统招　□自考　□成教　□其他</td></tr>
<tr><td>毕业院校</td><td></td><td colspan="2">第一外语</td><td></td><td>水平</td><td></td></tr>
<tr><td>手机</td><td></td><td colspan="2">紧急联系人及电话</td><td></td><td colspan="2"></td></tr>
<tr><td>电子邮件</td><td></td><td colspan="2">QQ 或微信</td><td></td><td colspan="2"></td></tr>
<tr><td>目前住址</td><td colspan="6"></td></tr>
<tr><td colspan="7">工作经历（从最近的经历开始）</td></tr>
<tr><td>起止日期</td><td colspan="2">工作单位及部门</td><td>职位</td><td>离职原因</td><td>薪酬</td><td>证明人及联系方式</td></tr>
<tr><td></td><td colspan="2"></td><td></td><td></td><td></td><td></td></tr>
<tr><td></td><td colspan="2"></td><td></td><td></td><td></td><td></td></tr>
<tr><td></td><td colspan="2"></td><td></td><td></td><td></td><td></td></tr>
<tr><td colspan="7">当前薪酬、档案、社保及公积金状况</td></tr>
<tr><td colspan="7">个人档案存放地：
已参加的社会保险项目及住房公积金情况：□养老　□失业　□医疗　□工伤　□生育　□住房公积金
目前薪酬（月薪税前）：　元/月
期望待遇（月薪税前）：　元/月
最低期望待遇（月薪税前）：　元/月</td></tr>
<tr><td colspan="7">个人声明</td></tr>
<tr><td colspan="7">本人承诺以上所提供事实的真实性，承诺个人提供的电子简历与填写内容一致，如有虚假，愿意承担被解聘的后果。
应聘人签名（日期）：</td></tr>
</table>

五、招聘团队

企业招聘团队的工作人员代表着企业的形象，招聘时向应聘者传递着企业文化，左右着应聘者对企业的印象。因此，企业对招聘人员的人品、素质，甚至气质、外形要求都很高，常见要求如下：

1. 诚实、守信

对应聘者提出的要求，不轻易承诺；一旦承诺，就要兑现。有些应聘者并非以找工作为目的，可能是竞争对手派过来了解招聘情况的，也可能是媒体派过来搜集信息的。因此，招聘人员应谨言慎行，不要透露企业的商业秘密。

2. 对应聘者一视同仁

招聘人员在一定程度上掌握着应聘者的职业生涯，招聘人员应站在企业的立场上，不考虑亲疏和自我感受，任人唯贤，严把企业进人关。

3. 对企业文化、企业业务发展情况非常了解

应聘者往往会对企业文化、业务发展情况感兴趣，招聘人员要能准确地讲出来，甚至还要了解一些行业动态，应对应聘者的各种提问。

4. 具备专业的人力资源管理知识

招聘工作是人力资源管理工作的重要组成部分，招聘人员应全方位了解企业人力资源管理情况，这样才能真正做好招聘工作。

5. 形象气质佳

招聘人员的形象气质代表企业的形象，应聘者往往先入为主，根据招聘人员的气质形象，推测企业的情况。

6. 具有高涨的工作激情和感召力

招聘人员在工作中应饱含工作激情，让应聘者受到鼓舞，进而产生非常愿意加入这个团队的动机。

第二节 招募渠道

企业若希望接触到合适的目标人才，需要凭借合适的平台，这个平台就是招募渠道。在招聘过程中，有些应聘者来自企业内部，有些来自企业外部，根据内、外的不同，我们将招募渠道分为内部招募和外部招募。

一、内部招募

内部招募是指从企业内部获得所需要的各种人才。企业本身就是一个人才库，从企业现有员工中获得所需要的人才是目前人才招聘的一个重要方法。

内部招募的优点：给员工职业发展提供了可能，鼓励员工努力工作；招募的成本较低；内部员工对企业的文化、工作环境、组织结构等比较熟，能较快地在新职位上发挥出潜力来。但内部招募也有不利的一面，可能会影响员工原部门的人员稳定性。内部招募的种类主要有以下几种：

1. 内部提升

当企业出现任职人员空缺时，特别是中高层管理职位的任职人员空缺时，可以启用人员接任计划，关注候选人的绩效和潜力，从企业内部甄选合适的任职人员。据统计，有 70%以上的成功企业和 90%以上美国企业的管理职位需求都是由企业内部员工满足的。

2. 工作轮换

工作轮换，即在平级职位中调动（或调换）员工，使企业人力资源供需达到更优匹配。通常，企业通过有计划、有步骤的工作轮换培养人才、储备干部和提高整体绩效。一方面，它有利于员工广泛和深入地了解企业的工作流程和各部门的工作特点等情况，使他们在工作轮换中得到全面锻炼的机会；另一方面，它有利于员工找到适合自己的职位，使个人职业生涯得到较好的发展，从而更好地达到人岗匹配。

3. 返聘

返聘，即离退休人员的再次聘用。返聘人员通常都是原单位里的技术骨干或管理干部，特长往往比较突出。他们工作能力较强，工作经验较丰富，对企业文化和职位情况都非常熟悉，可以减少培训时间，降低培训费用，从而间接提高企业效益。

二、外部招募

更多的人才还是来自企业外部，外部招募的渠道主要有以下几种：

1. 网络招聘

网络招聘也称在线招聘或电子招聘，是指利用互联网技术进行的一种招聘方式。网络招聘充分利用互联网技术具有的结构化、个性化、智能化、交互性、无地域性等特点，大大提高了招聘效率。网络招聘不同于传统招聘方式，它具有远程服务功能，能够与应聘者及时互动，并且不会受到地域的限制。

（1）全国性招聘网站　全国性招聘网站是全国性的、综合的招聘服务提供商，在国内的网络招聘行业中处于领先地位。我国国内最具有代表性的全国性招聘网站包括前程无忧（51job）、智联招聘、中国人才热线、卓博网等。

（2）地域性招聘网站　地域性招聘网站以某一地域为营业范围，是本地区网络招聘服务的提供商。这类网站熟悉本地人才市场，将现场招聘会与网络招聘服务结合起来，能在本地发挥较好的作用。具有代表性的地域性招聘网站有北京人才网、南方人才网、深圳人才网、上海招聘网等。

（3）行业性招聘网站　行业性招聘网站为细分市场提供专业服务，以各个行业为中心来做细分市场，突出各个专业和行业的特点，称为“行业垂直人才网站”。与地域性招聘网站类似，行业性招聘网站也常常将现场招聘会等其他服务与网络招聘服务相结合，能在本行业内发挥较好的作用。

（4）社交类招聘网站　社交类招聘网站的本质是基于信任的朋友圈，把社会性网络引入网络招聘，通过朋友的推荐和介绍进行求职和招聘。美国的社交类招聘网站领英

（LinkedIn）开通了采用人际关系寻找工作的频道。求职者可以方便快捷地建立自己的社会性网络，企业也可以利用社会性网络进行招聘。国内比较知名的社交类招聘网站有天际网、大街网、陌陌等。

（5）搜索式招聘网站　搜索式招聘网站是将垂直搜索技术应用于招聘行为的专业网站。所谓垂直搜索，是针对某一行业的专业搜索引擎，是搜索引擎的细分和延伸，是对网页库中某类专门的信息进行整合，定向、分字段抽取出需要的数据进行处理后，再以某种形式返回给用户。国内比较知名的搜索式招聘网站有拉勾网、周伯通等。

（6）微招聘　微招聘包括微博招聘和微信招聘，它是紧跟时代发展的新型招聘方式，是最受80后、90后青睐的招聘途径。通过微博和微信，用人企业和应聘者用简洁的文字把招聘、求职信息发布出来，应聘者在了解企业信息并有求职意向时即向招聘企业申请职位，双方通过微博和微信完成招聘面试前的全部沟通，从而达到企业招聘的目的。微招聘通过微博和微信的社会化优势为企业招聘到合适的人才，已成为招聘的主要渠道之一。

2．专场招聘会

专场招聘会能在短期内收到大量简历，并且有和求职者“面对面”交流的机会，应聘者也可以对公司有一个直观的了解。专场招聘会具有效率高、可快速淘汰不合适人选并及时把控应聘者的数量和质量等特点。但招聘会的招聘时效较短，通常只有半天的推广时间，招聘交流高峰只有约3个小时的时间，且准备展会、展会上的面谈、收集简历以及接下来的筛选过程可能会占用很多精力，并且企业参加招聘会往往花费不菲。

3．人力资源服务和劳务外包公司

人力资源服务和劳务外包公司通常能帮助企业解决一些基层操作员工的招聘，适用于人数需求较大、对专业性要求不高且招聘时间紧的职位。人力资源服务和劳务外包公司的收费不高，比较适合劳动密集型企业。但随着《中华人民共和国劳动合同法》（以下简称《劳动合同法》）关于劳务派遣相关规定以及人社部《劳务派遣暂行规定》中“用工单位应当严格控制劳务派遣用工数量，使用的被派遣劳动者数量不得超过其用工总量10%”的执行，用工单位与第三方人力资源服务公司的合作方式发生了一些变化。

4．职业中介服务机构

社会上的职业中介服务机构既有企业人事部门开办的人才交流中心、劳动部门开办的职业介绍机构，也有一些民营的职业服务机构。职业中介服务机构是用工单位和求职者之间的桥梁，它会收集求职者信息，与用工单位提出的要求做初步的匹配判断，为用工单位推荐人才，为求职者推荐工作，促成双方达成意向，同时也举办各种形式的人才交流会和洽谈会。当招聘同质性较强、级别较低的职位时，如大量的售后服务咨询热线人员，可以使用这种方式来招聘。

5．猎头公司

猎头公司是指那些专门从事中高级人才寻访、追踪、评价、甄选业务的第三方招聘专业公司。猎头服务实际上是职业中介服务的升级。对于一些高端、专业性很强的职位，或者专业狭窄、人数较少、很难招聘的一些职位，企业常常会借助猎头公司来搜寻候选人。猎头公司会根据企业的需求，定向找人和挖人，精准度高。同时猎头会对候选人进行专业测评、背景调查等，专业化程度较高。但猎头公司通常按照候选人年收入的25%～30%的比例来收费，服务费相对较高。我国知名猎头公司见表4-5。

表4-5　知名猎头公司

猎头公司	服务特色
猎聘网	国内最大、最专业的高端人才社区化招聘网站
大瀚猎头	国际猎头组织NPA成员，主要定位是为跨国公司、上市公司、大型企事业单位提供高级人才搜寻服务
科锐国际	亚洲领先的整体招聘解决方案提供商，在亚洲有40多家分支机构，专注于中高级管理和技术人才搜寻服务
艾力特	采用职业经理经纪人服务模式，人才储备量大，推荐精准度高
锐仕方达	专注于信息技术、地产、金融、制药、能源、传媒、百货等热门行业
鼎新同人	专注于信息技术（特别是互联网、通信电子）、地产、汽车等行业
创思汇猎头	专注于高科技行业猎头业务，主要操作职位为经理级以上
泰来猎头	国内最早的猎头服务公司，拥有数十项科学的人才测量工具
神州伯乐	专注于金融、地产和信息技术领域，可提供人才测评和招聘流程外包服务

6. 校园招聘

校园招聘是指通过招聘应届毕业生来满足业务发展和用人需求，因为大多数招聘活动在校园举行，故称校园招聘。它是企业获得潜在管理者以及基层专业技术人员的一条重要途径。从校园直接招聘的人才，年轻，易于融入企业文化，素质整齐，易于管理，成本相对较低。但进行校园招聘往往会花费较多的时间和金钱；而且招聘往往不是一两个人能决定的，可校园招聘又不可能去更多的考官，因此可能出现招进来的学生没合适职位的尴尬现象。

7. 员工推荐

员工推荐是指由公司目前的员工推荐非本公司的人员入职。内部员工了解企业的制度、文化以及职位情况，也了解被推荐人；由内部员工推荐来的人才，其背景调查相对较容易，人员也比较可靠；被推荐的人才通常能胜任其工作，并会因情面问题比外招的员工更努力地工作；内部员工也会因为自己推荐的人被录用而获得人力资源部门的额外奖励。这不但能降低招聘成本，还可以间接吸引到更高质量的员工。

8. 媒体广告招聘

媒体广告招聘指的是通过报刊、电视广告或专场秀节目发布招聘信息。通过报刊、电视广告等形式发布招聘信息，具有发行量大、针对性强、受众面广等优势；电视专场，如“绝对挑战”“职来职往”等节目形式，招聘方式多样。在招聘的同时，展示和宣传了企业的形象，激发了企业选人、用人理念与应聘者择业观的碰撞。

各种招募渠道适合招聘的职位及特点详见表4-6。

表 4-6 各类招募渠道的比较

渠道类别	适合职位	特点	使用建议
内部招聘	所有职位	内部招募人员对公司的情况比较了解，工作上手快	一些部门专业性较强的职位不适合使用内部招募渠道，比如工业设计或物业管理等
网络招聘	白领职位	刊登迅速、简历数量大，但刊登周期长，且不适合资深专业人员和高层管理职位	一般白领职位可首选此渠道发布，如果刊登一周后发现效果不够理想，可考虑其他方式
专场招聘会	一般白领职位	投入资源（人力、场地）比较多，但有效周期短	如果没有大量的职位需求和合适的大型招聘会（如每年春季的大型招聘会），不建议参加
人力资源服务与劳务外包公司	基层操作类岗位为主	更多适用于对专业水平要求不高且招聘时间较紧的任职人员的招募	劳务派遣用工是补充形式，只能在临时性、辅助性或者替代性的工作岗位上实施。用工单位应当严格控制劳务派遣的用工数量，使用的被派遣劳动者数量不得超过其用工总量10%
媒体广告招聘	一般职位	费用较高、有效期短，招聘效果不够理想	建议刊登在专门的就业报刊上
职业中介服务机构	劳务	可在短期内提供大量劳务人员，但有效性有时不高	通过人力资源部门了解其可靠性，慎重使用
猎头公司	资深专业人员或高层管理者	招聘周期长，但针对性很强，可以保证招聘效果	针对难招职位、高级管理者和稀缺人才
校园招聘	基层专业技术人员、潜在管理人员	招募到岗的应届生可塑性强、易于融入企业文化，易于管理，成本相对较低	招募前企业应统一招募标准等，并召开校园招募启动会，避免出现因人才甄选标准不统一导致招募到岗的应聘生无处可去的尴尬局面
员工推荐	所有职位	会比较适合公司的特点，针对性较好	不得因内部推荐而降低录用标准

三、招聘启事

通过招募渠道发布的招聘启事，力求清晰、准确，这不但有助于应聘者准确地投递简历，节省简历筛选的时间，而且显示了企业的管理水准。由于招聘启事是应聘者了解企业的重要途径，其设计质量的高低决定着应聘者对企业的第一印象，影响着企业招聘活动能否顺利开展。

1. 招聘启事的内容

招聘启事的撰写需要参照拟招聘职位的职位说明书，一般应该包括如下内容和项目：

（1）企业描述与简介　好的招聘启事不仅能让求职者清晰地了解企业的需求，还能吸引人才主动投递简历。因此，企业简介应包括两方面的内容：一是介绍企业的相关信息；二是站在求职者的立场上，告诉他们企业能提供什么，比如高薪酬、工作环境、成长空间等。企业描述与简介要专业而精简，良好的开端能给人留下好的印象，也是提升企业形象的关键一步。

（2）完善的职位说明　明确说明拟招聘职位的职位名称和职位职责，要清楚明了地说明应聘者的工作地点、工作内容和要求。

（3）任职资格　任职资格一定要清楚明确，方便应聘者做出自己是否适合该职位的判断。

（4）薪资待遇　应聘者都希望在入职前获知较明确的薪酬标准，以便其在入职前综合考虑多方面因素，做出较客观的决策。

（5）其他准备材料　在招聘启事中还可以说明应聘者需要准备的其他材料，如中英文简历、学历学位证书复印件和身份证复印件等。

（6）联系方式　在招聘启事中可以根据企业实际情况给出联系方式。一些用人单位不愿公布联系方式，因为咨询和没有预约的来访会给日常工作造成不必要的麻烦，降低工作效率。

（7）公司地址、网址、时间信息等　在招聘启事中给出公司地址、网址、时间信息等，可以方便应聘者查阅公司信息、工作地点等。

小资料

××公司人力资源部经理招聘启事

××电力股份有限公司是经国家工商局核准，在北京登记注册的股份制公司，主要从事电力与相关能源项目的投资、建设、经营和管理。

××电力股份有限公司未来10年规划：发展为装机容量达到20 000MW的大型火力发电运营管理公司。

A电厂是××电力股份有限公司拟在A市投资建设的高效超净燃煤电厂，该电厂拟建在A市B镇C港区临港工业区，规划装机规模为4 000MW，其中一期建设两台1 000MW级超临界高效超净燃煤发电机组。该项目于2015年11月23日被列为国家示范工程，已于2017年3月获得核准，是贯彻落实国务院大气污染防治行动计划在“十三五”规划的两个产业升级示范项目之一。

该项目由××电力股份有限公司、××电力设计院、××电力大学等共同研究，通过技术集成和创新等措施，采用大容量、高参数、高效率等燃煤电站技术和高效脱硫、脱硝、除尘等环保协同治理技术，建成后将成为国际领先水平的高效超净燃煤电厂。

职位月薪：15 000～30 000元/月

工作地点：北京市朝阳区

发布日期：最新

工作性质：全职

工作经验：5～10年

最低学历：本科

招聘人数：1人

职位类别：人力资源经理

截止时间：2020年12月30日

职位描述：

1）全面统筹集团地产板块人力资源开发及战略管理，拟订人力资源规划方案，并监督各项计划的实施。

2）建立并完善公司人力资源管理体系，研究、设计人力资源管理模式（包含招聘、培训、绩效、薪酬及员工发展等体系的全面建设）。

3）向公司决策层提供人力资源、组织机构等方面的建议，并致力于提高公司综合管理水平，控制人力资源成本。

4）及时处理公司管理过程中的重大人力资源问题，指导员工职业生涯规划。

5）负责地产公司的企业文化建设。

任职资格：

1）25～35岁，人力资源管理或相关专业统招本科以上学历。

2）5年以上大中型地产企业管理经验，3年以上人力资源部经理工作经验。

3）对人力资源管理各个职能模块均有较深入的认识和切实的操作经验，熟悉国家相关的政策、法律法规。

4）具有很强的计划性和执行能力，以及很强的激励、沟通、协调、团队领导能力，有责任心、事业心，有亲和力。

5）具备良好的人际交往能力、组织协调能力、沟通能力以及解决复杂问题的能力。

2. 撰写招聘启事的注意事项

（1）真实合法　招聘启事要遵循实事求是的原则，对招聘的各项内容，均应如实写出，既不可夸大也不可以隐瞒。招聘启事所含信息要符合国家及当地劳动法律法规的要求。

（2）简洁规范　招聘启事的内容应简明扼要，简单介绍企业概况，重点突出招聘职位信息，职位说明和任职资格要具体和规范。

（3）准确美观　招聘启事用词准确，语法通顺，语言流畅，排版美观、整洁。

（4）项目齐全　招聘启事应该包括企业简介、职位说明、任职资格、应聘方法、截止日期、联系方式、联系人等各种项目。

第三节　面　　试

随着社会的发展，更多的学科特别是心理学的发展，为招聘面试技术提供了诸多实用工具。

一、面试程序

正规的面试程序一般包括 5 个步骤：面试前的准备，营造和谐的气氛，面试，结束面试，面试回顾，每个环节的要点见表 4-7。

表 4-7　面试 5 步骤

序　号	步 骤 名	要　点
1	面试前的准备	审查简历，准备面试问题，选择合适的面试地点
2	营造和谐的气氛	和谐的气氛能够使应聘者发挥出真实的水平，使应聘者对公司留下良好的印象。面试开始前可以花几分钟时间问一些没有争议的问题，如天气和交通状况等，这些问题能够极大地缓解应聘者的紧张情绪
3	面试	包括非结构化面试、结构化面试、半结构化面试、行为面试、小组面试、公文筐测验、角色扮演等
4	结束面试	留适当时间回答应聘者的问题，努力以积极的调子结束面试，并告知后续程序
5	面试回顾	应聘者离开后，应检查面试记录，填写面试评价表

1. 面试前的准备

（1）会议室准备　会议室应干净、安静，所处位置方便应聘者进出，且不会干扰内部员工的工作。

（2）文档准备　招聘职位的《职位说明书》《应聘人员登记表》（见表 4-4）、《面试评价表》（见表 4-8）。

（3）物品准备　笔、书写用纸、纸巾、白板、白板笔等。

（4）招聘人员的准备　着职业装，良好的精神风貌。

表 4-8　面试评价表

<table>
<tr><td colspan="2">姓名：</td><td>应聘部门：</td><td colspan="2">填表日期：</td></tr>
<tr><td colspan="2">面试要素</td><td>观察考核要点
（A：完全符合　B+：比较符合　B：基本符合　B–：不太符合　C：不符合）</td><td>负责单位</td><td>用人部门</td></tr>
<tr><td colspan="2">知识</td><td>学历情况、专业概况、所受培训与职位的要求一致</td><td></td><td></td></tr>
<tr><td colspan="2">责任感</td><td>回答问题诚实、负责，办事自信，对以往的工作负责</td><td></td><td></td></tr>
<tr><td colspan="2">进取心</td><td>做事主动，努力把工作做好，不断汲取与工作相关的新知识</td><td></td><td></td></tr>
<tr><td colspan="2">沟通协作</td><td>能够有效倾听，能够清晰地表达自己的观点，愿意帮助或协助他人做事，喜欢集体活动，与周围人和谐相处</td><td></td><td></td></tr>
<tr><td colspan="2">适应性</td><td>能够根据变化采取灵活的应对方式达成目标</td><td></td><td></td></tr>
<tr><td colspan="2">压力承受</td><td>有耐心、韧劲，在遇到批评、指责、压力或受到冲击时，能够克制、容忍、理智地对待</td><td></td><td></td></tr>
<tr><td colspan="2">自我认知</td><td>能够客观、正确地评价自己的优势和不足</td><td></td><td></td></tr>
<tr><td colspan="2">逻辑思维</td><td>思路清晰，对事件描述符合逻辑、严密、有条理</td><td></td><td></td></tr>
<tr><td colspan="2">工作经验</td><td>以往的工作经验与目前职位要求一致</td><td></td><td></td></tr>
<tr><td rowspan="3">专业维度</td><td>1</td><td></td><td>—</td><td></td></tr>
<tr><td>2</td><td></td><td>—</td><td></td></tr>
<tr><td>3</td><td></td><td>—</td><td></td></tr>
<tr><td colspan="2" rowspan="5">了解项目</td><td>家庭背景特点对应聘者无不良影响</td><td colspan="2"></td></tr>
<tr><td>与原单位关系能够处理妥当</td><td colspan="2"></td></tr>
<tr><td>上岗时间符合职位要求</td><td colspan="2"></td></tr>
<tr><td>薪资要求或收入现状（分别注明）</td><td colspan="2"></td></tr>
<tr><td>离职原因、应聘期望/动机、兴趣爱好无异常</td><td colspan="2"></td></tr>
<tr><td colspan="2" rowspan="2">人力资源部门综合意见</td><td>（基本素质的优劣势评价）</td><td colspan="2">是否同意试用：</td></tr>
<tr><td>（背景调查情况）</td><td colspan="2">签字：</td></tr>
<tr><td colspan="2" rowspan="2">用人部门综合意见</td><td rowspan="2">（专业知识技能的适岗程度及优劣势评价）</td><td colspan="2">是否同意试用：</td></tr>
<tr><td colspan="2">签字：</td></tr>
<tr><td colspan="2" rowspan="2">部门主管副总意见</td><td rowspan="2">（此栏面试公司中级及以上职位及录用特殊人员时填写）</td><td colspan="2">是否同意试用：</td></tr>
<tr><td colspan="2">签字：</td></tr>
<tr><td colspan="2" rowspan="2">人力资源部门主管副总意见</td><td rowspan="2">（此栏面试公司中层及以上职位及录用特殊人员时填写）</td><td colspan="2">是否同意试用：</td></tr>
<tr><td colspan="2">签字：</td></tr>
<tr><td colspan="3">拟试用部门：</td><td colspan="2">职位名称：</td></tr>
<tr><td colspan="5">预计到岗时间：</td></tr>
<tr><td colspan="5">指导人：</td></tr>
<tr><td colspan="5">工作地点：</td></tr>
</table>

2. 营造和谐的气氛

一场轻松、自然的面试，可以使应聘者发挥真实水平，给企业招聘到真正合适的人才。所以，在面试开始前招聘人员要设法使自己及应聘者放松。

应聘者到公司后，一般是人力资源部的招聘人员将其引领到招聘地点。在走向招聘会议室的途中，招聘人员可以帮应聘者消除紧张的情绪，问一些“路上还顺利吧”“在哪里看到我们公司招聘信息的”等问题，帮助应聘者放松下来。

若招聘人员希望将面试过程录音或录像，必须先行告知应聘者，征得同意后方可实施。

面试结束后，招聘人员应将应聘者送离公司，一方面表示礼貌，另一方面可防止其在公司里滞留，或与未接受面试者沟通。

当面试双方均放松下来，就要开始进入下面的面试提问环节了。

3. 面试

（1）非结构化面试　非结构化面试是指招聘人员与应聘者之间进行一种开放式、随意的谈话，没有固定的模式，也没有事先准备好的面试题。非结构化面试的随意性较强，有经验的招聘人员可从看似随意的交流中获得更多的信息，或抓住某一点深入询问。但对于经验不足的招聘人员，这种面试方式并不可取，须与其他面试方式结合起来使用。

（2）结构化面试　结构化面试又称为标准化面试，是指依照职位胜任特征确定面试的维度，在每个测评维度上预先编制好面试题目并给出相应的权重和评分标准，严格遵循特定程序，对应聘者进行客观评价。

结构化面试强调有备而来，招聘人员事先准备好面试问题，与应聘者进行“问答”式沟通，以此探究其职位胜任能力。面试问题及目的见表 4-9。为考察应聘者在特定情境下的表现，面试考官可口述一种情境，问应聘者该如何处理这种情况，这种面试方式称为情境面试，是结构化面试的一种。

表 4-9　面试问题及目的

项　目		面 试 问 题	问 题 目 的
职位胜任能力	专业能力	请说明你在专业能力上最擅长/最不擅长的方面	判断是否符合职位任职要求
		你认为本职位需要具备哪些专业能力与技能	判断认知是否有偏差
		请您就上述能力做自我评价	判断自我评价的准确性
	工作经验	请谈谈您的相关工作经验 你所负责的工作取得了哪些成绩 有无需要改善的地方？如果可以重新开始做，您有何打算	判断经验是否符合职位要求及自省能力
		请说明您最不喜欢的工作？为什么	判断与未来工作是否有冲突
		请说明以往最有成就的工作	判断对未来工作的助益性
		请说明目前工作所遇到的最大挫折是什么？您是如何克服的	判断应变能力及问题解决能力
		简述您日常一天的工作安排	了解其如何分配工作
	目标管理	您是如何规划你的工作的	判断与规划能力
		您是如何推进工作以达成目标的？请举例说明	判断其推进能力、执行能力
	创新能力	请举例说明您在工作中是否曾应用创新的技术或方法	了解其创新能力
		是否可以拿出您有创新能力的证明（如专利证书）	
	领导能力	您是如何激发下属的潜力和工作兴趣的	了解领导风格及方法
		您是如何指导业绩不佳的下属的	
		您认为您目前的主管具备的哪些特质值得您学习	
		请举例说明您领导的团队对组织所做的最有贡献的一项工作，您是如何领导的	
态度与动机	成就动机	未来三年您想取得哪些成就？准备如何做	判断是否有强烈的进取心
		举例说明您曾完成哪些有“挑战性的任务”	
	积极主动	请举例说明您曾主动发现哪些问题或机会，并采取哪些行动	了解实际行为
		下班后或假日您如何安排生活	
	应聘动机	您为何对这个职位有兴趣	了解其应聘的诚意、积极程度
		您最喜欢（不喜欢）什么性质的工作	
		您对本公司有何了解	
	工作意愿及态度	请简述以往的工作经历及离职原因	了解其就业心态
		请说出您选择工作最看重的三个因素	
		哪三种原因会促使您离职	了解其抗压能力
		当在工作中受到不公平指责或待遇时，您会如何处理	了解其抗压性及成熟度
	教育训练	请说明您曾参与的活动或社团，在什么情况下参与	了解其学习动机
		请说明在工作中您曾接受过哪些培训	
		您平常读何种杂志或书籍	

（续）

项　目		面 试 问 题	问 题 目 的
个人特质	影响能力	请举例说明您曾如何发挥“影响力”获取成功	从过程了解其是否适合未来的工作
		请举例说明您如何开发客户或获得部门同仁的支持	
	人格特性	周围人常赞美或批评您的优缺点是什么，您自己对此有何看法	判断其个性是否适合职位要求
		请您用三个形容词形容自己	间接了解其优缺点
		您最近一次在工作中生气的原因是什么	
		您认为自己性格的哪些方面需要完善	
	人际关系	您认为哪种同事或上司较易相处	判断其与人相处能力
		描述您最欣赏（最不欣赏）的同事或上司	
	团队精神	描述您心目中的最佳团队组合	了解其合群性
		您在团队中通常扮演何种角色	
		举例说明您面对冲突时会如何处理	了解情商
	沟通协调	说明您在沟通中的优点（缺点）	判断其沟通能力
		您如何说服他人与您合作完成某项工作	
		您认为应如何提升沟通技巧	
其他	相关问题	若我们同意让您上岗试用，您需要多长时间交接工作	通过交接时间的长短了解其责任心、重要性等
		您期望的待遇是多少？有无其他要求	

招聘人员通过面试的方式了解应聘者时，可以是一名招聘人员对一名应聘者，即一对一面试；也可以是多名招聘人员对一名应聘者，也称为小组面试。小组面试可以获得更多的信息，但会对应聘者造成较大的心理压力，可能会影响其临场发挥。

（3）半结构化面试　半结构化面试是介于非结构化面试和结构化面试之间的一种形式。它是在结构化面试的基础上，主招聘人员和其他招聘人员就应聘者答题中涉及的有关问题或有疑问的地方进一步追问，问题的数量由面试总时间决定，形式更加灵活，有利于应聘者充分展示真实才能，也有利于比较全面深入地考察应聘者的素质状况。

（4）行为面试　行为面试属于结构化面试的一种，也称为行为描述性面试，它是指通过专门设计问题，以了解应聘者在过去特定情况下实际发生过的行为反应来测量其胜任力。行为面试的基本假设源于“行为一致性原则”，即“过去的行为是对未来行为的最好预测”。

小资料

行为面试的题型

请告诉我你过去某次类似的情况……

请你描述一个过去的情境……使你从中学到了不少东西。

请谈一下过去什么时候你对自己……方面的能力最满意。

请谈谈你在做……时感到最自豪的技能及其表现得最充分的一次经历。

在……方面，你过去的具体经验是什么？

请详细谈谈，为了……你过去采取了哪些主要措施？

在行为面试中，面试考官的主要任务是收集应聘者如下信息：

情境（Situation）：即事例发生时的背景情况，应聘者遇到的问题有哪些。这一部分不需要讲述太详细，但是一定要把问题凸现出来，为后面所采取的行动做铺垫。

目标（Target）：在做这件事情时预想的目标和结果是什么。这部分说明可以让招聘人员对应聘者所做的事情有个总体印象和定位。

行动（Action）：这一部分是核心，主要内容是应聘者在做这件事情时都采取了哪些行动。在讲述时，最好按照一定的逻辑顺序，如按时间顺序来讲解采取的方法、步骤、对突发情况的应对策略等，使招聘人员有一个详细、清晰的了解。

结果（Result）：这件事情的结果如何，包括是否完成了预定目标，此外还有哪些收获等。从应聘者的回答当中，招聘人员可以看出应聘者是否是一个善于总结经验的人。

通过上述情境-目标-行动-结果模型（STAR 模型），招聘人员可以获得应聘者行为的完整信息，也有助于辨别行为事件的真实性。

二、面试技巧

1. 倾听与观察技巧

倾听是最重要的面试技巧。倾听而不加任何评论，也是十分重要的。有效的倾听可以帮助招聘人员区别“事实”与“谎言”。真实的信息表现为应聘者在面试交流中，用第一人称、所表达的信息没有前后矛盾的地方、说话时很有信心；若信息不真实，应聘者则可能表现得语言流畅，但在言谈和举止上有迟疑，很难一针见血地回答问题。

倾听不只包括用耳朵认真听应聘者的话，还包括用眼睛仔细观察应聘者的举止。应聘者不同的举止，反映出不同的内心状态（见表 4-10）。

表 4-10 应聘者的举止所传达的信息

非言语信息	传达的信息
目光接触	友好、真诚、自信、果断
不做目光接触	冷淡、紧张、害怕、说谎、缺乏安全感
摇头	不赞同、不相信、震惊
打哈欠	厌倦
搔头	迷惑不解、不相信
微笑	满意、理解、鼓励
咬嘴唇	紧张、害怕、焦虑
踮脚	紧张、不耐烦、自负
双臂交叉在胸前	生气、不同意、防卫、进攻
抬一下眉毛	怀疑、吃惊
眯眼睛	不同意、反感、生气
鼻孔张大	生气、受挫
手抖	紧张、焦虑、恐惧
身体前倾	感兴趣、注意
懒散地坐在椅子上	厌倦、放松
坐在椅子边缘上	焦虑、紧张、有理解力的
摇椅子	厌倦、自以为是、紧张
驼背坐着	缺乏安全感、消极
坐得笔直	自信、果断

2. 提问技巧

（1）通过聊天自然导入　无论何种面试，招聘人员都要有一个面试的导入过程。在导入阶段，招聘人员的提问应自然、亲切、渐进，最好以聊天的方式进行。

（2）问题简明扼要　招聘人员的提问应简明扼要，尽量少用专业性太强的词汇或生涩的词汇。招聘人员在核心问题的提问中要能体现出一定的水平和深度。

（3）先难后易，循序渐进　结构化面试要求面试前所有问题都要事先安排好，问题与问题的提出要遵循“先熟悉后生疏，先具体后抽象，先微观后宏观”的原则，这样有利于应聘者逐渐进入角色，尽快和招聘人员达成有效沟通。

（4）坚持问准和问实　为了提高面试的效果，招聘人员对于各种问题要坚持问准和问实，对于无法问实的问题要通过其他相关问题给予佐证，防止误判。

3．控制局面的技巧

为了通过有效的面试达到预期的目的，合理应对特殊类型的应聘者，招聘人员必须掌握控制局面的相关技巧。

（1）沉默型　有些技术型或研发型应聘者不擅长交流，甚少说话或说话很拘谨，招聘人员需要营造一种亲近、轻松的气氛，鼓励对方继续讲述自己的经历；言谈中对应聘者的某项工作点头表示认可并鼓励其畅所欲言。例如，“你对工作如此认真负责，我想你在这方面是能胜任的，你可以再讲述另外一个相关的案例吗？”

（2）滔滔不绝型　有的应聘者在面试中滔滔不绝，以显示其能力或试图取悦招聘人员。在这种情况下，招聘人员可有礼貌地适时打断应聘者，提醒他“长话短说”或者尽快转变话题。例如，“你讲得很好，我已经了解清楚了，由于时间关系，下面我们将讨论另一个问题。”

（3）言不达意型　有时应聘者回答问题不能切中要害，在其中兜圈子说不到要点。在这种情况下，招聘人员可礼貌地打断应聘者，明示或暗示应聘者真正需要了解的问题是什么。例如，“刚才我的意思表达得可能不大清楚，其实我是想重点了解一下……”

（4）啰唆型　有时应聘者在回答问题时啰唆、逻辑性不强、语无伦次或者颠三倒四。这种情况下，招聘人员可礼貌地打断应聘者。例如，“非常抱歉，我再阐述一下，我的问题是……回答请简明扼要。”

（5）炫耀型　这种应聘者在面试时喜欢展示自己的才华，喜欢炫耀自己，希望招聘人员更喜欢自己。招聘人员要头脑清醒，明确目的。例如，“我们想招聘一名脚踏实地的人，过去的辉煌不能代表未来的能力。”

4．谈薪酬的技巧

公司要求薪酬保密，因此一旦在面试中涉及薪酬问题，很多招聘人员会不知所措。其实，只要掌握以下要点，一般会进行得比较顺利。

在初试阶段，建议把“薪酬”问题放到面试即将结束时谈。因为薪酬问题比较敏感，为了不影响招聘的进程，面试中应先对其他要点进行考核，最后留几分钟时间让应聘者提问，薪酬问题放在这个时候谈比较妥当。

先询问对方的薪资要求是多少，但需注意以下问题：

（1）低姿态　有些应聘者因工作难找而怕真实的薪资要求被拒绝，所以要价很低。这类应聘者是有隐患的，尤其是应届大学生，会为将来的离职埋下伏笔。因而思忖一下应聘者的动机、行情或他原就职企业的薪资水平。太偏离反而有问题。

（2）踢皮球　有些应聘者会说“按贵公司的薪资规定办，我没意见”。其实，现在的社会对薪资要求到“随便”的状态是不太可能的，说“随便”其实最不随便，较具隐蔽性而已。因而，在薪资上双方一定要讨个说法，先说个价，再讨价还价为好。

（3）开天价　一些应聘者开出的价远远超过“内定”的价。一种可能是他原单位的薪资水平如此，另一种可能是他的理想值，还有一种可能是他漫天要价。在这种情况下，首先要问清楚他原单位原职位具体做得怎样，如工作量、职位职责等，与本公司的工作量相比较，若差不多，则明确跟他讲，虽然业务范围差不多，但目前还达不到这样的薪资，并从两个企业的规模、发展前景比较，尤其针对他离职的原因及他的价值取向（如稳定、路近等）方面论述，供应聘者综合比较；若相差很多，则从该职位在企业的地位、职责范围等方面论述，明确告知定位问题不统一，在薪资方面也很难协调。

对于可以继续谈的应聘者，介绍公司的薪酬、福利、保险结构，告知具体的薪酬情况要等复试的时候由用人部门经理和他谈。

小资料

面试考官反感的20种行为

1）恶意缺席。
2）迟到、不守时。
3）穿着暴露或者邋遢懒散，不合职业要求。
4）家长陪同面试。
5）进门不敲门，不懂握手礼。
6）过于紧张，表现得极不自然。
7）面试时有打哈欠或者嚼口香糖等一些日常放松的小动作。
8）回答问题思考时间过长，一般不要超过一分钟。
9）回答问题时口齿不清。
10）回答问题啰唆，赘述。
11）低头回答不看招聘人员，眼睛盯着题签。
12）打断招聘人员说话，自己滔滔不绝地说话。
13）面试过程中手机响。
14）对应聘职位、公司不了解，一问三不知。
15）回答信口开河，讲不到重点上。
16）骄傲自满。
17）没有目标，欠缺职业生涯规划。
18）在技术、经历和知识方面撒谎。
19）贬低以前的老板和公司。
20）过早提出薪酬要求。

三、面试注意事项

在面试过程中，招聘人员容易陷入以下几个误区，须注意避免：

1．“坏事传千里”效应

不少招聘人员在聆听应聘者陈述之后，会倾向较为相信负面性的资料，而对正面性资料的相信程度较低。与俗语所说的“好事不出门，坏事传千里”吻合，即人们对负面的事物有较深印象，也有兴趣知道更多。在招聘面试时，这个现象会令招聘人员“偏听”，导致招聘决定有偏差。

为避免这种现象出现，招聘人员应在面试记录本上列好“记录提纲”，通过观察、分析应聘者的表现，为每位应聘者做优势-劣势-机会-威胁（SWOT）分析，即详细记录应聘者的优势、劣势、录用的风险、录用可能带来的益处等。

2．近因效应

根据心理学的记忆规律，招聘人员往往对面试开始时和结束时的内容印象较深。这好像在听大型交响曲时，有些听众会集中欣赏开头及结束部分，对中段较为陌生。若应聘者懂得在开场白及综合发言时多下一点功夫，他取得良好印象的机会便会提高。相反，那些循序渐进，在中段表现良好，但结束前又归于平淡的应聘者，可能会被评价为表现平平。

为避免这种现象的发生，要控制面试时间，一般对于每位应聘基础职位的面试人员，面试时间控制在40分钟以内比较合适，在这个时间段内，招聘人员不易出现疲劳的感觉；另外，在应聘者回答问题、陈述时，建议招聘人员做简单的记录，这样也可防止走神。

3．光环效应

不少招聘人员心中有一个理想的应聘者形象，或称为典型形象。在招聘时，可能会由于应聘者的优秀外表、某些出色表现或在某方面符合自己的理想，误以为他在所有方面都是好的，因此影响招聘人员对应聘者做出客观正确的评价。这种现象亦可称为“光环效应”。

为避免光环效应产生的不良后果，需向应聘者索取一些他自己已准备好的报告或近期的工作总结，作为评估能力的客观依据，并综合其他招聘人员的意见，以减少判断中可能出现的误差。

4．“脱线风筝”现象

招聘人员与应聘者谈一些与工作无关的内容，如双方共同感兴趣的爱好，这样可能会使应聘者占有面试主动，向着对自己有利的方向发展下去，也往往会使与招聘人员谈得投机的应聘者占优势。

这种情况中的招聘人员往往是比较健谈的，或是看到应聘者感觉比较投缘，触动了其说话的欲望。不要忘记，面试最重要的技巧是倾听。在面试中，有这种倾向的招聘人员，一定要在面试前认真准备严谨的面试提纲，并严格按其执行。

5．“只听不看”现象

招聘人员把精力集中在记录应聘者的回答，而忘记了观察应聘者本人。招聘人员要全心全意地观察应聘者的反应，来印证他说话的内容，检查两者是否一致。

这种情况中的招聘人员往往是“新手”，还比较紧张。建议这样的招聘人员放慢面试的节奏，如果还没有学会边问、边听、边看、边想，不妨把这几个步骤分解开来。这样虽然面试的时间会拖长一些，但能较好地保证面试结果的质量。此外，不妨在面试记录本上列出要点大纲，如要问的问题、应聘者的回答、观察到的情况及分析结论等。

6．用最优秀的人，而不是最适合职位的人

在面试时不考虑职位要求，而选择能力最强的人，并且为了符合应聘者的能力，把职位提高至超出本来的要求，这样会导致应聘者因资历过高而最终厌倦或离开。

这是招聘人员普遍存在的心理状态——“招个最好的”。有些公司的前台都要求“英语专业本科以上学历”，其实这家公司基本上没有海外客户。因此，在招聘时，招聘人员要严格“按需求人”，寻找最合适的人选。

7．招聘人员说话过多

有些招聘人员在面试时用过多的时间来宣传公司或职位，不认真地评估应聘者的技能。这样很容易掉进片面印象的陷阱，而忽视了应聘者的反应。应该适当地分配面试时间，用35～40分钟做详细的面试，其中5～10分钟用来介绍公司和职位的情况。

招聘人员最重要的面试技巧是“倾听”。如果招聘人员特别想说话，不妨多说一些问句，引导应聘者开口去表现。记住，在面试现场，招聘人员不要总想当演员，要做观众，应聘者才是演员。

8．提问“隐私性”问题

与年龄、性别、婚姻、种族或宗教有关的问题，有可能被看作对应聘者的歧视。所提的问题应与这项工作所需的能力有关，如是否可以加班或出差等。

牢记哪些是会让应聘者感到尴尬的问题，就可以避免这种情况的出现。

其他一些需要避免的，还有我们在心理学方面常提及的刻板印象、晕轮效应、第一印象等。

小资料

华为的面试流程

华为的面试极具神秘感，常见的面试有5次（轮）。

一面：技术面。应聘者与面试考官一对一面谈，主要依据简历提问。应聘者先介绍自己，再由面试考官提问，应聘者回答。

二面：小组面。面试考官出题，5分钟书面答题，15分钟小组讨论，并将小组的结论写在白板上，小组辩论，面试考官提问。

三面：心理测试。采用选择题，单选或多选形式，主要测试应聘者心理是否健康、承压能力和测谎等。

四面：英语测试。各个职位的题型不同、难易不同，有口语和专业术语，针对海外及技术研发类职位的题目较难。

五面：最终面。也称“Boss面”，由用人部门主管亲自面试，时间约30分钟。

第四节　其他甄选方式

除了面试之外，常见的、经典的甄选方式还有以下几种。

一、简历筛选

对应聘者进行最初筛选是通过简历或让应聘者填写一份申请表来完成的。由于不同的求职者制作的简历差异很大，不利于筛选和比较。因此，越来越多的企业都会制作《应聘人员登记表》（见表 4-4），让应聘者填写。其好处是既可以得到所需的信息，还可以提高筛选效率。

二、笔试

笔试是指应聘者按统一时间、统一地点、统一要求，通过纸笔的形式完成测试题，招聘人员按统一评分标准评判应聘者所掌握的知识数量、知识结构与知识程度的一种方法。笔试可以广泛应用于招聘的初级筛选阶段，其优点是：花费时间少、效率高、成本低，对应聘者的知识、技术、能力的考察信度和效度较高，成绩评价比较客观。笔试的缺点是：不能全面直接地考察应聘者的工作态度、价值观及一些隐性能力。

1. 试题编制的原则

笔试试题包括主观性试题，如简答题、论述题、名词解释、作文题、案例分析题等；也包括客观性试题，如选择题、判断题、填空题、搭配题等。在编制试题时应遵守以下原则：

（1）符合目标原则　明确笔试的目标是什么，并确保笔试设计的试题都紧紧围绕要测试的目标，实现试题的针对性和有效性。

（2）综合运用原则　在笔试中，可以综合运用各种知识考试的类型，如试卷中可以包含百科知识、专业知识、安全知识等，以便在较短时间里全面掌握应聘者的情况。

（3）重视运用原则　笔试应与职位职责的要求结合起来，充分体现知识在工作中的实际运用能力，尽可能使用案例分析及方案设计等题目。

（4）难易适中原则　试题的难易应该适中，确保较好的区分度，防止出现“天花板效应”和“地板效应”。

2. 笔试的实施程序

笔试的实施程序包括成立笔试小组、试卷命题、组织笔试、试卷评阅、公布成绩等多个环节。

三、心理测验

心理测验是根据一定的法则和心理学原理，使用一定的操作程序将人的认知、行为、情感的心理活动予以量化。心理测验主要包括智力测验、职业兴趣测验、能力倾向测验、人格测验等。

1. 智力测验

智力测验是对人们的感觉与思维能力，包括记忆、推理、观点表达能力等方面的测验。它是通过测量来衡量人的智力水平的一种方法。常用智力测验有瑞文推理测验、韦克斯勒智力量表等。

2．职业兴趣测验

职业兴趣测验是心理测验的一种，它可以发现一个人最感兴趣并最可能从中得到满足的工作是什么。该测验是将个人兴趣与那些在某项工作中较成功的员工的兴趣进行比较，用于了解一个人的兴趣方向以及兴趣序列的一项测试。常见的职业兴趣测验有霍兰德职业兴趣测试、斯特朗职业兴趣量表等。

3．能力倾向测验

能力倾向是指一个人经过一定训练或置于适当的环境下，完成某项任务的可能性和水平，也可视为有效地进行某类特定活动所必须具备的潜在的特殊能力和素质。个人的能力倾向有特点，人与人之间的能力倾向有差异。能力倾向测验即是测量能力倾向特点和差异的手段之一。它可以预测人在一定职业领域中成功的可能性，也可用来筛选出在该领域中没有成功可能性的个体，可广泛应用于人才发现和员工考核等领域。能力倾向测验包括一般能力倾向测验、特殊职业能力测验、创造力测验、心理运动机能测验等。

4．人格测验

人格主要是指个体所具有的、与他人相区别的、独特而稳定的思维方式和行为风格。它是一个人整体的精神面貌，是具有一定倾向性和比较稳定的心理特征的总和。在企业招聘的过程中，运用人格测验可以将具有与组织匹配的人格特点的人留在组织内，这样可以确保组织的高效良性运转和人员的相对稳定性。常见的人格测验有卡特尔 16 种个性因素测验、MBTI 职业性格测试、“大五”人格测试等。

小资料

卡特尔 16 种个性因素测试

性格是指一个人在生活中形成的、对现实的、稳定的态度和行为方式。研究表明，性格影响着一个人的职业取向，由于性格的不同，每个人对工作和职业的态度也是不同的。一定的性格必然适合从事一定的职业。关于性格的测量表有很多，其中卡特尔 16 种个性因素测验（简称 16PF）是最著名而有效的量表之一。它是美国伊利诺伊州立大学人格及能力测验研究所的卡特尔教授于 1949 年编制的，后几经修订，形成若干版本。16PF 适用于 16 岁以上的青年人及成年人。经我国有关专家试用认为，16PF 有较高信度和效度，最高信度达 0.92；效度方面，测验结果表明各因素之间的相关系数较低。16PF 确定了 16 种人格特征，并据此编制人格量表，这 16 种因素的名称及符号是：

A 乐群性	B 聪慧性	C 稳定性	E 恃强性
F 兴奋性	G 有恒性	H 敢为性	I 敏感性
L 怀疑性	M 幻想性	N 世故性	O 忧虑性
Q1 变革性	Q2 独立性	Q3 自律性	Q4 紧张性

四、评价中心技术

1．评价中心技术的含义

评价中心技术，也称为管理评价中心技术，是由多位招聘人员根据特定的目的与标准，采用多种主客观评价方法，对应聘者各种能力进行评价的过程。其特点是通过情景模拟的方法对应聘者进行评价。

2．评价中心技术的特点

（1）综合性　评价中心技术采取了多种测评手段，综合各种测评手段的优点，从不同的角度对应聘者进行观察。

（2）模拟性　评价中心技术可对与工作相关的情景进行模拟。

（3）可靠性　多个招聘人员，多种测评方法。

（4）动态性　情景模拟中不断发出各种随机变化的信息，应聘者要根据变化的信息做出决策。

（5）预测性　兼有测评（预测）与培训的功能。

3．评价中心技术的主要方法

（1）公文筐测验　公文筐测验要求应聘者扮演某一管理者或领导者的角色，处理一系列信函或文稿，包括通知、报告、电话记录、办公室的备忘录等，这些文件的内容是根据应聘者拟任职位的要求而设计的。由于文件通常都放在办公工作的文件筐内，所以称为公文筐测验。

公文一般由文件、信件、备忘录、上级指示的电话记录、报告等组成。应聘者根据自己的经验、知识能力、性格、风格，对10～30份文件做出处理，比如做出决定、要求合作、撰写回信和报告、制订计划及组织和安排工作等。公文筐测验适用于中、高级管理者，可以帮助企业选拔优秀的管理人才或考核现有管理者。尤其适合于测试应聘者的敏感性、工作主动性、独立性、组织与规划能力、合作精神、控制能力、分析能力、判断能力和决策能力等。

（2）无领导小组讨论　无领导小组讨论是指将一定数目的应聘者组成一组（5～9人），进行一小时左右的与工作有关问题的讨论，讨论过程中不指定谁是领导，也不指定应聘者应坐的位置，让应聘者自行安排，招聘人员来观测应聘者的组织协调能力、口头表达能力、辩论说服能力等各方面的能力和素质是否达到拟任职位的要求，以及自信程度、进取心、情绪稳定性、反应灵活性等个性特点是否符合拟任职位的团队气氛，由此来综合评价应聘者之间的差别。无领导小组讨论的题目形式有：开放式问题、两难问题（争议问题）、多项选择问题（排序问题）、操作性问题、资源争夺问题等。

（3）角色扮演　角色扮演是在一个精心设计的管理情景中，让应聘者扮演一个特定的管理角色，来处理日常管理问题，并据此了解应聘者心理素质和潜在能力。要提高评价的准确性，管理情景的设计是关键，情景中的人际矛盾与冲突必须达到一定的复杂程度，使得应聘者只能按其习惯的方式行动，降低伪装的可能性。

（4）管理游戏　管理游戏是指设计一定的情景，分给应聘小组一定的任务，由他们共同完成，如购买、搬运等，或者在几个小组之间进行模拟竞争以评价应聘者的合作精神、领导能力、计划能力、决策能力等，是对多种能力的一种评价方法。管理游戏一般具有较强趣味性，但设计的工作量较大；管理游戏一般具有较好的信度和效度。

（5）即兴发言　给应聘者一个题目，让其稍做准备，即席发言，以了解应聘者的反应理解能力、语言表达能力、言谈举止、风度气质和思维方式等。

五、甄选方案策划举例

前面我们介绍了多种招聘面试的方法，具体到招聘工作时，到底使用哪几种，应综合考虑适用性、成本等因素。下面我们以招聘一名大客户销售经理为例，探讨如何做素质测评。

首先，招聘人员在招聘前应仔细阅读拟招聘职位的《职位说明书》，以及该职位所需的素质模型。然后，招聘人员从收到的简历中，筛选出20人做甄选测评。

第一回合：测试

准备工作：人格测验、职业性向测试等问卷，笔，安静的测试环境。

过程：在规定时间内完成问卷。

目的：考察应聘者的个性特征、职业性向等。

测试后，招聘人员应将每位应聘者的测试结论与其简历放在一起，作为其应聘档案，以备在后续的测评环节中翻阅。

第二回合：即席演讲

准备工作：准备若干小纸条，字朝内折叠好。每张纸条上有一个演讲题目，比如，请谈谈你未来5年内的设想。

过程：请每位应聘者抽取一个题目，准备1～2分钟，然后开始就题目内容演讲，限时3分钟。

目的：考察应聘者的反应能力、语言表达能力、仪态仪表等。

第三回合：团队组建

分组可以有多种方式，可结合当时的条件灵活运用。

准备工作：一些写着数字的小纸条，字朝内折叠好。

过程：请大家随意抽取纸条，持有相同数字纸条的即为同一组。在找同组成员环节，可设置一些障碍，如不得发出声音等，以此来观察应聘者的表现。同组成员聚齐后，可安排小组成员画队徽、创作队歌等。

目的：考察应聘者的沟通能力、团队合作精神，以及有无绘画、唱歌、表演等才能等。

第四回合：无领导小组讨论

准备工作：准备一个议题，请应聘者一起讨论。例如，假设你们是一家空调企业的销售主管，负责北方地区的空调销售工作。但今年夏天很凉爽，销售面临很大的压力，你们计划如何改善这种局面？

过程：招聘人员把握讨论时间，观察每位应聘者在讨论时的表现。

目的：考察在讨论过程中，应聘者的倾听能力、沟通能力、逻辑思维能力、合作意识等。

经过以上四个回合，招聘人员可以根据应聘者的表现，优选其中三分之一左右的人选，进行后续测评。

第五回合：结构化面试

准备工作：准备面试提纲。

过程：根据面试提纲提问。

目的：更详细地考察应聘者的素质。

第六回合：角色扮演

准备工作：请应聘者一人扮演客户，一人扮演销售经理，现场模拟一次销售过程，5分钟准备时间。

目的：考察应聘者的工作状态、职位胜任力。

以上我们举了素质测评的例子，在实际招聘工作中，我们可以尝试用多种测评方式对应聘者进行考察，以期从多个层面了解应聘者，保证招聘成功率。

简单地说，招聘甄选工作过程可以概括为三句话：听听他是怎么说的（结构化面试）；看看他是怎么表现的（角色扮演、公文筐测验、无领导小组讨论、即席演讲等）；测测他的底子是怎样的（笔试、人格测验、职业性向测试等）。

第五节 录用与评估

一、录用

录用是指对应聘者进行一系列考核测评之后，对应聘者的情况得出一个全面、客观的评价结果，并根据评价结果做出录用决策的过程。录用决策的确定要对照预先设定的职位录用标准，选择最合适的人员予以录用。人员录用标准包括以职位为标准和以人员为标准两类，前者是指按职位要求选择最合适的人选；后者是指将人员安置到最合适的职位上。

1．录用的原则

（1）人岗匹配原则　人岗匹配要求按照“岗得其人”“人适其岗”的原则，强调人员与职位的匹配程度。如果把一个人放在一个不合适的职位上，会给企业造成巨大损失。因此，在人员录用过程中应坚持以职位需要为出发点，根据职位对任职者的要求来选择人员。

（2）平等竞争原则　企业在人员录用过程中应坚持平等、公平、公正、公开的原则，对所有求职者一视同仁，严格按照合格标准进行招聘考核。

（3）德才兼备原则　企业选择录用的人员，应是德才兼备的人才。有德无才是庸人，有才无德是小人。在录用时要全面衡量，确保选用德才兼备的合格人才。

2．录用前的准备工作

（1）背景调查　背景调查又称为参考调查，简称“背调”，是指用人单位通过各种正常的、符合法律法规的方法和途径，搜索相关信息来核实外部求职者提供的个人资料真伪的行为。通过背景调查，企业可以证实求职者的真实身份、受教育背景、职业生涯状况、原薪资情况、离职原因、家庭情况、有没有犯罪记录以及确认用人单位根据面试等方式形成的关于求职者能力、性格、品质等的评价。

（2）入职体检　体检是委托医院进行的，其主要目的有：一方面，检查应聘者是否患有严重疾病；另一方面，判断应聘者的身体状况是否能适应工作要求。在正式录用之前对拟录用员工进行体检，将体检结果作为录用决策的一个环节。

3．录用决策的程序

（1）确定录用决策小组成员　录用决策人员一般应包括直接负责考察应聘者工作表现的人、将来会与应聘者共事的人（如部门的同事和主管），但人数要做相应限制。在做出录用决策时，可以根据事先确定的录用标准和企业实际情况灵活掌握，确定适合企业相应职位的优秀人才。

（2）做出录用决策　企业根据职位的要求，运用面试、心理测试和评价中心技术等多种方法对职位候选人进行甄选评价后，就得到了关于他们的职位胜任情况的信息，根据这些信息，以及背景调查和体检相关信息就可以做出录用决策。

（3）审批拟录用决策　对于拟录用的人选，需要经过企业审批程序，填写录用审批表，再由人力资源部门留存备查，审批程序根据企业的具体情况制定。

（4）撰写录用与辞谢通知　录用通知有信函通知和电话通知两种形式，向多名被录用者发送录用通知时，要以相同的方式通知。在录用通知书中，要向被录用者说明其被聘用的职位、所属部门、报到时间、报到地点、报到时所需准备的材料及报到流程，最好通过附录提供到达报到地点的详细路线和其他有关说明。另外，在录用通知的措辞中，还要说明新员工加入企业以及他（或她）的到来对企业发展的重要意义等信息，表明企业对人才的重视。

小资料

录用通知示例

________先生/女士：

经过层层选拔，您已被我公司________职位确定录用。欢迎您的加盟，请您仔细阅读以下内容，按要求备齐相关资料，在规定时间到我公司人力资源部办理入职手续。

一、需准备及提交的资料

1）近期（一年内）白底一英寸照片八张。

2）身份证、毕业证、学历证、学位证（如有）、职称证或职业资格证（如有）等有效证件的原件、复印件（人力资源部验证后归还原件并留取复印件）。

3）近期（三个月内）体检合格证明（须由三甲医院出具）。

4）中国建设银行的银行卡原件、复印件（须本人签名）。

5）最后任职公司的离职证明（必须提供，应届生除外）。

二、入职办理

1）入职办理时间：______年______月______日 10：00—12：00 时。

2）办理地点：北京市朝阳区________大厦________公司人力资源部。

3）提示说明：提供的资料不齐全或虚假者不予办理入职手续。

4）薪资（以下描述包含绩效薪资在内，为税前薪资）：

试用期薪资 5 600 元/月，转正薪资 7 000 元/月（该薪资由若干薪资结构组合而成）。

5）公司提供免费食宿（个人需承担宿舍的水电费），个人用品自理。

请务必先到公司人力资源部报到并办理手续，未在公司人力资源部办理入职手续者，不得直接前往用人部门上岗，违反者公司将不予录用且不承担任何补偿费用。

__________公司人力资源部

年　　月　　日

对于未被录用的应聘者，也应该公平对待，同样应该以统一的方式通知。在辞谢通知的措辞中，应该做到简洁、坦诚、礼貌、感谢，又不缺乏对应聘者的鼓励性言语。

小资料

辞谢通知示例

________先生/女士：

我是________公司人力资源部，首先感谢您参加我公司_________职位的面试，经过综合考虑和整体衡量，非常遗憾地通知您，您的情况和我公司的职位需求不太吻合。鉴于您在面试中的表现，已将您的简历纳入我公司的人才储备库，希望今后能有机会与您共事！再次感谢您对我公司的信任与支持，祝您一切顺利。

__________公司人力资源部

年　　月　　日

二、评估

招聘评估是指通过核算和分析各种考核指标发现招聘过程中的优点和不足，总结招聘中的经验与教训，从而不断改进企业的招聘工作。一般每季度都需要对招聘工作进行评估。

1. 招聘评估的意义

（1）有助于改进招聘工作质量　通过对招聘到岗率、招聘周期等进行评估，把握招聘工作质量，发现招聘工作中存在的问题；通过分析应聘人员数量、质量，了解人才市场中人才质、量、薪酬福利等情况，有助于有的放矢地开展招聘工作。

（2）有助于人力资源整体工作的改进　人力资源管理是个系统工程。通过分析试用期流失率，可以分析人力资源管理的各个环节是否存在问题，有助于人力资源管理系统的整体改进。

（3）有助于节省管理费用　通过分析招聘成本，并与行业标杆企业、往年数据做比较，树立成本意识，有助于节省管理费用。

2. 招聘评估的内容

通常，企业主要从招聘成本、录用人员、招募渠道效益和甄选方法成效4个方面评估招聘工作。

（1）招聘成本评估　招聘成本评估是指对招聘过程中的招聘人员的工资、福利、加班费和招聘业务费进行调查、核实，并对照预算进行评价的过程。招聘成本通常以录用员工的单位成本来评估：

录用员工单位成本=总经费（元）/录用人数（人）

招聘人数越多、录用员工质量越高、花费成本越少，则招聘效率就越高。

（2）录用人员评估　录用人员评估是指根据招聘计划对录用人员的质量和数量进行评价的过程。通常评估指标有：

1）录用比=（录用人数÷应聘人数）×100%。录用比越小，相对来说，录用者的素质越高；反之，则可能录用者的素质越低。

2）应聘比=（应聘人数÷计划招聘人数）×100%。应聘比越大，说明招聘信息发布的效果越好，同时说明录用人员的素质可能较高。

3）录用成功比=（录用人数÷计划招聘人数）×100%。录用成功比等于或大于100%，则说明在数量上全面或超额完成招聘计划，且可能录用人员的素质较高；反之，则未能完成招聘计划。

（3）招募渠道效益评估　招募渠道效益评估是为了评估不同渠道的效益情况，从而为今后的招聘工作提供现实依据。通常，招募渠道效益评估有以下两个指标：

1）某招募渠道录用人员单位成本=某种渠道的花费÷该渠道录用人数。

2）某招募渠道录用成功比=某招募渠道录用人数÷录用总人数×100%。

某招募渠道的录用人员单位成本越小，录用成功比越大，则说明该渠道的效益越好；反之，录用人员单位成本越大，录用成功比例越小，则说明该渠道的效益越差。

企业在应用各类招募渠道进行招聘时，每过一段时间，最好每隔一个季度、半年，对招募渠道进行一次评估，以选择本企业最合适的招募渠道。《招募渠道评估表》见表4-11。

表4-11　招募渠道评估表

部门：　　　　处（科）：　　　　招聘职位：

招聘渠道	实付费用	收到的申请信	每封申请信的成本	不合适的申请人	每一名不合适的申请人成本	合适的申请人	每一名合适的申请人的成本

备注：

制表人：　　　　年　月　日

（4）甄选方法成效评估　甄选方法的成效可以从信度和效度两个方面来评估。信度是指系列测评所得结果的稳定性与一致性的高低。应聘者在多次接受同一测评或有关测评时，其得分应该是相同或相近的，因为个体的个性、兴趣、技能、能力等素质，在一定时间内是相对稳定的。如果通过某项测评，没有得到相对稳定而一致的结果，则说明测评的信度不高。效度是指甄选方法真正测评到的品质与想要测评的品质的符合程度。甄选中有效的招聘方法能够正确预测应聘者未来的工作业绩，即甄选结果与以后的工作绩效考评得分是密切相关的。

小资料

应聘者对招聘工作的评估

应聘者是企业招聘过程的全程参与者，由于身份和地位的差别，他们对招聘效果有着不同的看法。因此，招聘结束后，对录用的应聘者和没被录用的应聘者进行调研，了解他们对企业招聘有效性和科学性的看法，很有必要。一般来说，可以对应聘者进行以下两个方面的调研：

（1）招聘工作的有效性　即企业招聘信息的发布、招聘活动的组织、面试结果的公布、招聘活动的善后处理是否及时和合理。

（2）选拔程序的合理性　各考核、测验项目的组合和前后施测顺序是否科学，有无缺憾；选拔过程是否公正；是否尊重应聘者；招聘联系人、面试考官的能力和素质是否合格等。

本章小结

招聘是组织为了生存和发展的需要，根据组织人力资源规划，以及职位分析得到的对人力资源的数量和质量的要求，通过信息发布和科学甄选，获得所需合格人才，并安排他们到相应职位上工作的过程。招聘的目的是以最低投入招到最合适的人，实现组织最佳的人岗匹配。

首先，我们要明确招聘的五大原则：合法平等原则、能岗匹配原则、文化匹配原则、着眼于战略和未来的原则、重视职业素养和道德品质原则。掌握招聘程序中招募、甄选、录用和评估四大阶段中需要完成的主要工作和任务。

其次，我们要能够根据职位的特征选择合适的招募渠道，能够根据职位说明书撰写规范、有吸引力的招聘启事。

再次，熟悉面试、笔试、心理测验、评价中心技术等各种甄选技术，能够根据职位特征选择合适的甄选方法对应聘者进行有效的评价。具体包括：

1）听听他是怎么说的。即结构化面试，招聘人员要事先拟好招聘提纲，面试中注意倾听和观察，并避免进入一些误区，如刻板印象等。

2）看看他是怎么表现的。即用演讲、无领导小组讨论、公文处理、角色扮演法等，试图再现应聘者在实际工作中的表现，为求对其适岗性做出客观评价。

3）测测他的底子是怎样的。即对应聘者施行智力、人格、职业兴趣等方面的测验，从而探查出其职业兴趣倾向、领导风格等。

然后，能够根据职位特征的要求，结合甄选的结果，以及背景调查和体检相关信息做出合理的录用决策。

最后，了解招聘评估的内容和方法，可以从招聘的数量、质量、成本等方面进行总结、评价，以不断完善招聘工作，为组织业务的持续发展起到应有作用。

复习思考题

一、单选题

1. 招聘的目的不是选拔和录用最优秀的人员，而是要招聘到最适合企业的人员，符合这一要求的是（　　）。

A. 合法平等原则　　　　B. 能岗匹配原则

C. 文化匹配原则　　D. 着眼于战略和未来的原则

2. 企业拟招聘大批初级技术人员，最适合的招募渠道是（　　）。
A. 猎头公司　　B. 校园招聘
C. 职业中介机构　　D. 熟人推荐

3. 下列面试，不需要提前准备面试提纲的是（　　）。
A. 非结构化面试　　B. 结构化面试
C. 半结构化面试　　D. 行为面试

4. 面试不能够考核应聘者的（　　）。
A. 交流能力　　B. 科研能力
C. 衣着外貌　　D. 风度气质

5. 下列内容不属于录用决策依据的是（　　）。
A. 婚姻状况　　B. 心理测验结果
C. 体检结果　　D. 背景调查结果

二、多选题

1. 招聘工作的开展有两个前提（　　）。
A. 人力资源规划　　B. 工作分析
C. 招聘计划　　D. 职位评价

2. 招聘的程序大致可以分为（　　）阶段。
A. 招募　　B. 甄选　　C. 录用　　D. 评估

3. 发布招聘启事时，必须包括的信息有（　　）。
A. 职位薪酬　　B. 职位名称
C. 任职资格　　D. 职位职责

4. 面试时，招聘人员与应聘者面试时，以下选项正确的有（　　）。
A. 与应聘者一起交流一下他的爱好
B. 准备好面试提纲
C. 注意倾听
D. 招聘人员应尽可能少地观察应聘者，免得对方紧张

5. 在对高层管理人员面试时，宜选用的测评方法有（　　）。
A. 公文筐测试　　B. 无领导小组讨论
C. 业务知识笔试　　D. 角色扮演

三、案例分析

匆忙上阵的招聘人员

一天早上，销售部的小王正专注于自己的工作，人力资源部的电话匆匆将他叫到会议室，让他参与销售人员的招聘面试工作。由于小王事先对此一无所知，所以在面试过程中，他总是不断翻阅应聘者的资料，低头阅读简历，然后提出相关问题。一名应聘者结束，小王又忙于了解下一名应聘者的情况。就这样，一上午过去了，6 名应聘者的面试结束了，小王的任务也完成了。

问题：

1. 是什么原因造成上述面试局面？

2. 在一个有效的面试中，小王应该怎样做？如何避免这样的事件发生？

四、实训项目

模拟面试

项目训练内容：

1. 由3～5名学生成立一家虚拟公司，设置招聘职位，撰写招聘启事，其他同学作为应聘者提供3～5份简历进行应聘。

2. 由组成虚拟公司的学生扮演企业招聘人员，其余学生扮演应聘者，进行面试，再由2～3名学生担任“观察者”。

3. 招聘小组负责设计面试题、选择面试类型、组织面试过程，并实施面试。

4. 应聘者根据给出的材料扮演自己的角色。

5. “观察者”观察面试的全过程，并对招聘人员和应聘者进行点评。

6. 推荐一组招聘人员和应聘者上台，向全班同学进行表演。

7. 同学们进行评价。

8. 教师综合点评。

第五章　培训与开发

知识目标

- ✧ 掌握培训的战略背景、目标和意义。
- ✧ 掌握培训的原则与分类。
- ✧ 理解培训的管理过程模型。

技能目标

- ✧ 能针对不同层级、职位类别的员工采用适当的培训需求分析方法。
- ✧ 能够合理选择培训方法和有效的培训评估手段。

引导案例

一次“有意思”的培训

C公司是一家民营小型房地产开发公司，李红是C公司人力资源部的经理。近年来，我国政府出台了一系列房地产调控举措，结束了房地产公司的暴利时代。房地产的销售越发困难，C公司总经理杨庆感到压力很大。员工们销售业绩较差，影响到其绩效奖励，收入锐减，员工士气低落，个别骨干员工甚至提出了离职。

杨庆认为必须调动大家的积极性，提升员工士气。杨总认为既然是“人”出了问题，就必须由人力资源部来解决，因此他让李红尽快为全体销售人员组织一次关于“如何树立积极心态”的培训，旨在帮助员工减轻心理压力，树立积极心态，提升个人绩效。

李红在网上查阅了很多此类培训的开课信息，经过综合比较后，选中了一家培训公司的方老师来给销售人员做培训。此次培训历时两天，培训中穿插了舞蹈减压、冥想减压和团队游戏等培训方式，两天的培训很快就过去了。李红在培训后征求大家对培训的看法，大家普遍认为“很有意思”“很开心”。培训后，大家又回到了各自的工作岗位。三个月过去了，销售人员的业绩并未得到改善。杨总和李红都很纳闷：培训没有用吗？

案例分析

首先，培训作为人力资源管理的重要职能，具有激励员工、提升员工知识及技能水平，改善工作态度、形成行为习惯的重要作用。可以说，组织没有培训万万不能，然而，培训又不是万能的。当组织出现管理问题时，并不全是可以通过培训解决的。

其次，培训管理需要循着培训管理过程模型来进行，即按照培训需求分析和培训计划、培训实施、培训成果转换和培训效果评估这一流程来完成。在C企业的组织培训中，李红注意到了应调动大家参训的积极性，这点是值得肯定的。但她忽视了对受训人员和受训人员的直接上级进行调研，以获得培训需求信息，而只是与杨总进行了相关交流。后续的培训成果转换和培效果评估也没有做到位。

最后，组织的培训活动应成为培训体系，不能头痛医头、脚痛医脚，这样才能体现培训的价值。

第一节　培训的战略背景

人才是组织的核心。对组织的领导来说，寻才、选才、育才、用才和成才绝对是最重要的一项任务——正如曾任通用电气公司首席执行官的杰克·韦尔奇（Jack Welch）所言，每位领导人首先应该是一位人力资源专家。但对绝大多数人来说，“育才”既艰难，又费时费钱，而且风险还高，一方面管理者都意识到培育人才的重要性，另一方面又缺乏系统而实用的教育、培训和资源。

本章将为从事组织人力资源管理的人员提供一个系统、完整的企业职业培训理论框架以及实用的、具有可操作性的工具。

一、培训的定义及战略目标

（一）培训的定义

培训是指企业向员工传授其完成本职工作、提高工作能力所必须掌握的各种知识和能力（如与工作相关的知识、技能、价值观念、行为规范等）的过程。培训就是为企业利益而有组织地提高员工工作绩效的行为。

（二）培训的战略目标

培训的最终目的是使员工更好地胜任工作，进而提高企业的生产力和竞争力，从而实现企业发展与个人发展的统一。

培训的战略意义体现在通过培训增进员工的知识和能力，以满足企业目前和将来的人力资源需求，强调培训对企业长期发展的作用。

同时，企业培训不仅是提升员工技能与能力的手段，更是深化企业发展、推行企业管理行为与组织企业文化实践的重要内容。因此，我们应该从企业战略目标来看待培训的目的、意义和作用，换句话说，企业的战略目标决定了培训的需求、对象、内容、方式方法以及最后如何衡量培训的有效性。

现在，培训在企业绩效管理过程中起到了很大的作用。通过绩效管理发现员工的绩效差距，通过培训丰富员工的业务知识、提升其业务能力、改善其工作态度，进而帮助员工达成更好的绩效，也有助于企业提升组织绩效。

二、培训的战略意义

培训的战略意义主要体现在以下 3 个方面：

（一）培训对企业发展的意义

（1）培训可以促进企业的发展　培训的重要功能是使员工具有更好的工作技能和工作方法，而员工业务素质的提高是实现企业经营业绩的前提。一个竞争力较强的企业必须具有业务过硬的员工队伍和管理能力良好的团队，只有员工整体综合能力不断提升，企业的核心竞争力才能不断增强，所以员工培训是企业发展的动力之一。

（2）培训有利于弘扬企业文化　一个企业的灵魂是企业的优秀文化，企业文化建设对企业的发展具有非常重要的作用，企业的经营理念、发展战略与企业文化密不可分。而弘扬企业文化的主要方法和途径就是对员工进行培训，通过培训使员工对企业文化具有更加深入的认识，使企业精神融入员工的工作方式和行为之中，由此推动企业的发展壮大。

（3）优化企业人才结构　通过培训开发员工的潜能，使企业全面了解员工的特点与优势，将员工合理地进行配置。优化组合人才结构，有利于员工的快速成长，有利于企业工作效率的快速提高，有利于提升企业的竞争力。

（4）增强企业凝聚力　员工在培训中相互接触、相互沟通和了解，加深了彼此的感情，有利于员工之间更好地合作，使员工的归属感更强，可增强企业的凝聚力。

小资料

S 公司的培训理念

S 公司作为世界知名企业，一贯认为人的能力是可以通过教育和不断地培训而提高的，因此 S 公司一直倡导由自己来实施人才的培养和塑造。该公司开展培训活动已有很长一段时间，早期的培训是在制造车间进行的，后来又相继建立了各类专门的培训学校，并配备了专业的培训教师。S 公司旨在通过针对性强的连续培训，提高全体员工的技能和素质，树立创新精神，不断提高企业及个人应对挑战的能力。

经过一段时间的发展，S 公司在国内外拥有 600 多个培训中心、700 多名专业教师和近 3 000 名兼职教师，并设了 50 余个专业。在公司的全体员工中，每年参加各种定期和不定期培训学习的员工多达 15 万人。为此，公司每年投资 6～7 亿元用于培训及购置先进的培训设备。为适应技术进步和管理方式的变化，课程内容每年都有 20%以上的调整，大部分培训项目都是根据公司当前生产、经营和应用技术的需要而具体设置的，其中有很大一部分内容是在生产线上完成的。

通过不断参加企业培训，S 公司的员工逐步提高了自身的能力和素质。这些培训课程涵盖了对业务技能、交流能力和管理能力的综合训练，为员工知识、技能、管理能力的不断更新和提高提供了强有力的保证。同时，有效培训也使企业拥有了大量从事生产、技术研发和综合管理的人才储备，提高了员工管理自己和管理他人的能力，建立了科学严谨的内部机制，增强了企业和员工的执行力和竞争力。由此，S 公司的员工长年保持着高效工作的状态，并从中直接获益。

（二）培训对员工职业生涯不同阶段发展的意义

培训与员工职业生涯发展关系密切，处于不同职业生涯发展阶段的员工，培训的侧重点也不同：

对于新员工的培训，以企业文化和职位技能为主，目的是使员工尽快适应企业，进入工作角色。

对于在岗员工的培训，应结合各类员工的工作绩效、个人职业兴趣、特长等，对影响绩效实现的不足进行查遗补缺式培训，目的是提升工作绩效，使员工的发展目标与企业要求相一致。

无论处于哪个职业发展阶段，员工都需要通过培训来加强和提高自身的职业能力和职业素质。为了满足不断变化的社会环境和企业发展的需要，更重要的是员工自身发展的需要，培训是一条最为有效的途径。

（三）培训与其他人力资源管理模块的协同意义

培训与其他人力资源管理模块关系密切，相辅相成。如图 5-1 所示。

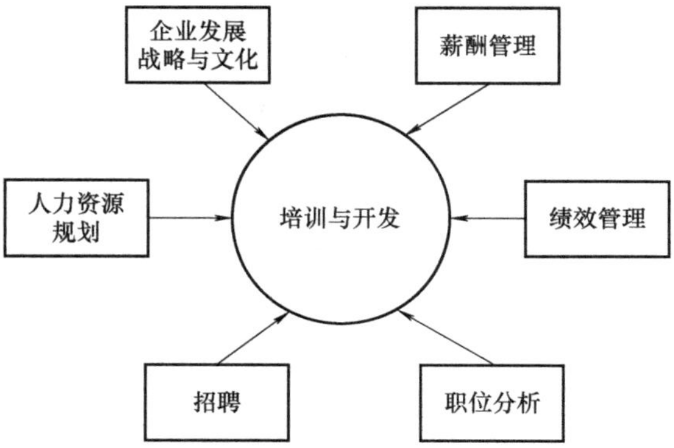

图 5-1　培训与其他人力资源管理模块的关系

第二节　培训原则与培训类型

一、培训的原则

1. 培训目标定位准确

培训的目标要与组织战略目标紧密关联，同时还要与每位员工具体职位的工作需求密切联系起来。企业的战略目标决定了培训的需求、对象、内容、方式方法以及最后如何衡量培训的有效性。

2. 有效体现组织激励与个人价值增值回报

在现代企业中，培训已作为一种有效的激励手段和福利，一些企业在招聘启事中会明确告知：员工将享受到系统培训的待遇，以此来体现企业对人才的重视，体现企业与员工共同成长的价值观。

3. 体现个体差异化学习需求

企业从普通员工到最高决策者，所从事的工作、创造的绩效、能力水平和应当达到的工作标准也不尽相同，所以员工培训应充分考虑培训对象各自的特点，做到因材施教。也就是说，要针对员工的不同文化水平、不同的职务、不同工作特点、不同的发展要求以及其他方面的差异而区别对待。

4. 注重提供实践机会

培训的最终目的是有效提高工作绩效水平。所以，不能仅依靠单一的课堂教学，更要为接受培训的员工提供工作实践或实际操作的机会，使他们通过切身体验，领会要领，真正地掌握工作技巧，以最快的速度提高工作能力。

5. 培训效果反馈的有效性

在培训过程中，要注意培训效果反馈的有效性。反馈的目的与作用在于巩固学习技能、及时纠正错误和偏差。反馈的信息越及时、准确，反馈的办法和手段越量化，培训的效果就越好衡量，对培训的改进就越有针对性。

6. 与员工个人职业发展路径相匹配

员工在培训中所学习和掌握的知识、能力和技能应有利于其个人职业发展。作为一项培训的基本原则，培训目标的设立、培训内容的构成都必须呈现出与职业发展相匹配的阶梯增长性和系统延续性，与员工在企业内部职业生涯发展的路径相吻合，同时也是调动员工参加培训积极性的有效法宝。

7. 培训效果转移

培训效果一定要到今后的工作中去，这一原则尤为重要。如果培训无法在工作中体现出可衡量的工作绩效，对企业来说，它就是一种有风险的投资。公司如何使用那些已经接受培训的员工，如何发挥他们已经掌握的技能，其中最有效的办法是将培训效果与组织绩效评估有效结合，把培训中的关键学习点与今后工作中的重点考核点相挂钩，使培训效果能有效地反馈在工作结果中。

同时，给那些已经接受培训的员工以更合适的工作内容和新的工作挑战机会；对其中确有工作能力、真正优秀的员工，应委以重任，甚至为他们提供进一步晋升的机会，持续地激发他们努力工作的动力。

二、员工培训容易陷入的误区

1. 错误地认为新员工会自然而然地胜任工作

一些错误观念认为：新员工只要随着时间推移，会逐渐适应环境而胜任工作。因此，一些企业忽视对新员工进行培训，这样新员工的成功与否基本上取决于员工本身的适应能力以及所处的小环境。企业不进行新员工培训，或只进行敷衍了事的培训，往往会使新员工在较长时间内很难提高工作绩效，同时往往会使员工缺勤率、离职率居高不下。

2. 流行什么就培训什么

人是不会去做自己认为做不到的事情的。想改变员工的内心愿望、目标、抱负和标准，将员工进一步同化到组织中来，进而使员工的积极性和工作绩效得到提高，这就需要企业有目的、有步骤、系统地进行培训。

3. 认为高层管理者不需要被培训

一些企业的“一把手”错误地认为，培训只是针对基层管理者和员工的，高层管理者不需要培训，其理由是：他们都很忙，他们经验丰富，他们本来就是人才。这种认识危害极大，应该说一个企业高层管理者素质的高低对企业的发展影响最大，因而越是高层管理者，他们参加的培训应越多。

4. 认为应尽量节省培训费用

传统观点认为培训是企业的一项人力资源成本。作为成本，当然应该尽量降低，因此，一些企业在人员培训上的投入是能省则省。现代人力资源开发与管理的理论与实践反复向人们指出，培训是一项回报率极高的投资。在同样条件下，通过培训改善人力资源可能会为企业效益成倍增长提供机会。

5. 培训时重知识、轻技能、忽视态度

一些管理者在培训时往往片面地强调立竿见影，而知识的获得相对较容易，因此出现了“重知识”的误区。知识获取得快，但知识遗忘得相对也快；与知识相比，技能的获取虽然较慢，但一旦掌握了就不易失去；再就是建立正确态度的重要性，一旦态度正确，员工就会自觉地去学习知识、掌握技能，并在工作中运用。所以，正确的观点应该是：在培训中以建立正确的态度为主，重点放在提高技能方面。

三、培训的分类

企业培训可以根据培训对象、培训内容、培训形式、培训手段等不同的标准来划分各种不同的培训类型。

1. 按培训对象划分

一般可分为：新员工培训（包括新员工、转岗员工、待岗员工）、管理者培训、基层员工培训等。

2. 按培训内容划分

一般可分为：知识培训、技能培训、态度和观念培训。知识培训是指对员工拥有的知识进行更新，以满足企业和员工不断发展的需求，如产品知识、财务知识等。技能培训是企业针对职位需要，对员工进行的职位技能培训，包括通用技能培训（如办公技能培训、沟通培训、时间管理培训等）、管理技能培训、专业技能培训（如销售技巧培训、客户服务技巧培训等）。态度和观念培训是企业对员工素质方面的要求，主要有心理素质、工作态度和价值观方面的培训。

3. 按培训形式划分

一般可划分为：在职培训、脱产培训等。在职培训，顾名思义，员工培训期间不离开工作岗位，又可细分为“工作轮换培训”“指导式学习”“行动学习”“企业大学”“经理人教练”等多种培训类型。脱产培训，又称脱岗培训，指员工暂时离开工作岗位接受培训。这类培训注重提高员工的素质和技能，以满足企业和员工未来发展的需要。

4. 按培训手段划分

一般可分为：学徒制培训、讲座、研讨会、远程网络培训、仿真模拟式培训等。

四、常见的培训类型

下面介绍企业经常开展的新员工入职培训、转岗培训和轮岗培训。其中，新员工入职培训尤其被企业所重视，也被称为入职教育、上岗引导活动、上岗培训，是根据员工将要承担的职位任职要求对员工进行的系统培训。新员工入职培训对员工起到明确新工作任职要求的基础性作用，使员工在短时间内尽快适应新职位的要求。

（一）新员工入职培训

新员工入职培训是企业最普遍的一种培训类型，是新员工在通过招聘录用的各筛选环节正式进入企业，并与企业签订劳动合同后所进行的培训。企业通过举办新员工入职培训，使新员工尽快地了解企业的基本情况，明晰企业对新员工的各项要求，尽早融入企业。新员工入职培训的立足点是满足职位的基本要求，不会顾及员工之间的个体差异，所以这类培训具有非个性化培训的特点。

1. 新员工入职培训的内容

新员工入职培训的内容灵活多样，一般包括如下几方面：

（1）企业概况　企业的发展历史、企业的发展战略和目标、企业的行业背景和特点、企业的经营特点和竞争对手、企业的市场区域划分、产品特点、服务理念、企业文化和价值观、行为规范等。

（2）企业制度　包括企业行政、财务及人力资源管理等各种规章制度及各项规定。如员工考勤制度、薪酬制度、员工福利、员工关系、就职合同、保密协议等，以及与员工自身密切相关的加班制度、轮班制度、工作费用报销规定、节日工资标准、发薪方式、纳税方法及安全保障等。

（3）业务知识　结合职位特点，对业务知识和技能、管理实务要进行专项培训。组织各个部门的职能、职位职责，以及相关工作知识、技能也是业务知识培训的重要组成部分。另外，还包括职业基本礼仪和工作基础知识等内容。

（4）员工职业生涯发展规划　使员工明确企业为其设置的职业生涯通道，员工根据自身的情况和将要从事的职位，选择适合自身的发展方向，使员工与企业共同发展。

2. 新员工入职培训的方法

（1）两步法　将新员工培训分为脱产式集训和职位指导两个步骤。脱产式集训是指由人力资源部对全体新员工统一进行培训，如对新员工进行应知应会管理制度的培训、企业文化的宣贯与培训、团队建设的训练等，总之脱产式集训的内容具有通用性的特点，即培训的内容是企业的每一位员工都必须要了解的制度，都要具备的基本办公技能、职业素质等；职位指导是指新员工按照任职要求，在工作指导人、部门经理的指导下，进行有针对性的培训。有的企业，如联想集团，对新员工指导是非常重视的，人力资源部会出台相关制度，保证新员工有专门的工作指导人对其进行培训，帮助新员工更快地进入工作角色、融入企业中，发挥其应有的作用。

（2）三步法　将新员工培训分为脱产式集训、部门培训和工作指导三个步骤。这种培训方法要求各部门承担相应的培训任务，新员工入职后，由部门指定的工作指导人（或导师）对其进行工作指导；同时在部门层面，再对新员工进行更有针对性的业务培训；在试用期内，企业相关部门对全体新员工进行统一的培训。

根据企业的规模和生产特点，可以选择不同的培训方式，具体内容可以结合企业文化进行设计，如会议、讲座、讨论、案例分析等形式。

小资料

英特尔（Intel）公司的新员工入职培训基本上不涉及技术方面的内容，在开始的课程中可能会告诉员工薪金的情况、英特尔公司的基本情况，这个培训历时一个星期，是封闭式培训，也叫新员工整体培训。培训的课程包括：公司的成立过程；整个公司的架构；重点战略部门的架构；很大部分是讲企业文化，5 天的课程可能有两天在讲企业文化；详细介绍公司的发展方向是什么、战略是什么；等等。

英特尔公司还给员工安排了一个执行层（Executive Staff Member，ESM）负责和员工对话。一般，这样的对话安排在新员工入职的 6～9 个月后，由这些高级副总裁来回答新员工们的一些问题。

英特尔公司负责管理新员工的经理会从公司拿到一套资料，这套资料非常明确地告诉这位经理每个月应该教新员工做什么事情，以及如何教。经理对每位新员工的情况都有记录，以保证每位新员工得到相同对待。培训是每位经理主要的工作内容之一，在对经理进行行为评估时，有 30%的权重是看他们在管理员工方面的表现。

每家公司的经理职位数量毕竟有限，不是每名员工都能升任到经理，也不是只有做经理才有晋升机会。如果没有做经理的兴趣，员工也可以通过技能培训去发展自己。

英特尔公司在新员工培训方面有明确的预算；而其他培训基本上是根据需要进行，没有明确的预算。

（二）转岗培训

转岗培训是指对要进行职位转换的员工进行适应新职位要求的培训。

这种培训产生的原因主要有三个方面：第一，由于企业经营规模与方向的变化、生产技术的进步、机构调整等原因，对现有员工的职位进行调整；第二，由于员工不能胜任现在的工作；第三，由于员工某方面的才能或特长受到重视，需要重新安置。

培训方式有与新员工一起参加入职培训、现场一对一指导、参加外部培训、集中定向培训等。

（三）轮岗培训

轮岗培训也叫工作轮换式培训，是企业基于未来发展的要求，对有潜质的管理者培训时常用的一种技术，主要目的是通过让受训者到各个部门去学习，以加深他们对整个企业各个环节工作的了解，也有助于受训者丰富自己的工作经验，强化他们的既有能力，并考验和培养新的潜力，提高其未来目标职位所需的能力，找到适合的管理方式和管理领域。对于刚刚进入企业的人员来说，工作轮换意味着发现自身的职业兴趣所在；而对于为企业高层培养接班人的接任计划来说，工作轮换意味着打通企业业务的各个环节，建立接任者对公司文化和价值观的强烈认同，为其接替更高一级的管理职位而做准备。

小资料

海尔集团的员工培训

海尔集团一直贯彻“以人为本”的人员素质培训思路，建立了一个能够充分激发员工活力的人才培训机制，最大限度地激发每个人的活力，充分开发利用人力资源，从而使企业保持了高速稳定发展。

1. 海尔的价值观念培训

海尔培训工作的原则是“干什么学什么，缺什么补什么，急用先学，立竿见影”。在此前提下，首先是价值观的培训，“什么是对的，什么是错的，什么该干，什么不该干”，这是每位员工在工作中必须首先明确的内容，这也是企业文化的内容。对于企业文化的培训，除了通过海尔的内刊《海尔人》进行大力宣贯以及通过领导干部发挥表率作用之外，重要的是由员工互动培训。目前，海尔在员工文化培训方面进行了丰富多彩、形式多样的培训及文化氛围建设，如“员工的画与话”、猜灯谜、文艺表演、找案例等，用员工自己的漫画、文字、才艺、案例来诠释海尔理念，从而达成理念上的共识。

为调动各级人员参与培训的积极性，海尔集团将培训工作与激励紧密结合。海尔大学每月对各单位培训效果进行动态考核并划分等级，等级与单位负责人的个人月度考核结合在一起，促使单位负责人关心培训、重视培训。

2. 海尔的实战技能培训

（1）强化培训，创造学习机会。海尔为各类人员设计了不同的升迁途径，使员工一进入企业就知道该向哪个方向发展，怎样才能获得成功。海尔还为员工创造各种学习机会，进行以市场为目标的各种形式的培训，以提升员工的能力和素质。

（2）技能培训是海尔培训工作的重点。海尔在进行技能培训时，主要通过案例和现场“即时培训”模式来进行。具体来说，就是抓住实际工作中随时出现的案例（最优事迹或最劣事迹），利用当日下班后的时间立即（不再是原来集中式的培训）在现场进行案例剖析，针对案例反映出的问题或模式，统一人员的动作、观念、技能，然后利用现场看板的形式在一定范围内进行培训学习，并通过提炼将培训的主要内容在集团内刊《海尔人》上进行公开发表、讨论，形成共识。员工能从案例中学到分析问题、解决问题的思路及观念，以此提高员工技能。这种培训方式已在集团内全面实施。

第三节　培训的组织流程

针对一个具体培训项目，培训组织流程包括 4 个阶段：首先，进行培训需求分析，识别特定工作所需要的技能，评估员工技能水平，以及系统地鉴别和分析、确认；其次，制订培训计划，针对受训员工的不足之处制订具体的培训计划，包括培训对象与培训目标、培训讲师、培训内容、培训方法、培训时间与地点等；再次，实施培训，包括培训前的准备工作、培训具体实施、培训结束的收尾工作；最后，评估培训效果，针对不同的培训目标和培训课程，采用不同的评估手段。具体如图 5-2 所示。

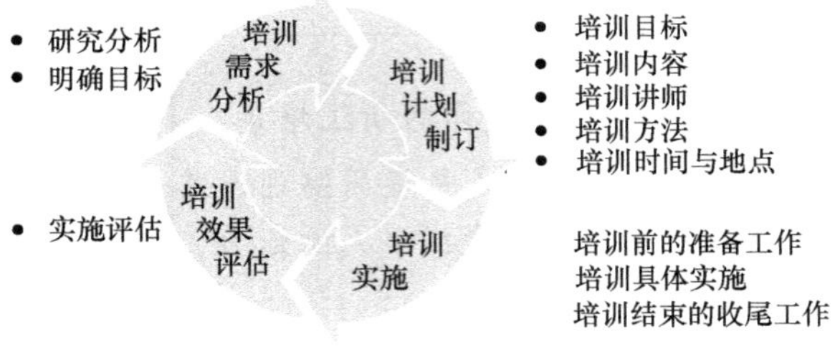

图 5-2　培训组织流程

在上述 4 个阶段中，第 1 阶段培训需求分析和第 4 阶段培训效果评估是培训流程的两个关键阶段。

一、培训需求分析

（一）培训需求分析

培训需求是企业希望员工达到的技能、素质、水平或状态与员工现有的技能、素质、水平或状态之间的差距。培训需求分析是指在规划与设计培训活动前，由培训部门采用各种方法与技术，对组织成员的知识、技能、态度等方面进行系统的鉴别与分析，以确定培训的必要性和培训内容的过程。培训需求分析既是确定培训目标、制订培训计划、有效实施培训的前提，也是培训评估的基础，主要目的是区分哪些是真正的需求，哪些是假象需求，哪些是长期需求，哪些是目前需求，只有进行需求分析才有可能制订科学的培训计划。

培训需求分析主要包括 3 个层面：第一是组织分析，培训最终是为组织目标的实现和战略经营服务的，要依据组织战略和组织目标、结构、内外部文化、政策等要素，了解和分析组织内部存在哪些问题以及产生问题的原因，了解和分析组织战略有哪些变化，以此作为确定培训需求的有效途径，培训需求分析就是为实现企业战略目标对人才的要求而产生的；第二是任务分析，任务分析的结果是将现任员工完成任务所应掌握的知识和所拥有技能的要求，同员工实际的知识和能力比较，进而产生培训需求；第三是人员分析，这个层面是针对员工个人具体情况，结合工作绩效标准要求来分析和确定相应培训需求的，人员分析的重点是评价员工实际绩效以及工作能力。

（二）培训需求调查方法

我们通常可以通过几种方法来识别员工的培训需求，包括：观察员工的工作环境、工作状态；分析员工的绩效数据；与员工直接上级、同事、本人进行访谈，了解其工作胜任情况、工作态度等。常见的培训需求调查方法主要有：观察法、面谈法、测评法、问卷调查法、关键事件法等。各种调查方法比较见表 5-1。

表 5-1 培训需求调查方法的比较

技　术	优　点	缺　点
观察法	信息获得渠道便捷，真实可信 可获取实时信息资料 情景真实，信息可信度高	观察者要具备相当的技能水平 观察效果可能受员工工作内容和场所的影响和限制 被观察员工的行为状态可能受到观察者的影响
面谈法	信息可直接获取 易获得员工的支持 有利于获得被面谈者的真实感受，了解问题所在和找出解决方法	时间消耗多 搜集的资料不易量化，分析难度较大 对面谈者的访谈技巧、应变能力等要求较高
测评法	量表信息具体，科学化程度高，测评结果比较准确 量化程度较高，测评过程可控，结果处理便捷 对于使用者来说，方便省力 量表有相应模板标准，方便进行对比研究	实施定性分析难度较高 变量间的因果关系不易分析到位 易受到非人为因素的影响
问卷调查法	可在短时间内获取大量目标信息，节约时间和经济成本 为被访者提供宽松自然的应答环境 回收信息结果易于归纳、汇总、整理、分析	问卷设计者需要长时间进行问卷的研究和编制工作 问卷在一定程度上限制了被访者表达意见的自由 问卷的回收效果可能不如预期，导致对培训需求的分析结果不够真实、全面
关键事件法	易于分析和总结 能够区分出哪些是培训需求，哪些是管理需求	事件的发生具有一定偶然性，可能影响其真实性

1．面谈法

面谈法是指培训部门员工通过与受访者进行面对面沟通来获取有价值的培训需求信息。面谈的对象可以是各级管理者，也可以是员工。

面谈法主要包括面谈准备、面谈实施、面谈结束 3 个部分，具体为：

（1）面谈准备　首先确定需要哪些信息，其次确定面谈对象，再次列出访谈提纲，最后要预约受访者并提供访谈提纲。面谈提纲中所列问题尽量是开放性问题，问题要具体明确；与受访者预约面谈时间、地点，说明面谈的目的并提供访谈提纲，方便受访者提前准备，提高面谈效率。

（2）面谈实施　一般实施面谈时，培训部门员工首先与受访者建立融洽的关系，介绍面谈目的和程序；其次，提问受访者并对受访者的回答进行回应，做记录；在面谈结束前看受访者有哪些问题需要培训部门员工解答，概括面谈的要点，感谢受访者。

（3）面谈结束　面谈结束后及时整理记录，撰写纪要；总结面谈工作的优势与不足。

2．问卷调查法

问卷调查是以书面提出问题的方式搜集资料的一种调查方法。培训人员将要研究的问题编制成问题调查表，以当面作答或者访谈方式（由调查者代为填写）完成，从而了解受访者对某一现象或问题的看法和意见。

问卷调查法的实施分为5个阶段：

（1）问卷设计及制作　根据调研目的，确定所需要的信息资料；编制问题；将问题排序；问卷测试与完善；审批、定稿。

（2）培训调查者　按照统计要求，对培训人员进行培训，培训内容是调查要求、操作方式和注意要点。

（3）开展调查　受访者按照要求完成调查问卷的填写。

（4）整理问卷　培训人员将问卷回收后整理好，完成调查总结，包括调查时间、发放问卷数量、回收问卷数量等信息。

（5）统计分析　根据调查需要，对问卷结果进行统计分析，得出结论，得到调查结果。

3．关键事件法

关键事件法是由上级主管记录员工平时工作中的关键事件：做得特别好的事件和做得不好的事件。在预定的时间，基于积累的记录，由主管与受访者讨论相关事件。

运用关键事件法，培训人员应记录如下信息：整个事件的概述；了解事件是怎样发生的；发生了什么和为什么发生；检查在事件中该员工承担的角色，做了哪些事情，当时有什么想法；事件的结果如何；该员工在事件中控制和把握能力怎样；员工觉得应该怎样做更好。

在以上信息记录完成后，归纳出职位的主要特征、员工的工作表现情况。

培训需求分析的过程更为复杂，涉及的影响要素也更多，需要判断培训是否是解决难题的有效措施。有时，员工绩效下降可能是因为绩效标准不清晰或者员工激励工作出了问题，而不一定是培训不到位的问题。

（三）明确培训目标

在经过详细的培训需求调查分析后，培训部门要形成确切的培训需求分析结果，具体包括：培训目标、培训对象等。其中，培训对象要界定具体、清晰，如中层管理者或者某类职位任职人员。

判断培训的有效性，是看它能够帮助企业达成“既定目标”的可能性，即在培训项目开始前，能够清楚地界定培训目标，并且培训目标与企业期望的业务收益一致。因此，培训部门需要与业务部门一起，界定期望达成的结果及如何衡量这些结果，并且双方达成共识。在培训需求分析结果确认的过程中，需要参与的人员有管理者、培训管理委员会成员、员工等，以提交需求分析报告和召开会议的方式进行确认。

二、培训计划制订

组织一个具体的培训项目，要先制订培训计划（培训方案），提交审批后执行。培训计划主要包括：培训对象与培训目标、培训内容、培训讲师、培训方法、培训时间和地点、培训经费等。下面重点介绍培训内容、培训机构的选择和培训方法的选择。

（一）培训内容

1．企业文化培训

企业文化培训主要是针对新进入企业的员工而言的，可以看作是对新员工的“岗前培训”或“上岗引导”活动。企业文化培训结合企业文化的构成又分为以下几个层次：

（1）企业文化精神层次的培训　通过观看企业宣传片、参观企业成长展览、参观企业产品展览等方式，了解企业成长历程；请企业先进人物宣讲企业传统，请企业高层管理者向员工讲解、传达企业的使命、愿景和价值观。让新员工清楚地了解：企业宣扬什么，反对什么，员工应以什么样的心态投入到工作中，应以什么样的态度待人接物，怎样看待荣辱得失，怎样成长为一名优秀的员工。

（2）企业文化制度层次的培训　组织新员工认真学习企业的一系列规章制度，以及与生产经营有关的业务制度和行为规范等，与员工切身利益和组织管理密切相关的制度内容尤其要详细介绍，让员工深入、准确地理解相关内容和要求。在学习的基础上，组织新员工讨论和练习，以求正确地理解和自觉地遵守这些行为规范。

（3）企业文化物质层次的培训　让新员工了解企业的内外环境、厂容厂貌，部门和单位的地点和性质，企业主要产品品牌、商标，声誉和含义，以及其反映的企业精神和企业传统。

通过企业文化培训，可使新员工形成与企业文化相一致的心理定势，以便在工作中较快地与企业价值观契合。

2．能力培训

在员工的培训中，能力培训非常重要。一般将员工的能力分为 3 种，即技术能力、人际技能和解决问题能力。

（1）技术能力的培训　就是通过培训提高员工的技术能力，不论是管理者，还是普通员工，都要进行技术能力的培训。来自一个领域的工程师在进入另一领域时，必须接受新领域培训。

（2）人际技能培训　就是通过培训提高人际合作交往能力。几乎所有员工都是某个工作团队中的成员，每个人的工作绩效多多少少都依赖同事的通力合作，这就需要学会理解，学会人际沟通，减少彼此间的冲突。通过培训，在员工之间建立协作精神和以公司为家的集体主义精神。

（3）解决问题能力培训　就是通过培训提高员工发现和解决工作中出现的实际问题的能力。这种培训包括提高逻辑推理能力、找出问题、探讨因果关系以及挑选最佳解决方案等技能的培训。这种能力的培训对于管理者来说尤为重要，是其能力培养的核心。解决问题的能力具体又体现为 7 种素质：发现问题、分清主次、诊断原因、拟定对策、比较权衡、做出决策和贯彻执行。

（二）培训机构的选择

在培训计划中要落实讲师资源，是由企业内部培训师来讲，还是从外面请专业培训机构的培训师来讲，都是培训部门员工要考虑的。员工培训的成功与否与培训讲师有着很大关系。特别是21世纪的员工培训，讲师的任务已不仅仅是传授知识、态度和技能，还应帮助受训者开展职业探索。企业应选择那些表达能力强、理论知识广博、实践经验丰富、培训技能扎实、有教学愿望、热情且受人尊敬的人为培训讲师。

培训机构的选择与企业的规模、培训预算等有很大关系。一般来说，可以有以下几种选择：

1. 企业内部讲师做培训

大中型企业往往设有专门的培训部门，有的企业设有自己的培训学院、员工大学。在很多大型企业中，培训策划、培训课程开发、培训实施等工作会分配给培训部门不同的员工去做，以便让员工有精力把各自模块的工作做得精益求精。

同时，企业出台相应政策，鼓励各级管理者成为企业兼职讲师，将自己实践的体验、收获和感悟开发成课程，与企业内部员工进行分享。管理者在给受训者授课的过程中，实现教学相长，这对其自身的业务技能提升也是大有帮助的。

2. 校企合作

企业与高等院校、技术学校等进行合作，充分利用学校教师的智力优势，为企业培养员工，有的高等院校还可以为员工提供系统的学历教育。

3. 专业培训机构

国内的培训机构可分为以下4种：国外顶尖的大型管理顾问公司在我国各地开设的分支机构；我国台湾、香港地区的管理顾问公司在内地设立的分支机构；国内的民营管理顾问培训公司；我国政府机构、大学、研究部门创办的培训公司或培训机构。

下面对这4类培训机构逐一进行介绍：

（1）国外顶尖的大型管理顾问公司在我国各地开设的分支机构　比如普华永道、安达信、麦肯锡。这种大型管理顾问公司通常会聘请国外资深的讲师，采用国外流行的管理教材，然后向接受培训的单位或个人收取比较高的费用，这是它们的特点。这种培训适用于企业需要提升形象，或者给客户办培训的情况。培训前提是讲师和员工之间没有语言障碍，有些讲师也会配备同声翻译，成本相对就会更高些。如果企业需要提升自己的品牌，且企业规模比较大、资金实力比较雄厚，可以选用这种管理顾问公司进行培训。

（2）我国台湾、香港地区的管理顾问公司在内地的分支机构　选择这些培训机构的好处是培训全程使用汉语，使用的教材也是比较流行的；它们也比较了解内地公司。不足是费用会比较高。

（3）国内民营管理顾问培训公司　在北京，这种管理顾问培训公司就有几千多家。在选择这些机构对企业员工进行培训时，要注意不要去挑选是哪家培训公司，而要去甄别这家培训公司请的讲师是谁。如果培训课程的讲师找对了，无论是哪家公司，都可以去学习。这些培训公司的费用相对较低，且没有语言障碍，所以一些资金实力不是很雄厚的中小型企业可以选择这样的培训机构。

（4）我国政府机构、大学、研究部门创办的培训公司或培训机构　政府机构和知名高校的专家学者一直是培训市场中的热点人物，是决定培训质量的关键因素。因此，一些高校利用自身专家优势，开设各种专业培训，具有核心竞争力。

（三）培训方法的选择

1．企业常用的传统培训方法

传统的培训方法包括课堂学习、自我指导，以及专家传授。技术技能的培训可以利用课堂和专家的指导，具体知识能力可以通过自我指导来提高。企业常用的传统培训方法具体分为以下几种：

（1）讲座和讨论　讲座和讨论的方法一直以来都是培训项目中的主要实施方法，一般指培训讲师向一群受训者进行课堂讲授，并进行互动问答和讨论等。这种方法能够以较低的成本、较少的时间向大量受训者提供某种知识、信息。但由于受训者以单向接受信息为主，受训后是否能将培训内容有效地运用到工作职位中取决于受训者对知识的理解、后续所进行的相关练习等。

（2）案例研究　案例研究是指在培训讲师的引导下，受训者就某个案例进行分析、讨论，各抒己见，最终通过案例学习到某种知识，以培养受训者分析和解决问题的能力。在案例研究中，培训讲师提供一个在实际或虚拟组织中出现的问题，可能是经营中的问题，也可能是人员激励方面的问题等，受训者们可以根据企业所处的环境、目标、人员构成等情况，结合自己的专业知识进行思考、分析，提出解决办法。案例研究中的自我思考和自我发现可以促进受训者对原理有更好的理解和更长时间的记忆，在分析过程中，受训者往往也更乐意投入。

（3）角色扮演　受训者在特定场景中或情境下扮演分派给他们的角色。角色扮演主要运用在人际问题的分析、态度的改变以及人际技能的发展方面。这个方法的使用，会使受训者有许多机会经历许多工作中的问题，锻炼其处于不同角色时的解决问题能力。角色扮演的培训效果取决于受训者是否愿意实际融入角色中，好像在真实的工作环境中一样来表现。

（4）在职培训　员工在企业内通过观察自己的管理者是如何工作的，然后通过模仿他们的行为得到学习。在职培训在以下几个方面很有用处：新员工培训；在引进新技术时提高有经验员工的技能水平；对同一部门或企业内的员工进行跨职能培训；使调动职位或者得到晋升的员工适应新职位。

（5）情景模拟　情景模拟是一种模仿现实工作场景的培训方法。在这种场景下，受训者的决策所产生的结果就是其在工作中做出同类决策所可能产生的后果。这种培训方法可以使得受训者在一种虚拟的环境中看到，他们的决策可能产生的后果，从而可以使受训者练习并掌握生产、管理等方面的技能。在采用情景模拟法时，要注意模拟环境应尽可能与实际工作环境类似。

（6）商业游戏　商业游戏主要用于管理技能的提升，要求受训者积极参与到游戏中，仿照商业的竞争规划进行。受训者在游戏中所做的决策可以涉及各个方面的管理活动：劳动关系问题处理、市场营销、制定财务预算等。游戏多采用团队方式进行，受训者从游戏中学到的内容将以备忘录的形式记录下来，作为自己受训后的收获。

（7）冒险性学习　冒险性学习又叫野外培训或户外培训，注重利用有组织的户外活动来提升团队协作和领导技能。它适用于与团队效率有关的技能，如问题解决、冲突管理、团队熔炼等。

（8）心理测验　心理测验就是利用某些测量工具，通常是某种标准的或专门设计的特殊问卷，让受训者各自填写，来测量他们的行为、心理、认知、态度、价值观等。这种测验与调查可以增强学习的兴趣，而且通过测验结果之间、测验结果与常模进行比较，能帮助受训者更为准确地了解自己，对其提升工作绩效、做好职业生涯规划大有裨益。

2．新兴的培训方法

除了上述企业常用的培训方法，随着信息技术的发展，远程学习、多媒体培训、移动学习、智能化辅导系统等新兴培训技术涌现出来，补充了企业传统培训方法的不足，节省了培训成本。新兴培训方法主要是指以计算机为基础所进行的网上培训和虚拟培训。

新兴的培训方法适用于学员数量极多、工作场地分散、难以匀出空闲时间或需要将学习内容与学员回馈标准化的培训，其优点、不足及应注意的问题见表5-2。

表5-2　新兴培训的优点、不足及应注意的问题

新兴培训的优点	新兴培训的不足	培训时应注意的问题
可减少训练时间 可以提高训练的成效 可以配合学员的空闲时间 可以减少学员的差旅时间与费用 可减少相关昂贵设备的损坏 当学员数量极多时，可降低训练成本	学员需要具备基本的计算机知识 初期发展阶段需投入相当的成本去购买计算机设备 自行开发训练软件需花费一定的时间，且成本较高	准备良好的学习场所与配备齐全的计算机设备 对毫无计算机基础知识的学员要先教授基本的计算机知识 上机前要先研读有关资料，严格按照指定程序进行操作 可配合其他学习方法，将更有成效

应用新技术培训常见的几种类型包括：

（1）计算机辅助培训　计算机辅助培训主要是通过设计一些课程和软件帮助学员自主学习。

（2）多媒体远程培训　多媒体远程培训是指采用了多种媒体手段，利用现代技术将声音、图像传递到各个教学地点，学员一般会在各地专门的教室中接受远在外地的教师的培训。

（3）网络化学习（E-learning）　E-learning课程是一种员工自主式学习课程，员工可随时打开计算机上网，学习那些已经由培训总部设计好的网上培训课程。

（4）虚拟现实培训　虚拟现实培训是使受训者能够看到他们在工作中可能遇到的任何情景，在这个虚拟环境中，受训者能够接触、观看以及进行操作演练。

不同培训方式的特点比较见表 5-3。

表 5-3 不同培训方式的特点比较

比较类别	传统培训	计算机辅助培训	网络化学习	多媒体远程培训
跨地域性	无	无	应用地域范围极广	可在多地同时进行
信息流动	双向	通常为单向	通常为单向	多向
组织形式	正规	松散	松散	较正规
安全性	有交通危险	较安全	较安全	较安全
培训内容	会滞后	及时	及时	及时
技术设备要求	低	中	高	极高
对讲师要求	中等	讲师仅负责答疑解惑	负责答疑解惑	高，同时面对多个培训点和不同培训对象
学员准备性	低	中等	高	高
学员主动性	一般	高	高	高

应该指出的是，随着现代信息技术和计算机应用技术的迅速发展，培训的方法和手段日渐多样、丰富，如远程教育、多媒体技术正广泛应用于培训工作中，它们极大地提高了培训的效率，为更多人创造了接受培训的机会。

三、培训的实施

（一）培训实施的要点

培训实施是员工培训系统的关键环节。在实施员工培训时，要完成许多具体的工作任务。要保证培训的效果与质量，可将实施工作分成 3 个阶段：培训前准备、培训实施过程中、培训收尾，具体要点如下：

1．培训前准备

1）选择和准备培训场所。选择适合的培训场地是确保培训成功的关键。

① 培训场地应具备交通便利、舒适、安静、独立而不受干扰、为受训者提供足够的自由活动的空间等特点。

② 培训场地的布置应注意一些细节：检查空调系统以及临近房间、走廊和建筑物之外的噪声；场地的采光、灯光与培训气氛协调；培训教室选择方形结构，便于受训者看、听和参与讨论；教室的灯光照明适宜；墙壁及地面的颜色要协调；天花板的高度要适宜；桌椅高度适宜；椅子最好有轮子，可旋转、便于移动等；教室电源插座的数量及距离也要适宜，便于受训者使用；墙面、天花板、地面及桌椅的反射等条件都能保持合适的音响清晰度和音量。

③ 注意座位的安排，即应根据学员之间、培训讲师与学员之间的预期交流的特点来布置座位。一般情况下，扇形座位安排对培训十分有效，便于受训者相互交流。当然，也可

根据培训目的与方法来布置教室，如培训主要是为了获取知识，讲座和视听演示为主要培训方法，那么传统教室的座位安排就比较合适。

总之，选择和准备培训场所应以达成培训效果为目的。

2）培训描述。培训描述是有关培训项目的总体信息，包括培训课程名称、目标学员、培训目标、地点、时间、培训方法等，是从培训需求分析中得到的。

3）课程计划。详细的课程计划非常重要，包括培训期间的各种活动及其秩序，以及管理环节。它有助于保持培训活动的连贯性而不论培训讲师是否发生变化；有助于确保培训讲师和受训者了解课程和项目目标。课程计划包括课程名称、学习目的、报告专题、目标听众、培训时间、培训讲师的活动、学员活动和其他必要的活动。

4）准备培训教材。培训教材一般由培训讲师确定。教材有公开出版的、企业内部的、培训公司的以及讲师自编的4种。培训教材应该是对教学内容的概括与总结，包括教学目标、练习、图表、数据以及参考书等。

5）确定培训时间。应确定合适的培训时间，便于员工参加培训，确定何时开始、何时结束、每个培训的周期、培训的总体时间等。

6）发培训通知。在培训前两周（至少一周），向培训学员和学员主管发培训通知，培训通知包括培训目标、培训对象、培训时间和地点、培训内容、培训报名与确认、培训联系人与联系方式、交通路线、培训住宿与注意事项等，其中培训目标和培训内容的描述可激发培训学员对培训的兴趣。培训通知可分为培训报名通知、培训提醒通知。

7）布置会场与调试设备。培训前一天（或提前半天），布置现场，将培训桌椅和培训物品（教材、培训用具等）摆放到位，调试培训设施（多媒体设备、话筒音量），调试灯光、温度等。这是保证培训正常开展的必要条件。

2．培训实施过程中

1）培训分工。培训现场工作任务较多，培训主管将各项工作分配到相关人员，责任到人，确保没有遗漏。若发生突发情况，各行其责。

2）培训开场介绍。在正式培训开始前，应首先介绍培训目的、培训讲师、培训时间安排，提醒学员执行企业培训纪律和培训现场请假要求，积极参与培训活动，保证培训有序开展。

3）关注学员与讲师。应关注学员的现场反应，及时向问题学员了解情况，处理学员的各种问题；关注讲师的授课内容、授课进展与现场学员的参与度，及时与讲师沟通、交流。

4）处理培训现场的突发事件。

3. 培训收尾

1）感谢与鼓励。对讲师的付出表示感谢，对学员的积极参与表示肯定和鼓励，表达对学员的祝愿和期望。

2）说明培训后安排。对培训后的培训成果转化和培训效果评估进行安排。

3）整理物品，清理培训现场。

4）培训记录与总结。对学员的出勤、学员的培训表现、培训的组织管理各项工作进行总结。

以上介绍了培训实施的通用要求、程序等，下面围绕新员工入职培训、转岗培训、轮岗培训三种企业经常进行的培训类型介绍其实施方法。

（二）企业经常开展的培训的实施要点

1. 新员工入职培训

新员工入职培训前要进行必要的准备，准备内容如下：

1）文字资料。编写和印制员工手册，制订新员工培训计划，按培训内容编写培训资料或提纲、新员工基本情况表、新员工培训通知书等。

2）硬件部分。场地的布置、设备的检查与调试、座位的排定、温度的调节、学习用品的准备、后勤服务与保障等。

3）新员工入职培训的执行程序：

① 入职教育开始时，由高层经理致欢迎词，介绍公司概况、员工可以对公司具有的期望、公司对雇员的要求。

② 由人力资源部门进行企业制度的讲解和指导，并与新员工进行讨论。

③ 由新员工的直属上司对业务知识进行特定性职位指导。

④ 举行新员工座谈会，鼓励新员工尽量提问并进行详细解答，使员工进一步了解关于公司和工作的各种信息，以便新老员工更好地沟通。

2. 转岗培训

1）在调查分析的基础上，人力资源部门确定转换职位的职位名称和人数，征求员工的意见。

2）对照职位说明书，确定培训内容和方式。

3）培训结束后对受训者进行考试或考核，考试、考核合格的，记录培训档案。

3. 轮岗培训

轮岗培训是通过轮岗使员工对企业各个方面都有所了解，并且从中判断他适合哪个领域的工作。中层轮岗培训是为了提升管理人员的综合管理能力。先把每个部门的副职都培养好，再进行正职轮换，以确保每个部门的正常运营。高层轮岗大多是为培养高层做准备，锻炼的已经不完全是专业知识，而更多的是培养领导能力和战略能力。

在轮岗前，应该对当事人进行比较充分的培训，使他对未来的职位有一个清晰的了解。这样，既能降低风险、提升成功率，又能让当事人感到企业对自己职业生涯负责任的态度。日本丰田公司每五年对各级管理者进行一次职务轮换，调换幅度为 5%左右，调换的目标通常是本单位相关部门。

四、培训效果评估

培训效果是指企业和学员从培训中获得的收益。培训效果评估是指企业依据培训目的和要求，运用一定的评估指标和评估方法，检查和评定培训效果的活动过程，即对员工培训活动的价值做出判断的过程。

企业对培训效果的评估越来越重视，主要原因在于：通过有效而科学的评估，管理者可以了解培训在多大程度上能够满足目标学员的需求，以及培训内容和讲师的质量；同时，通过对培训效果的评估，管理者也能够进一步了解，培训的内容是否与企业的发展要求相一致，企业在员工培训方面的投入能给企业带来怎样的影响。

大部分企业对培训效果的评估，都采用了唐纳德·柯克帕特里克（Donald L. Kirkpatrick）于 1959 年所开发的 4 级评估，也被称为柯氏四级评估，分别为一级评估、二级评估、三级评估、四级评估。

（一）一级评估

一级评估为反应评估，主要衡量内容包括满意度、行动计划、学员对培训的反应，以及他们对培训设计和实施有关问题的看法。

一级评估用于对表面效果的评价，通过学员的情绪、注意力等，综合所有人员的总体反应得出对培训效果的基本评价。

一级评估多在培训中进行，多采用培训效果问卷调查、与学员面谈、培训时观察等方法进行。

（二）二级评估

二级评估为学习评估，这一级评估有助于确定学员是否通过培训吸收了新的知识和技能，并知道如何使用这些知识和技能。这是培训项目是否成功的一个衡量标准。

二级评估适用于技巧或知识类课程，评估学员学到了什么，培训内容、方法是否合适、有效，培训的每一学习过程是否满足和达到了培训所提出的要求。

二级评估在培训中或培训结束时进行，二级评估采用的方法有课程中测验或考查参训人员培训心得报告等。

（三）三级评估

三级评估为行为评估，三级评估分析培训是否带来了学员行为上的改变，要看学员在工作行为上发生的可观察的变化及培训前后的变化程度，主要评估学员对培训内容的应用及熟练程度，也就是是否由培训而改变行为或习惯。

三级评估适用于那些旨在改变工作表现，而且对实际效果期望值很高的课程。如客户服务技巧培训、销售技巧培训等。

三级评估在培训结束 3 个月之后的工作中进行，或在实施与培训内容相关的工作时进行。

三级评估的方法：培训结束几个月后，以局部调查或访谈方式，访谈学员、学员主管、学员同事或下属，根据学员的工作行为有哪些变化、工作技能有无提高、处理工作是否比训前熟练等进行评估。

（四）四级评估

四级评估为结果评估，即在评估培训对业务的影响时，衡量的重点是，从培训中所获得的知识和技能对业务结果所产生的真正影响。第四级典型的评估衡量指标包括产出、质量、成本、时间和顾客满意度。

四级评估在培训结束半年、一年后通过工作绩效进行，或在与培训内容相关的绩效考核中进行。

四级评估的方法是绩效考核法，如通过绩效考核发现，员工参加培训后，在工作数量、工作质量、工作态度、工作效率方面，均能达到工作标准的要求。

四级评估标准的比较见表 5-4。

表 5-4 培训四级评估标准比较表

层次	标准	过程	意义或重点	评估方法	评估单位	阶段时间
一级	反应标准	学习过程	衡量学员对课程的接受程度	问卷调查、面谈、观察	学员	培训进行中
二级	学习标准	学习过程	衡量学员对课程内容的掌握程度	学习测验、模拟练习、座谈会、心得交流	学员	培训结束时
三级	工作行为标准	行为转变过程	衡量学员的工作变化是培训导致	学员问卷访问、主管问卷访问、同事问卷访问	学员主管	培训结束三个月后或在实施与培训内容相关的工作时进行
四级	组织成果标准	行为转变过程	衡量培训导致组织绩效变化	个人与组织绩效指标、成本效益考量	学员主管	一年或半年后

然而，尽管培训可以产生正面的可衡量的业务效果，但还是会存在这样的问题：与取得的结果相比，培训的成本也许太高。因此，在柯氏四级评估基础上，国外培训界提出了“第五级评估”，增加了投资回报率（ROI）：

$$\text{ROI}=\frac{\text{培训收益}}{\text{培训成本}}\times 100\%$$

第五级评估，即在评估投资回报的过程中，将那些用货币形式体现的培训收益与实施培训项目所产生的成本相比较。

尽管投资回报的结果可以通过多种方式来表现，但是通常用百分比或收益成本比率来表示。只有进行了第五级评估之后，评估周期才算完成。

本章小结

培训可视为一种系统化的行为改变过程，这个行为改变过程的最终目的是通过员工工作能力、知识水平的提高以及其个人潜能的发挥，明显表现出工作上的绩效特征，而工作行为的有效改善是培训的关键目标所在；培训实质上是一种系统化的智力投资，员工培训有利于企业人力资源素质的提高，从而有利于企业加强自身对外部环境的适应性。

本章从企业培训的战略目标出发，描述满足企业发展需要和员工职业生涯需要的培训的原则、培训的分类。培训的类型主要有：新员工入职培训、转岗培训和轮岗培训。

在一个完整的企业培训管理系统中，或者针对一个具体的培训项目，培训管理工作包括四个阶段：第一，培训需求分析，识别特定工作所需要的技能，评估员工的技能水平，并系统地进行鉴别、分析和确认；第二，培训计划制订，根据受训员工的不足之处制订具体的培训计划，培训计划包括培训对象与目标、培训内容、培训讲师、培训时间和地点、培训经费等；第三，培训的实施，包括培训前准备、培训实施过程中、培训收尾；第四，培训效果评估，针对不同的培训目标和培训课程，采用不同的评估手段。

培训的具体实施工作包括：培训前准备、培训实施过程中、培训收尾。培训的主要方法一般包括：讲座与讨论、案例研究、角色扮演、在职培训、情景模拟、商业游戏、冒险性学习、心理测试等传统培训方法，以及新兴的计算机辅助培训、多媒体远程培训等。

培训的效果评估有四级，针对不同的培训需求，采用不同的评估等级；同时，培训评估还可延伸至对组织投资回报率的评估，通常称之为第五级评估。

复习思考题

一、单选题

1. 关于培训的描述，不正确的是（　　）。
   A. 培训是指企业向员工传授其完成本职工作、提高工作能力所必须掌握的各种知识和能力的过程
   B. 企业培训是投资，不能流行什么培训什么
   C. 企业培训是提升员工技能与能力的手段，因此要重视培训员工的知识和技能，忽视员工态度方面的培训
   D. 培训是深化企业发展、推行企业管理行为与企业文化实践的重要内容

2. 培训的目标要紧密与（　　）相关联，同时还要与每位员工具体职位的工作需求密切联系起来。
   A. 工作任务　　B. 任职资格
   C. 企业战略目标　　D. 主管评价

3. 培训的组织流程共分成4个阶段，下面描述正确的是（　　）。
   A. 培训需求调查、培训计划制订、培训实施、培训效果评估
   B. 培训需求分析、培训计划制订、培训实施、培训总结
   C. 培训需求分析、培训设计、培训实施、培训总结
   D. 培训需求分析、培训计划制订、培训实施、培训效果评估

4. 采用面谈法进行培训需求调查，下面描述不正确的是（　　）。
   A. 面谈法是指培训部门员工通过与受访者进行面对面沟通来获取有价值的培训需求信息
   B. 面谈法的面谈对象是各级管理者，也可以是员工
   C. 面谈法主要包括面谈准备、面谈实施、面谈结束3个部分
   D. 面谈前的准备工作包括：确定需要哪些信息，确定面谈对象，预约受访者时间

5. 下列不属于培训实施前的准备工作的是（　　）。
   A. 确定培训目标　　B. 培训时间和地点的选择

C. 发培训通知　　D. 布置培训现场，调试设备

二、多选题

1. 培训的战略目标是（　　）。
   A. 增进员工的知识和能力，使员工更好地胜任工作
   B. 满足企业目前和将来的人力资源需求
   C. 提高企业的生产力和竞争力
   D. 实现企业发展与个人发展的统一
2. 按培训内容划分，培训分为（　　）。
   A. 知识培训　　B. 技能培训\
   C. 素质培训　　D. 态度和观念培训
3. （　　）阶段是培训组织流程中的关键阶段。
   A. 培训需求分析　　B. 培训计划制订
   C. 培训实施　　D. 培训效果评估
4. 问卷调查法在培训流程的（　　）阶段使用。
   A. 培训需求分析　　B. 培训计划制订
   C. 培训实施　　D. 培训效果评估
5. 二级评估（学习评估）采用的评估方法有（　　）。
   A. 课程中测验或考试　　B. 模拟练习
   C. 培训心得体会　　D. 学员问卷访问

三、案例分析

没有效果的培训

A 公司是一家实力中等的日化厂，2008 年市场占有率为 28.4%，2010 年外资企业大举进入上海市场，当年该公司的市场占有率为 18.5%，以后每年的市场占有率均呈下降趋势（见表 5-5）。

表 5-5　A 公司产品市场占有率

（%）

年　份	市场占有率	年　份	市场占有率
2010	18.5	2015	6.8
2011	17.3	2016	5.6
2012	16.7	2017	4.9
2013	8.1	2018	3.7
2014	7.6	2019	2.3

因此，在年利润逐年递减的趋势下，要实现公司目标难度越来越大，尤其是员工素质明显不如竞争对手，导致产品升级换代速度慢，效率低，事故率高，产品质量不理想。

该公司员工文化程度与同行业比较见表 5-6，从中看出 A 公司员工综合素质水平较低，难以在竞争中占据优势。

表 5-6　A 员工文化程度与同行业比较表

（%）

文化程度	A 公司	我国国内先进企业	合资企业
本科及以上	1.3	4.4	18.8
大专	3.6	8.6	20.5
中专	4.1	12.2	26.3
高中	10.2	29.6	30.2
初中	74.0	42.7	4.2
小学以下	6.8	2.5	0

直到 2019 年年底，该公司才提出“重选人才，重育英才”的新思路，即集中优势重点进行人才招聘和人才培训。培训部做了以下几方面工作：在各种会议上，鼓励员工自学成才，只要在业余时间学习并获得文凭后，学费由公司报销；投资 40 000 元，办了一期管理者讲习班，请职工大学企业管理专业的教师讲了 22 次课；公司还举办了两期短训班。

即使采取了种种激励措施，但效果仍不理想。有关领导经过分析认为，主要原因是销售人员的客户关系处理能力不够，销售技术不佳，大多数销售人员都只能在办公室等客户上门，还有业务员之间存在互相嫉妒的倾向，内部交流不充分。

问题：

1. 请对培训部所做的调整工作进行全面分析和评价。
2. 您认为哪些培训方法适用于此次培训？为什么？
3. 试说明该项培训在聘请培训讲师方面应该选择什么渠道和方式？

四、实训项目

组织学生为其所在学生社团策划组织一次培训活动。要求学生完成培训需求的分析、培训项目的设计和实施，以及对培训效果的评估等环节的工作，包括确定培训主题、邀请讲师、准备材料、租借教室、组织实施、评价效果等。

第六章 绩效管理

知识目标

✧ 理解绩效、绩效管理的概念。
✧ 理解绩效管理循环在实际工作中的运用。
✧ 理解各种绩效考核技术的含义和特点。
✧ 了解平衡计分卡在绩效管理中的应用。

技能目标

✧ 能够对组织已有的绩效管理方案提出改善建议。
✧ 能够熟练地应用各项绩效考核技术。
✧ 能够设计一套简单的绩效管理方案。

引导案例

华为的绩效管理体系

为保持华为这个组织的狼性，任正非要求员工坚守三感：高层有使命感，中层有责任感，基层有饥饿感。在华为，人力资源管理的一个很重要的使命，就是把秀才变成战士，激励其“经济将军”在艰苦的条件下不断扩大业务版图。但同时也要进行管理，把其变为战马，而不是野马。

华为实行严格的“个人业务承诺”（Personal Business Commitment，PBC）计划。PBC 计划采取自上而下的方式进行制订，将公司目标逐一分解到部门，员工根据部门年度目标进行 PBC 设计。每年年初，华为所有员工都会制订详细的工作计划。从 2009 年开始，员工主要以半年度为周期对 PBC 进行设计，二级部门主管以上主要以一年为周期进行设计。对于 PBC 计划的内容，要求有明确的权重区分及目标衡量标准。在工作的具体开展过程中，如遇到突发事件和重大人事变动，需对事先制订的 PBC 及时进行调整更新。

华为的绩效管理重视绩效计划实施过程中的辅导工作，部门主管有责任帮助员工达成绩效目标。为此，华为要求各级主管重视对员工绩效目标实施过程进行指导，正式面谈指导每半年不得少于三次；为了对绩效辅导过程进行及时监控和跟踪，要求各级主管对绩效指导面谈需有详细的记录，并适时进行面谈记录抽检，对于未按要求执行的部门进行严格处罚。

2009 年以前，华为绩效考核主要按季度进行，根据员工季度 PBC 完成情况对员工进行季度考核，并于考核期间制订下一季度 PBC 计划。2008 年年底、2009 年年初，华为进行了全面的绩效考核周期改革，根据员工职位类型及职级采取不同的绩效考核周期。普通员工（二级部门主管以下）从原来的按季度调整为每半年进行一次考核；二级部门主管以上采取按年度考核的方式。而操作组中的文员、秘书等和生产类技术人员一般仍采取季度和月度考核结合的形式。绩效考核主要采取自下而上的方式进行，绩效考核方式根据人员职级和职位有所区分，在公司二级部门主管以上主要采取平衡计分卡的考核方式，其他员工主要采取关键事件法的考核方式。当然，每一种考核方法不是孤立使用的，往往结合其他方法使用。考核表采用电子化和纸质结合的形式，普通员工一般采取标准电子模板，二级部门主管以上领导一般采取纸面考核形式。

在考核内容上，华为重视绩效管理过程中各项绩效数据的收集和整理，绩效考核主要根据员工 PBC 和关键绩效指标（KPI）完成情况进行，以客观绩效指标为依据。对于各级主管，格外重视其在人员管理方面的情况，含课程开发、讲课学时、员工流失率、后备干部培养等。针对人员管理各项内容采取积分形式，并于绩效考核时对累计积分进行统计。

华为重视绩效管理结果的应用，将绩效结果作为员工晋升、调薪等的客观和主要依据。年度绩效主要与年终奖挂钩，年终奖具体标准由各一级部门根据奖金包大小及各等级比例人数情况进行分配，公司总部不做限制。一般情况下，员工年终奖金额为其 2～6 个月的工资，绩效等级为 D 的人员无年终奖。华为长期坚持实行末位淘汰制，对于年度绩效评分排名靠后的 5%的人员进行末位淘汰。

案例分析

华为的绩效管理实际上就是在甄别人的“狼性”，让团队中具有“狼性”的干部脱颖而出。在薪酬管理上，为那些具备狼性的员工付酬；华为通过“论功行赏”，激发员工的正能量，保持狼性，抑制负能量。在评价制度上，由人评价人转向制度评价人。由人发工资转到由制度发工资。

第一节　绩效管理的概念

一、什么是绩效管理

美国哈佛大学教授麦克·波特（Michael Porter）认为，在激烈的企业竞争与飞速变化的市场环境中，企业经营的成功，取决于是否能在产品的质量、成本、创新以及提供新产品的速度方面达到更高的水平。因此，通过提高企业和员工在这些方面的工作绩效，从而改善以企业整体绩效为目的的绩效管理活动，越来越受到企业的重视。

绩效管理是一套系统的管理活动过程，用来建立组织、个人对目标以及如何完成该目标的共识，是实行有效的员工管理的方法，以提升目标完成的可能性。

首先，绩效管理是防止员工绩效不佳和提高其工作绩效的有力工具。绩效管理具有明确的目标导向性，所有绩效管理关注的都是员工在工作目标范围内的工作产出与工作表现，因而绩效管理不仅要针对工作中存在的问题，更重要的是要着眼于提高现有绩效水平，从而促使企业目标得以顺利实现。

其次，绩效管理强调沟通辅导及员工能力的提高。开放沟通的管理活动持续贯穿于绩效管理活动的全过程，从绩效目标的制定、绩效计划的形成、达成目标过程中的目标调整和任务变更，到对工作贡献与产出的评价、绩效改进计划的形成以及提出新的绩效目标，都可以通过员工与直接主管的沟通来实现。

最后，绩效管理是一个过程，是一个包括若干个环节的系统。绩效管理不是一年一次的填表交表工作，绩效考核之后必须伴随有改进与提高绩效的计划和行动。绩效管理不仅强调绩效的结果，而且注重达成绩效目标的过程，通过控制整个绩效周期中员工的绩效情况来达到绩效管理的目的。

工作绩效是指员工经过考核的工作行为、表现及其结果，是上级和同事对员工工作状况的评价。企业通过对员工工作绩效的考核，达到反馈信息、制订相应人事决策、调整和改进员工工作的目的。

二、绩效的影响因素

绩效受到多种因素的影响，其中技能、激励、环境、机会是影响绩效的主要因素。技能、激励是属于员工自身主观性的影响因素；环境、机会则是客观性的影响因素。

技能是员工工作技巧与能力的水平，取决于个人天赋、智力、经历、教育与培训等个人特点。其中培训不仅能提高员工的技能，培养员工的自信心，还可以激励员工的积极性。

激励是指激发员工的工作动机。激励本身取决于员工个人的需要、个性、感知、学习过程与价值观等，其中需要对员工工作动机的影响最大。

环境包括直接环境因素和间接环境因素。直接环境因素是指企业内部的客观条件，如劳动场所的布局和工作条件、任务的性质、上级的领导作风、企业的组织结构、工资福利、培训机构及企业文化等；间接环境因素是指企业外部的客观环境，如社会政治和经济状况、行业趋势、市场竞争激烈程度等条件。

机会是偶然性的，如某一任务分配给了甲员工而未分配给乙员工，即便甲员工将这项工作完成得很好，也不能说明甲比乙强，因为没有给乙员工表现的机会。

由以上影响因素可以看到，绩效具有多因性、多维性和动态性。多因性是指绩效的优劣受制于主、客观等多种因素的影响；多维性是指绩效需要沿着多种维度或方面去分析与评估；动态性是指绩效是会变化的，通过给绩效差的员工及时的培训、将其调换到更合适的职位，会帮助绩效差的员工提升绩效。因此管理者需要以动态的眼光看待员工的绩效。

三、绩效管理与绩效考核

从传统意义上讲，绩效考核就是对员工的工作状况和结果进行考察、测定和评价的过程。绩效考核是一种正式的员工评估制度，它通过系统的方法、原理来评定和测量员工在职务上的工作行为和工作效果。绩效考核的结果可以直接影响到薪酬调整、奖金发放及职务升降等诸多员工的切身利益。除此之外，绩效考核还可以让员工明白自己在企业的表现（企业对员工的评价）和企业对员工的期望，并且能为员工的晋升和降职提供有力的参考依据。

绩效管理的流程是一个完整的系统，由制订绩效计划、绩效沟通与辅导、绩效考核与反馈和绩效改进四大环节构成，如图 6-1 所示。

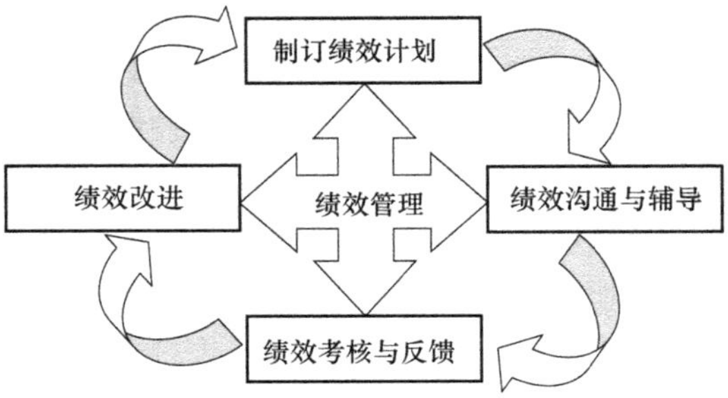

图 6-1　绩效管理流程示意图

因此，绩效管理与绩效考核在定义上是有明显区别的：

首先，绩效管理是一个过程，而绩效考核是过程中的一个环节。

其次，绩效管理是组织的管理手段，而绩效考核是绩效管理的工具。

最后，绩效管理更关注工作过程，绩效考核更关注评价结果。

有效的绩效管理应从建立以人为本的企业文化开始，结合员工个人的职业生涯规划及企业的总体战略目标，确定个人的工作计划和目标，是管理者与员工就工作目标和如何达成工作目标进行协调并达成共识的过程。绩效管理首先是管理，是管理者与员工持续沟通的过程；绩效管理不仅应重视工作绩效，更应重视达成绩效目标的过程。

绩效考核只是绩效管理的一个支撑点，主要考核员工到底为公司做了什么。在绩效考核过程中，上级主管有责任评估并管理下属员工的绩效情况，并以考核结果作为各种人力资源管理决策的依据。这些可能的决策包括：薪酬变动、职位晋升、职位调整和与员工解除劳动关系等。

现代意义的绩效管理除了单纯的绩效考核之外，还包括为实现企业目标而进行的绩效管理过程，这就要求企业通过绩效管理系统帮助员工管理他们的绩效，提高他们的工作能力，从而实现企业的目标。

因此，我们可以看出绩效考核只是绩效管理的一个环节，是进行绩效管理的一种手段。绩效考核实质上反映的是过去的绩效，而不是未来的绩效。而绩效管理更注重对未来绩效的提升，着眼于企业长远的发展战略。

小资料

以战略为导向的绩效管理体系如图 6-2 所示。

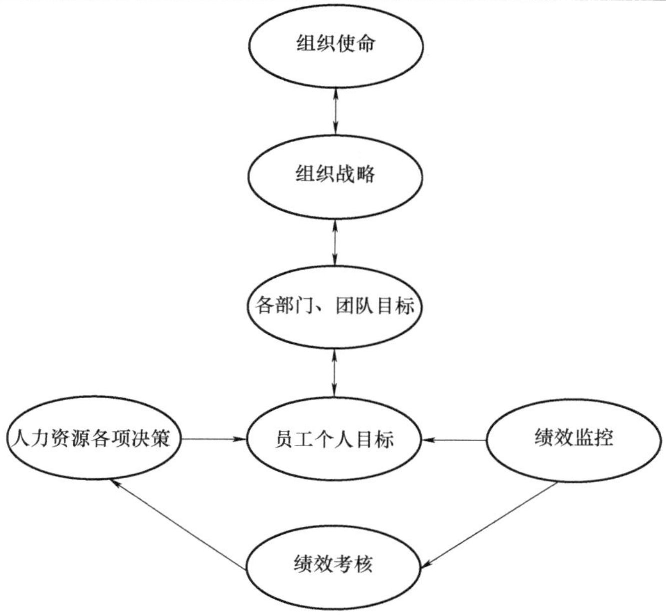

图 6-2 以战略为导向的绩效管理体系

第二节 绩效管理循环

绩效管理包括制订绩效计划、绩效沟通与辅导、绩效考核与反馈、绩效改进四大环节，其中制订绩效计划和绩效考核对专业性要求最高，操作起来难度也最大。

一、如何制订绩效计划

从不同的角度看，绩效计划有不同的含义。如果把“计划”理解为名词，那么绩效计划就是一个关于工作目标和衡量标准的契约；如果把“计划”理解成动词，那么绩效计划就是管理者和员工共同沟通和讨论，最后对员工的工作目标和标准达成一致意见，是形成契约的过程。

绩效计划由于所处的层面不同，可分为组织绩效计划、团队绩效计划和员工个人绩效计划。在不同的层面上，计划的表现形式也大不相同：组织绩效计划关注组织发展战略和组织竞争战略的设定；团队绩效计划关注组织内各部门、团队的目标的设定；员工个人绩效计划关注员工每个绩效考核周期中具体工作任务的设定。组织绩效计划、团队绩效计划和员工个人绩效计划之间的关系如图 6-3 所示。

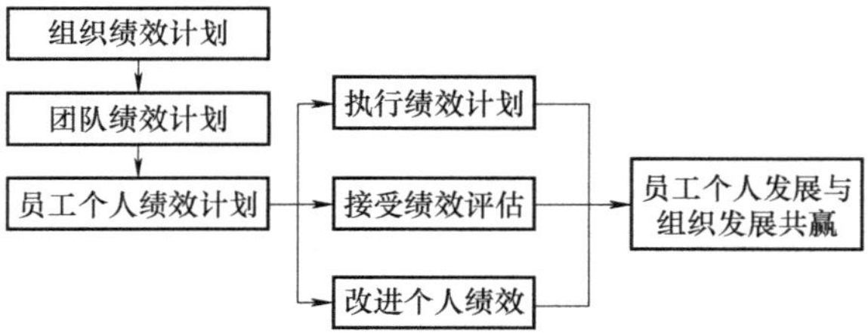

图 6-3 组织、团队、员工个人绩效计划关系

（一）制订绩效计划的基本原则

1．制订绩效计划就是确定关于工作目标和衡量标准的契约

绩效计划为绩效考核提供了依据。在绩效管理循环开始时，管理者和员工要对工作目标和衡量标准形成一致的契约。在员工的契约中至少应包括以下 5 方面：

1）员工在本次绩效考核期间内要达到的工作目标。

2）达成目标的结果。

3）从哪些方面去衡量这些结果，即衡量的标准。

4）关于员工工作结果的信息从何处获得。

5）员工各项工作结果的考核权重。

2．制订绩效计划必须采取双向沟通的程序

绩效计划不能只是纸上的契约，如何达成这个契约是很重要的。建立契约的过程是一个双向沟通的过程，在这个双向沟通的过程中，管理者应向员工解释和说明如下内容：

1）组织的整体目标。

2）为了完成组织的整体目标，管理者和员工所处部门的目标。

3）为了达到目标，对员工有什么期望。

4）确定对员工完成工作的时限和衡量标准。

员工需要向管理者说明的有：

1）对自己的工作目标和如何完成工作的认识。

2）自己对工作目标的不理解之处。

3）自己完成工作目标拟采用的方法及步骤。

4）达成工作目标过程中所需要的资源及支持。

3．员工参与是制订绩效计划的关键点

在制订绩效计划的过程中，最重要的一个原则就是员工参与，另外一个重要原则就是员工要做出正式承诺。当员工亲身参与制订某项决策时，一般会倾向支持此项决策。有研究表明，人们是否坚持某种态度取决于两个因素：一是他在形成这种态度时参与的程度；二是他是否公开表态。绩效计划的主要目的就是要让组织中不同层次的员工对组织目标达成一致，使大家朝着一个共同目标努力；所以，管理者和员工能否就绩效计划问题达成一致是关键所在。

（二）绩效计划的基本内容

绩效计划不同于一般管理工作的计划，它是组织计划和个人计划的协调，制订绩效计划包括 5 方面内容：传达组织、部门和团队计划，制订和完善员工的个人职业生涯计划，重新设计工作，制定员工绩效目标，选择实施方案。

绩效计划是组织计划和团队计划的分解，然后融入员工个人意识和能动性之中。因此在制订组织、部门和团队计划时，管理者无论制订哪个层次的计划，都应尽量听取员工意见，给员工充分参与的机会，为其以后顺利执行计划奠定基础。组织、部门和团队计划可

以通过多种形式来传达，如会议、文件、电子邮件、微信等，也可以由各级管理者与员工面对面直接沟通以实现信息共享。在传达过程中，应充分取得员工认同，确保管理者和员工双方达成共识。

绩效计划的科学性体现在如何使普通员工将组织目标作为自己的行动纲领。对还没有明确自身职业生涯计划的员工，管理者应帮助他以组织计划为依据来制订，即将组织目标与个人职业生涯目标相融合；对于已有职业生涯规划的员工，应将其职业生涯计划对照组织计划进行修改和完善。

为了有效地实现组织的目标，合理地处理人与事的关系，需要设计满足员工需要的工作内容、工作职责，其中包括原有职务说明改变时进行的重新设计。

在此基础上，员工与管理者通过沟通，共同对工作职责达成共识，形成员工个人绩效目标。

最后，在确定了个人绩效目标后，管理者和员工需要协商确定个人绩效目标的具体实施方案。

二、如何实施绩效考核

检查环节，也就是我们通常所说的绩效考核（Performance Appraisal）。企业的整体绩效目标，固然与企业战略的规划、目标的设定密不可分，但更与员工个人的工作绩效息息相关。因此，企业通过对员工工作绩效的评价，保持对员工绩效的有效回馈，就能激发每位员工的工作热情和创新精神，推动员工能力发展与潜能开发，形成一支高效率的工作团队。绩效考核理应成为现代企业的一种高效管理工具。建立一套科学的绩效考核体系，寻找和探索一套可行、有效而又具操作性的绩效考核方法，已成为企业高层管理者的重要工作目标，甚至已经成为许多企业发展战略的一部分。

完整的绩效考核体系应包括以下内容：

（一）明确绩效考核的目的

1）作为晋升、解雇和调整职位的依据，着重于能力和能力发挥、工作表现等方面的考核。

2）作为确定工资、奖励的依据，着重于绩效考核。

3）作为潜能开发和教育培训的依据，着重于工作能力和能力适应程度的考核。

4）作为调整人事、政策、激励措施的依据，促进上下级的沟通。

5）考核结果为生产、采购、营销、研发、财务等部门制订工作计划和决策提供参考。

（二）明确绩效考核的原则

1）对企业的全体人员（包括中高层管理者）均应进行考核。当然，不同级别的员工，考核的要求和重点不同。

2）一般自下而上、层层逐级考核，也可单项进行。

3）制订的考核方案要有可操作性，是客观、可靠和公平的。

4）考核要有一定的透明度，不能搞暗箱操作，避免制造神秘感、紧张感。提倡将考核结果以多种方式呈现在员工面前，使之心服口服、诚心接受，并允许其申诉或解释。

5）大部分考核活动应在日常工作中进行，不要过多地干扰正常的工作秩序，更反对无实效地走过场、搞形式主义。

（三）明确绩效考核的对象

绩效考核体系通常将对两大部分进行考核，首先是部门/业务单元的考核，其次是个人考核。部门/业务单元考核主要考核部门/业务单元的财务指标和非财务性指标，具体考核时将使用目标管理法，所有指标必须非常量化，即可以用数字表示，并用分数的形式计算考核得分；个人考核主要考核高、中、基层在岗员工，并重点考核各级管理者、骨干员工等。

（四）明确绩效考核的内容

考核内容主要是以岗位工作职责为基础来确定的，需要注意以下几点：

1. 与企业文化和管理理念相一致

考核内容实际上就是对员工工作行为、态度、业绩等方面的要求和目标，它是员工行为的导向。考核内容是企业文化和管理理念的具体化和形象化，在考核内容中必须明确企业鼓励什么、反对什么，给员工以正确的指引。

2. 考核内容要有侧重

考核内容不可能涵盖职位工作的所有内容，为了提高考核效率，降低考核成本，并且让员工清楚工作的关键点，应该选择职位工作的主要内容进行考核，不要面面俱到。这些主要内容实际上已经占据了员工80%的工作精力和时间。另外，对难于考核的内容也要谨慎处理，认真地分析它的可操作性和它在职位整体工作中的作用。

3. 不考核无关内容

绩效考核是对员工工作的考核，对不影响工作的其他任何事情都不要进行考核。比如说员工的生活习惯、行为举止、个人癖好等都不宜作为考核内容出现，如果这些内容妨碍到工作，其结果自然会影响到相关工作的考核成绩。

为了使绩效考核更具可靠性和可操作性，应该以职位工作内容的分析为基础，根据企业的管理特点和实际情况，对考核内容进行分类。比如将考核内容划分为重要任务考核、日常工作考核和工作态度考核3个方面：

1）重要任务是指在考核期内被考核人的关键工作，往往列举1～3项关键工作即可。比如，对于开发人员而言，可以是考核期的开发任务，销售人员则可以是考核期的销售业绩。重要任务考核具有目标管理考核的性质。对于没有关键工作的员工（如清洁工）则不需要进行重要任务考核。

2）日常工作考核的条款一般以职位职责的内容为准，如果职位职责内容过杂，可以仅选取与重要任务相关度大的工作行为进行考核。它具有考核工作过程的性质。

3）工作态度的考核可选取对工作能够产生影响的个人态度，如协作精神、工作热情、礼貌程度等，因此对于不同职位的考核有不同的侧重。比如，工作热情是行政人员的一项重要指标，而工作细致可能更适合财务人员。另外，要注意纯粹的个人生活习惯等与工作无关的内容不要列入工作态度的考核内容。由于不同的考核对象将会有不同类型的考核内容，所以具体考核方法也不同。

（五）明确绩效考核的周期

通常，绩效考核的周期可以为定期（每周、旬、月度、季度、半年、年度）或者根据完成任务所需时间设定不定期。基层人员考核可短周期、频繁些；中高层考核周期可长些，甚至长达3～4年。基层人员日常考核的周期，如生产或销售人员，多以月度、季度考核为主；中层的考核周期要长些，日常考核以季度、半年考核为宜；而高层通常实行年度考核。在年终时，全体人员均应做一次考核回顾。

（六）明确绩效考核的步骤

在考核周期之初，必须先设定工作标准；在考核周期之末，根据工作标准对员工的工作表现进行评价，给予员工反馈，促使员工改善工作表现或者达到更高标准。绩效考核具体可以分解为以下几步：

1）明确界定员工的工作。

2）界定绩效考核的考核指标。

3）选择和创建绩效考核的方法。

4）将考核方法介绍给管理者和员工，听取他们的意见。

5）实施绩效考核。

6）绩效考核的面谈，即管理者和员工交流考核的结果和看法。

（七）应用合适的绩效考核技术

根据考核内容的不同，绩效考核方法也多种多样。采用多种方式进行考核，可以有效减少考核误差，提高考核准确度。

第三节 绩效考核技术

一、排序考核法

（一）含义

排序考核法是最常用的一种方法，即对部门内员工按绩效优劣进行排序，可分为简单排序法和交替排序法。

（二）操作步骤

简单排序法要求管理者将本部门的所有员工从绩效最高者到最低者进行排序。

交替排序法是简单排序法的改进，操作方法如下：

1）根据某些工作绩效考核要素，先选出绩效最好者并将其排在第一位，然后选出最差者排在最后一位。

2）再选出剩余员工中绩效最好者排在第二位，绩效最差者排在倒数第二位。

3）依此类推，直至排完所有员工。

（三）评价

此方法应用简单，但是当被考核的人数较多时，要准确地将他们依次排列，费时费力，而且效果也不一定好。另外，如果存在工作性质的差异，或是对跨部门人员进行考核，则该方法不适用。

二、配对比较法

（一）含义

配对比较法就是将员工两两配对进行比较，逐一比较后，依据得分总数对员工进行绩效结果的排定。

（二）操作步骤

1）将一名员工的绩效与其他员工进行比较，每次比较中的较优者得1分，较差者不得分，全部比较完成后计算该员工的总分。

2）在剩余员工中再选择一人，与其他员工进行比较，方法同第一步。

3）全部比较完成，依据总分对所有员工的绩效排序。

（三）评价

配对比较法将员工两两进行比较，对总分排序，比较科学、合理。但是这种方法受到被评价人数的限制，当需要对大量员工进行考核时，这种方法显得复杂和浪费时间。

三、强制分布法

（一）含义

强制分布法也是对员工表现的相对评价方法，即评价者将工作小组中员工的工作绩效分级，根据事先确定好的比例，将每位被评价员工归到某个工作绩效等级上去。

（二）操作步骤

1）确定员工绩效考核有几种等级，再对每一个等级规定其所占百分比。

2）对被考核的员工进行绩效优劣情况评估。

3）依据评估结果，将员工按照比例归入相应等级中，在同等级内部不再排序。

例如，某公司对30名员工采用强制分布法进行考核，确定员工工作绩效可分为优秀、良好、中等、较差、很差5个等级，每个等级强制百分比分别是10%、20%、40%、20%、10%。根据这种强制分布法，员工工作绩效各等级的百分比及具体人数见表6-1。

表6-1 强制分布法的等级百分比和人数

员工总数（人）	绩效考核等级百分比及人数				
	优秀（10%）	良好（20%）	中等（40%）	较差（20%）	很差（10%）
30	3	6	12	6	3

（三）评价

强制分布法可减少因评价者主观因素而给予普遍偏高（或偏低）的评价，但是这种考核方法不适合独立运用，通常需要与其他考核方法结合使用。

四、图尺度评价法

（一）含义

图尺度评价法是一种以描述或数字等级作为评价尺度的考核方法，是比较简单、实用的绩效评价技术。

（二）操作步骤

1）针对不同的职位设计相应的图尺度评价表。

2）评价者针对每一位被评价员工在每一项考核要素中找出最能符合其绩效状况的分数，依次为所有考核要素打分。

3）将被评价员工得到的所有分数相加，即得到其最终工作绩效评价结果。

表6-2是一种针对行政秘书的图尺度评价表。

表6-2 行政秘书职位的图尺度评价表

<table>
<tr><td colspan="2">第一部分：基本信息</td></tr>
<tr><td rowspan="2">姓名：__________
部门：__________
员工工号：__________
评价期间：从__________到__________
评价者姓名：__________
评价者职位：__________</td><td>评价尺度定义</td></tr>
<tr><td>等级A　超过了工作目标的要求
等级B　达到了全部工作目标
等级C　达到了大部分工作目标
等级D　大部分工作目标未达成</td></tr>
</table>

（续）

第二部分：工作内容的评价尺度				
工作内容与权重	评价尺度			
打字速度　　　　　权重 35%	A□	B□	C□	D□
以每分钟 60 个单词的速度，按照适当的格式，准确地将各种指令打印成文件，包括口头指令、手写文字、录音内容等，能准确识别并打印成稿	评语			
接待　　　　　权重 30%	A□	B□	C□	D□
通过电话或当面热情接待来电话者或来访者；回答电话问询，转达消息；接待来访者，提供信息或将客人引入相应办公场所；在客人等待期间提供临时服务；与来电话者及来访者保持一种合作态度	评语			
计划安排　　　　　权重 25%	A□	B□	C□	D□
对日常工作进行有效管理，包括约见、会议、旅行及其他此类活动的安排，对工作日程进行安排，对所需各项设施的使用进行安排	评语			
文件与资料管理　　　　　权重 10%	A□	B□	C□	D□
创建并维护一个合适的文件管理系统，能够按照要求迅速放置和取出文件，在文件管理系统中为回函、会议记录、报告、规定及其他文件做出妥当安排；对文件进行挑选、装订和剔除，必要时进行汇总和销毁	评语			

第三部分：工作绩效评价表		
该员工是否能够按照要求报告工作？ 如果不是，请予以解释	是□	否□
该员工是否听从指挥并遵守工作规章制度？ 如果不是，请予以解释	是□	否□
该员工是否能与同事自觉保持协调一致并主动配合？ 如果不是，请予以解释	是□	否□
请根据以上各方面情况总结该员工的总体工作绩效水平		
评价人签名：________________	日期：____________	
被评价人签名：________________	日期：____________	

（三）评价

图尺度评价法应用简单，但是受评价者主观影响比较大，同时要求考核要素的设置要科学、合理，并且等级划分要适度。最好能够针对不同职位设置不同的考核表。

五、关键事件法

（一）含义

关键事件法是以对工作产生重大影响的事件为根据，对员工进行考核的一种方法。所谓关键事件，即那些对工作能够产生正面影响或负面影响的重要事件。

（二）操作步骤

管理者将每一位员工在工作活动中所表现出来的非同寻常的好行为或不良行为（或者事故）记录下来，然后在一定期限内，管理者和员工根据所记录的特殊事件来评价员工的工作绩效。

关键事件法应用示例见表 6-3。

表 6-3 运用关键事件法对工厂管理者进行工作绩效评价

责 任	目 标	关键事件
安排工厂的生产	充分利用工厂中的资源，及时发布各种指令	为工厂建立了新的生产计划系统； 上个月指令延误率降低 10%
监督原材料采购和库存控制	在保证原材料充足供应的前提下，使原材料库存成本降到最小	A、B 部件的订购富余了 20%，C 部件的订购短缺了 30%
监督机器的维修保养	不出现因机器故障而造成的停产	及时发现机器部件故障而防止了机器的损坏

（三）评价

关键事件法对员工绩效的考核是以员工具体工作事件为依据，既能避免管理者的主观判断，又容易被员工接受，这些事件能够比较明确、具体地向员工反馈，让员工心服口服地看到自己的问题，有利于员工今后改善自己的工作绩效。但是要坚持每日对员工的事件进行记录是有一定难度的，并且，每个员工的关键事件可能都是独特的，很难在员工之间进行比较。

六、行为锚定等级评价法

（一）含义

行为锚定等级评价法是一种将图尺度评价法和关键事件法结合起来的考核方法。它为需要考核的职位任职人员设计考核维度，为每一个维度设计一个评分量表，在表中的每一个评分等级都对应列举了典型的关键行为，供考核者在考核时作为依据。

（二）操作步骤

1）获取关键事件。由对被考核岗位工作比较熟悉的人，对待考核职位任职人员的各种关键事件进行描述。

2）建立绩效评价等级。

3）对关键事件进行评定。赋予关键事件相应得分。行为锚定等级评价法的示例见表 6-4。

表 6-4　运用行为锚定等级评价法对某零售商店销售经理的评价

评价要素：管理与指导下属的能力

使下属明确了解自身工作责任和职权，使用适当的技巧和管理方法处理与下属的关系；公平有效地分配工作；对下属进行一定指导以补充正式培训；不断关注下属工作情况；与下属的协议均符合公司有关规定

等级	行为描述
9	能与新聘下属员工合作完成一天的销售任务，并将之培养成本部门优秀销售人员
8	通过向下属分派部分重要工作，提升其销售技能
7	通过向下属分派部分重要工作，使其增强信心和责任感
6	表现得友好、热情且尊重下属销售人员
5	提醒下属随时准备为顾客服务，而非互相交谈
4	在下属面前批评公司内部制度，不利于其形成良好的工作态度
3	背弃对下属有关在工作满意度较低的情况下进行换岗的承诺
2	向下属轻率承诺将按部门销售额分配工资，但双方都了解这不符合公司规定
1	无效

（三）评价

行为锚定等级评价法对工作绩效的计量更为精确，等级尺度所对应的关键事件有利于考核者更为清楚地进行考核。具有良好的反馈功能，能够向员工提供指导和信息反馈，指出其行为欠缺；各种工作绩效评价要素之间有着较强的相互独立性。但是同时行为锚定等级评价法也需要较多时间、精力来进行操作。

七、目标管理法

（一）含义

1954 年，美国管理大师彼得·德鲁克在其《管理的实践》一书中提出了系统的目标管理思想。目标管理法是一种综合的以工作为中心和以人为中心的系统的管理方式，即让组织管理者和员工亲自参与目标的设定，在工作中“自我控制”并努力完成目标的一种管理制度或方法。

（二）操作步骤

1）设置目标。由各部门主管人员和员工通过讨论、研究，相互沟通和相互协调，共同决定企业的目标体系。

2）明确责任。在设置了各层面的工作目标后，要根据各部门的工作职能和每位员工的工作职责，具体落实每一项目标的责任，明确每一项目标的具体责任部门和具体责任人，并把这些工作目标作为他们工作绩效考核的内容。

3）组织实施。一方面，让每一位员工都能够根据自己的工作计划，按时、按量、按质地完成工作目标；另一方面，管理者也要跟踪目标的实施过程，为员工提供必要的帮助和支持；如果工作出现偏差，应当认真分析，寻找原因，及时调整，保证目标顺利完成。

4）工作绩效考核，提供反馈。主管人员对工作结果进行审查，部门领导就每一位员工的实际工作成绩与事前商定的预期目标加以比较、考核，通过评估，及时发现问题，提供反馈，采取有效措施，保证目标的完成。运用目标管理法对员工进行绩效考核的示例见表 6-5。

表 6-5　关于推销员的目标管理考核表

考核时间	年　月至　年　月	姓名		职位		部门	
目标项目		计划目标		完成情况		完成率（%）	
销售电话拨打次数		1 000		1 054		105.4	
接触新客户数		200		153		76.5	
批发销售产品数量		15 000		18 000		120	
客户投诉/服务电话		35		10		28.6	
成功完成销售函授课程的数量		4		2		50	
每月底完成销售报告的次数		12		12		100	
自我评价							
主管评价							
签名	员工： 时间：		主管： 时间：				
备注							

（三）评价

目标管理法能够让每位员工认识到自己工作目标与公司战略目标的关系，有利于提高员工的主人翁意识，激发员工工作积极性。但是，目标管理法比较费时间，与员工共同确定目标的讨论很有可能演变成一场口水战；制定出来的目标也可能不够明确，不具备可衡量性。

八、360 度考核法

（一）含义

360 度考核法是一种对员工工作进行全方位、多角度考核的方法。这种方法由上级考核、同级考核、下属考核、客户考核、员工自我考核和评价委员会考核组成。

（二）操作步骤

1）考核项目的设计。根据企业特点，设计不同职位所对应的绩效考核要素及相应的维度。

2）选定考核者。对考核者的选择，无论是上级指定还是自行选择，都应征得被考核者的同意，这样才能保证被考核者对考核结果的认可和接受。

3）组织实施。实施 360 度绩效考核，要对具体实施过程加强监控和质量管理，要实施标准化管理；统计并报告考核结果；企业管理部门针对反馈的问题制订相应改进计划。

4）考核与反馈。综合不同角度的考核结果，得出最终考核结果；同时将该结果反馈给被考核者，以帮助其提高绩效。

（三）评价

360 度考核法能够从多个角度对员工进行工作绩效考核，使企业能够全面了解员工，对员工做出公正的评价；能够增进员工的团队合作精神，有效地促进部门之间、管理者之间和员工之间的工作合作和配合；可以加强和改善上下级之间的沟通交流，增进理解信任，有效提高组织的工作绩效。但是，这种考核方法需要花费较多时间和精力，比较适用于对管理者的工作考核，对一般员工不太适用，也没有必要。

小资料

应用关键绩效指标进行考核

应用关键绩效指标（Key Performance Indicator，KPI）进行考核是指通过对员工工作绩效特征的分析，提炼出最能代表绩效的若干关键绩效指标，并以此为基础进行绩效考核的模式。关键绩效指标必须是能够衡量企业战略实施效果的关键指标。关键绩效指标考核的目的是建立一种机制，将企业战略转化为企业的内部过程和活动，以不断增强企业核心竞争力和持续提高企业的经济效益。

设计关键绩效指标必须符合 SMART 原则：

1）S（Specific）：明确的、具体的，指标要清晰、明确，让考核者与被考核者能够准确地理解目标。

2）M（Measurable）：可量化的。一家企业要量化企业、量化组织架构；目标、考核指标更要量化，比较好、还不错这种词都不具备可量化性，它们将导致标准模糊，量化一定是要数字化的。没有数字化的指标，就不能随意考核，否则一考核就容易出现误差。

3）A（Attainable）：可实现的，目标和考核指标都必须是付出努力能够实现的，既不过高也不偏低。比如对销售经理的考核，上一年度销售收入 2 000 万元，本年度要求实现 1.5 亿元，也不给予任何支持，这就是一个完全不具备可实现性的指标。指标的目标值设定应是结合个人情况、职位情况、过往历史情况来设定的。

4）R（Relevant）：实际的、现实的，而不是假设的。现实的定义是具备现有的资源，且存在客观性、实实在在的。

5）T（Time Bound）：有时限性的，目标、指标都要有时限性，要在规定的时间内完成，时间一到就要看结果。如要求 2 000 万元的销售额，单单这么要求没有意义，必须规定在多长时间内完成 2 000 万元的销售额，这样才有意义。

企业经营活动的效果是内因、外因综合作用的结果，其中内因是各岗位员工可控制和影响的部分，也是关键绩效指标所衡量的部分。关键绩效指标应尽量反映员工工作的直接可控效果，剔除他人或环境造成的其他方面影响。例如，销售量与市场份额都是衡量销售部门市场开发能力的指标，而销售量是市场总规模与市场份额相乘的结果，其中市场总规模则是不可控变量。在这种情况下，两者相比，市场份额更能体现销售职位绩效的核心内容，更适于作为关键绩效指标。在设计关键绩效指标时应注意的事项包括：

1）KPI 是对重点经营活动的衡量，而不是对所有操作过程的反映。每个职位的工作内容都涉及不同方面，高层管理者的工作任务更复杂，但 KPI 只针对其中对企业整体战略目标影响较大，即对战略目标实现起到不可或缺作用的工作进行衡量。

2）KPI 是企业上下都认同的。

3）KPI 不是由上级强行确定下发的，也不是由本职位员工自行制定的，它的制定过程由上级与员工共同参与完成，是双方所达成的一致意见的体现。它不是以上压下的工具，而是相关人员对职位工作绩效要求的共同认识。

KPI 所具备的特点，决定了其在组织中举足轻重的地位。首先，作为企业战略目标的分解，KPI 的制定有力地推动了企业战略在各部门的执行；其次，KPI 使上下级对职位工作职责和关键绩效要求有了清晰的共识，确保了各层各类人员努力方向的一致性；再次，KPI 为绩效管理提供了透明、客观、可衡量的基础；然后，作为关键经营活动的绩效反映，KPI 帮助各职位员工集中精力处理对企业战略有最大驱动力的方面；最后，通过定期计算和回顾 KPI 的执行结果，管理者能清晰了解经营领域中的关键绩效参数，及时诊断存在的问题，并采取行动予以改进。具体来看，KPI 有助于：根据企业的发展规划/目标计划来确定部门/个人的绩效指标；监测与绩效目标有关的运作过程；及时发现潜在问题，发现需要改进的领域，并反馈给相应部门/个人；KPI 输出是绩效评价的基础和依据。当企业、部门乃至职位确定了明晰的 KPI 体系后，可以把个人和部门的目标与企业整体的目标联系起来；对于管理人员而言，阶段性地对部门/个人的 KPI 输出进行评价和控制，可引导部门和个人朝着正确的目标发展；集中测量企业所需要的行为；定量和定性地对直接创造利润和间接创造利润的贡献做出评估。

绩效是具有一定素质的员工围绕职位应负责任，所达到的阶段性结果及过程中的行为表现。其中职位应负责任的衡量就是通过职位 KPI 体现出来的，这个 KPI 体现了员工对部门/企业贡献的大小。目前，关键绩效指标设计常用的方法是“鱼骨图”分析法和“九宫图”分析法，这些方法可以帮助我们在实际工作中抓住主要问题，解决主要矛盾。

“鱼骨图”分析的主要步骤是：第一步，确定个人/部门业务重点，即确定哪些因素与企业业务相互影响；第二步，确定业务标准，定义达成目标的关键要素，以及满足业务重点所需的战略手段；第三步，确定关键绩效指标，判断一项绩效标准是否达到的实际因素。

将企业级 KPI 逐步分解到部门，再由部门分解到职位，依次采用层层分解、互为支持的方法，确定各部门、各职位的关键绩效指标，并用定量或定性的方法将指标确定下来。

战略目标分解的鱼骨图方式如图 6-4 所示。

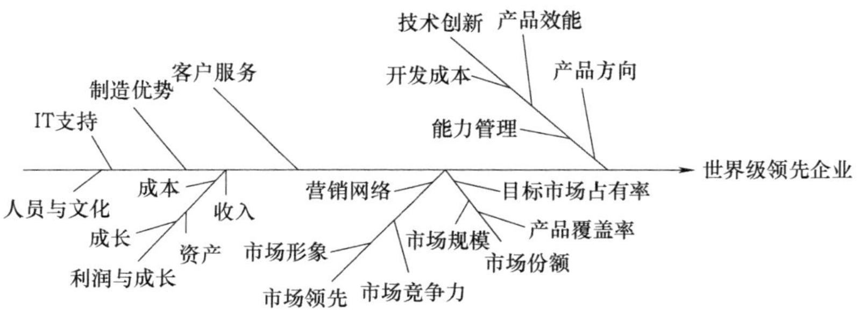

图 6-4　战略目标分解的鱼骨图

在 KPI 体系的建立过程中，尤其是在制定职位的关键绩效指标时，需要明确的是建立起 KPI 体系并不是我们工作目标的全部，更重要的是在 KPI 的制定过程中，各部门、各职位对其关键绩效指标通过沟通讨论达成共识，运用绩效管理的思想和方法，来明确各部门和各职位的关键贡献，并据此确定各部门和各职位的工作目标。在实际工作中围绕 KPI 开展工作，不断进行阶段性的绩效改进，达到激励、引导目标实现和工作改进的目的，避免无效劳动。

第四节　平衡计分卡在绩效管理中的运用

平衡计分卡（Balanced Score Card，BSC），源自哈佛大学教授罗伯特·卡普兰（Robert Kaplan）与诺朗诺顿研究院（Nolan Norton Institute）大卫·诺顿（David Norton）于 20 世纪 90 年代所从事的“未来组织绩效衡量方法”的研究计划。该计划的目的是找出超越以考量财务数据为主的传统绩效评价模式的新模式，以使组织的“战略”能够转变为“行动”。平衡计分卡是一种绩效管理体系，经过 20 多年的发展，它已经成为企业战略管理的工具，在战略规划与执行管理方面发挥非常重要的作用。

平衡计分卡是从财务、客户、内部运营、学习与成长 4 个维度，将组织的使命与愿景落实为可操作的衡量指标和目标值的一种新型绩效管理体系。设计平衡计分卡的目的就是要建立“实现战略制导”的绩效管理系统，从而保证企业战略得到有效的执行，因此人们通常认为平衡计分卡是加强企业战略执行力的最有效的战略管理工具。平衡计分卡 4 个维度绩效测评指标的关系如图 6-5 所示。

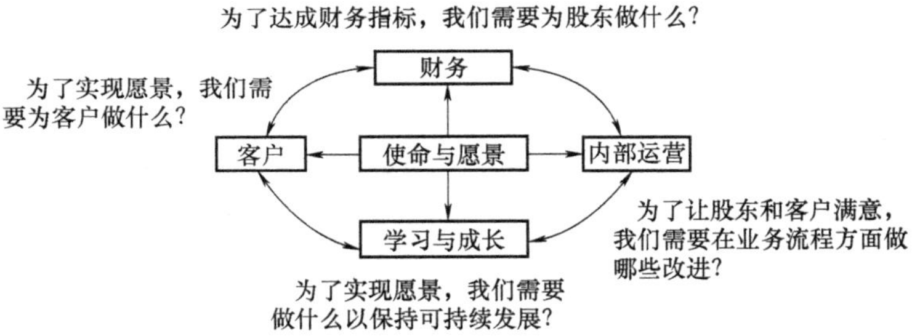

图 6-5　平衡计分卡 4 个维度绩效测评指标关系示意图

对已经导入平衡计分卡的企业来说，经常存在上下级认识不一致的问题。有些人认为平衡计分卡只是某些高级主管从事管理的手法与手段，甚至有个别人认为平衡计分卡只不过是资本主义剥削基层员工的方法；而较基层的员工通常也不被鼓励参与平衡计分卡的运作，他们只是接受平衡计分卡系统的监控，或者在组织运用平衡计分卡进行考核时提供一些数据和资料。难道企业只需要一些管理共同战略、目标及评价方式的机制，就能提升决策者的决策品质与企业营运的绩效吗？结果通常并非如此，让员工认同企业愿景以及共同的目标，并对战略目标有共同的了解，才能使中基层主管更有效地运用组织资源，满足顾客需求，以便最终达成目标、实现愿景。

美国管理大师德鲁克认为，在以知识工作者为劳动者主体的时代，员工应该被认为是知识提供的志愿者。就如同非营利组织一般，身为志愿者的员工，不仅在意自己是否提供了实际的知识、技能及经验，以有效帮助组织成长。他们更迫切想得到的，是对其工作意义、贡献的认可。

因此员工必须了解其行为是否能对企业整体产生积极影响，以及能否帮助企业达到战略目标。而达到这个目标的最佳方式，则是通过由上而下制定的平衡计分卡，将员工从每天例行的事务性工作提升到关注高层主管所关注的战略目标。对于员工而言，愿景不再是束之高阁的成堆报告，战略不再是高不可攀的管理理论，战略转变成一系列对企业绩效具有贡献的具体目标与工作流程。企业应用平衡计分卡一般包括如下几个步骤：

一、建立愿景，导入理念

愿景是平衡计分卡导入的第一个步骤，也是最重要的开始。在导入平衡计分卡之初，专项启动会议（Project Kick-off Meeting）往往是导入成败的关键因素。组织的动员和高管人员主导的决心和信心，往往决定着未来平衡计分卡绩效管理体系导入的成败。在大型组织的变革过程中，平衡计分卡的导入往往需要相当长的时间，主要的难点在于行为转变的困难。平衡计分卡的导入不只是绩效管理的考核项目、信息系统的导入项目或人力资源的年度计划项目，平衡计分卡还代表企业重要的变革，如果没有人领导平衡计分卡的持续改善与发展，它很容易失控，而人们则会习惯于已有的管理模式，忘了当初导入平衡计分卡的承诺与决心。愿景是平衡计分卡导入的第一个关卡，也是中基层员工观察或观望高层主管的重要节点。

因此，在组织愿景得到高层管理者的认可后，紧接着就是整个愿景的宣贯执行。如同商品需要进行包装，愿景同样需要宣传，愿景的宣贯使公司员工对愿景的目的、内容以及所需配合事项有深刻了解，并能争取到员工的支持。企业可以通过以下方式进行愿景宣贯：

1）举行一系列关于平衡计分卡的高层主管宣讲活动。举例来说，有家企业在董事长确认愿景的含义后，很快制订出走遍全省的愿景宣贯计划，并在全省各营业点举办宣贯活动，邀请所有员工参与，讨论、分享、检视及评论愿景，使全体员工在企业愿景确定之初就拥有了参与感。

2）利用互联网，把愿景刊登在企业内网上、微信公众号上，同时制作一系列愿景及平衡计分卡的专栏报道，一方面可构建组织内资讯及知识分享的机制，另一方面也可以有效地宣贯愿景，特别适用于跨国性企业。

3）制作愿景的标准版本 VCD。如某企业在我国的大陆和台湾、香港地区均设有子公司，针对地域分散性的特点，该公司制作了一份标准版本的愿景 VCD，一方面有效地使各个子公司及事业部充分了解公司的愿景；另一方面，标准版本 VCD 对后续新进员工的教育也是很有效的方法。

4）举行愿景宣贯的大型活动，让整个团队集合起来，利用这个机会来宣贯以使他们理解及认同企业愿景也是一个相当有效的方法，不过大型活动却也是所有宣贯活动中最耗费成本的。

愿景的宣贯是平衡计分卡导入的第一步，然而除了愿景的宣贯活动以外，企业必须更注意愿景宣贯的持续性。现实中，往往高层只是一时兴起，宣贯一开始如火如荼，但持续时间短，难以深入人心。因此要对愿景宣贯的效果做评估，并且根据愿景宣贯的效果进行调整与修正。

二、制定战略，建立系统

平衡计分卡基于共同目标的分享、个别目标的厘清以及问题解决的经营模式。为了让平衡计分卡制度具体落实到日常管理活动当中，以确保管理机制能够顺畅运作，企业需要建立相关作业规范、流程与步骤。

制定战略目标、建立管理系统是平衡计分卡导入的第二个步骤，也是企业进行管控的重点。通常在管理上，战略规划部门或人力资源部门更适合承担战略制定的组织工作。其实就平衡计分卡的本质而言，重要的不是责任部门的选择，而是所选定的责任部门必须能够充分掌握组织的现有状况以及战略管理的相关内涵。

在战略目标导入一段时间后，战略目标必须顺应管理方面的需要而有所改变。或许先前战略地图的结构都会被推翻，甚至可能会选择放弃原先所制定的战略目标。在这种极端的状况下，需要为企业发展制定新的战略目标，同时阐述新的战略地图。不过，通常没有人会想要推翻全部的战略目标，但是，应该多久检视一次组织的战略地图及战略目标呢？什么样的战略目标才是正确的呢？有研究报告指出：平衡计分卡至少应该每年检视一次，让每年的战略审核流程成为年度战略规划程序（例如经营计划）。平衡计分卡的战略目标会不断地修正与调整，为了更精确地阐述企业的愿景并且厘清相关战略目标专有名词的定义及说明，战略目标的定义也必须重新调整。

企业制定了战略目标及战略地图后，在后续进行组织运营管理时，必须特别注意的事项包括：

1．年度定期修订和调整

战略是一种动态、弹性的管理工具，必须适应企业内外部条件的变化而进行调整，至少每年定期大规模修订一次，而平时则可透过运营部门进行季度微调或观察，以注意相关战略目标的达成程度，不要等到最后一分钟才开始进行战略调整。原则上，企业可以透过每年定期进行的经营计划修订来修正平衡计分卡的战略目标，通常大型企业有每季或每半年的经营计划讨论会议。需要注意的是，必须订出固定时间表，让参与讨论的人员能够充分分析战略目标，以免最后战略目标的修订沦为形式，起不到其应有的作用。

2．战略目标定义必须注意一致性

例如对于“顾客满意”这一战略目标，高层经营团队、中层经理或者客服人员，会有不同的解读，因此必须细化其定义以达到上下一致。平衡计分卡必须建构一致性的管理语言，必须做好定义的明确说明，以协助企业所有员工对战略目标形成相同的解读。这样所有人才会将资源及人力投在相同的方向上。

3．战略目标修订必须强调实事求是的准则

在什么样的情况之下，可以改变战略目标或是战略目标间的关联？特别对于战略目标的关键之处，企业往往因为缺乏对整体商业模式的具体了解，不易规划出具备深刻管理内涵的战略地图。但是在什么样的情况下，战略的改变才是被允许的呢？这个问题必须从两个角度来回答，如果企业没有导入平衡计分卡系统，往往这样的论证只是沦为组织内的争论内容。换句话说，谁能够洞悉组织的商业经营模式，并且具有决定权，谁就主宰了企业的战略地图，至于正确与否，则必须等待时间的验证了；另外一种是企业已经导入平衡计分卡系统，并且相关战略目标的关键绩效衡量指标的确定及资料数据都非常正确，企业可以透过一些历史值及相关统计分析，进行战略推导模式的试验，这或许是比较具备科学思想的方法，但此类方案不易判断出哪些是具有“创新性”的战略。

确定好战略和责任部门之后，这个阶段主要是完成平衡计分卡基本内容的开发，主要包括以下几个方面：

1）企业层面战略地图和平衡计分卡的设计。

2）业务部门战略地图和平衡计分卡的设计。

3）职能部门战略地图和平衡计分卡的设计。

4）基于平衡计分卡的战略管控机制的设计。

虽然平衡计分卡完全可以一直向下分解到个人，但通常在首次应用平衡计分卡并期望其重点发挥战略管理作用的企业，我们往往不建议一开始就分解到个人，尤其在我国企业中。很多公司管理基础还比较薄弱，如果一开始就分解到个人，一方面工作量相对比较大，另一方面一旦人手一张“卡”，大家会很自然地把其当作考核工具而非战略实施过程的管理工具，而一旦大家把其当作考核工具，又会很自然地首先从如何保障自身利益角度思考，公司整体利益的最大化往往就退居其次了，此时平衡计分卡推进和实施的难度往往会增大很多。因此，我们通常的建议是：对于首次导入平衡计分卡的公司，可先在部门层面运转半年到一年后，再将其逐步分解到关键职位。

三、结合考核，深化应用

平衡计分卡的应用不仅可帮助企业实现对战略的梳理、分解、监控和管理，同时完全可以带动企业各项管理体系围绕战略进行全面整合。但是，如果在平衡计分卡应用的开始阶段就想贪大求全，一起步就想全面推动计划预算、绩效考核、流程改进等与平衡计分卡对接，往往欲速则不达。我们的建议是：在平衡计分卡体系建立起来后的半年到一年时间内，重点关注平衡计分卡在战略沟通、分解、执行过程监控与分析方面的核心应用，同时初步建立起与其他管理体系的整合思路。

经过一段时间的应用，公司上下对平衡计分卡作为战略管理工具都已比较熟悉，平衡计分卡的主要内容经过前期运行与调整也与企业实际更趋吻合，此时可开始全面推进其他管理体系尤其是计划预算体系、绩效考核、流程改进等与平衡计分卡进行全面对接，使战略与运营更有效地关联起来，并推动公司最终成为战略中心型的高效组织。

首先，在一个企业内有效实施平衡计分卡管理系统，需要公司高层管理者的全力支持和全程指导并参与。现在，很多企业导入平衡计分卡的第一步是召开启动大会，企业负责人在大会中会阐明推动落实的决心；企业负责人还会全程与经营团队一起完成所有工作任务，在导入过程中扮演好决策者的角色；极力引导经营团队向下推动，密切关注考核执行成效，从而确保公司上下对这一管理工具导入的热忱和积极参与。战略规划程序应自上而下（Top-down），为了统一并体现企业的整体战略思想，其规划的模式与过程均应该自上而下，而不是传统的自下而上，由各部门提出供上级参考裁定。战略规划程序应以战略地图的因果关系进行逻辑推演，将战略地图作为战略联结、整合、沟通的主要蓝本，以促使各职能间的横向协作能无缝接合，纵向目标层层分解、监控、考核，以发挥综合效应。

其次，实施平衡计分卡要与企业战略制定有效衔接。科学分析，不能让平衡计分卡变成一个独立的新生事物。企业从建立使命与愿景至规划长、中、短期经营计划，必须经过一系列思维缜密、逻辑严谨的经营分析过程，经由优势-劣势-机会-威胁（SWOT）矩阵分析、确定顾客价值主张、建构战略地图、竞争五因素分析、竞争态势分析、建立平衡计分卡等，才能得出合乎逻辑的经营战略与目标，以说服经营团队达成共识。

再次，实施平衡计分卡要能与个人绩效考核与薪酬奖励制度有效衔接。要能使组织绩效与个人绩效密切结合，企业导入平衡计分卡才有成功的可能。平衡计分卡是一种管理工具，在绩效管理过程中，平衡计分卡可以和关键绩效指标考核法相辅相成，从而实现好的绩效管理成果。我们建议应以职位说明书中的个人职责为准，将企业层级的KPI逐级依职责分解到每一位职位中的每一位员工身上，成为个人KPI，并作为员工个人绩效考核的重要一环，保证使个人绩效与组织绩效挂钩，再以个人绩效的达成论功行赏，使薪酬制度更具弹性与激励性；并配合战略主题选定的关键流程，找出战略性的职位群，设计其应有的职能以进行人力盘点，合格者给予晋升任用，不合格者给予培训，以有计划地发展企业未来所需的人才。

最后，应将基于平衡计分卡的绩效管理作为大型人力资源管理系统的一部分，适时加强人力资源部门的管理职能，使其能够站在战略管理的角度发挥职能作用，借以实现平衡计分卡导入的有效性。平衡计分卡的4大维度以员工学习与成长作为其他维度发展的基础，尤其是职能设计、人才盘点、人才培训与发展、KPI的设计及绩效考核等职能角色，即便在传统的企业组织设计上也都属于人力资源部门的范畴。平衡计分卡力求实现组织绩效与个人绩效的密切关联、组织目标与个人目标的高度一致、组织发展与个人发展的密切配合，而个人绩效的考核、发展与个人目标的确定正是人力资源绩效管理中绩效考核与发展重要的一环，可见，平衡计分卡的导入有助于使人力资源部门在企业的经营管理中发挥更积极、更举足轻重的作用。

另外，在实际工作中，由于引入平衡计分卡时常发现数据收集与分析的工作量太大，原始数据经过多次人工加工，不仅错误率增加，人工成本也增加，完全不符合经营管理分析与决策的效率需求，致使在运作过程中困难重重，还可能导致失败。因此，在导入平衡计分卡的同时，要重视企业信息化系统的建设，这将会为高效、准确地导入数据提供坚实的保障。

本章小结

绩效管理是企业管理的重要工具之一，绩效管理的意义远远不只是给员工发放绩效工资。实施有效的绩效管理并非易事，它需要一个组织具备良好的内部环境：首先，应具备完善的治理结构，理顺权责关系，才能建立科学的绩效目标制定和评价机制；其次，企业奖惩分配机制应以绩效为导向，绩效管理必须和激励机制密切配合；再次，在企业内部建立以绩效为导向的业务工作流程，这样才能使绩效管理过程可控；最后，应建立预算管理评估机制，确保绩效数据的有效性，并能为调整绩效战略目标提供依据；除此之外，还需要完善与绩效考核相配套的其他环节，如内部信息平台和宣传等。绩效管理自始至终都是企业重要的管理手段。

复习思考题

一、单选题

1. 以下对于绩效考核技术中的关键事件法描述正确的是（　　）。
   A. 关键事件是指对工作产生了影响的事件
   B. 关键事件只可选取对工作结果产生了正面影响的重要事件
   C. 关键事件只可选取对工作结果产生了负面影响的重要事件
   D. 关键事件可选取对工作结果产生了正面或负面影响的重要事件
2. 以下（　　）首先提出了目标管理的思想。
   A. 勒温　　B. 德鲁克　　C. 麦克利兰　　D. 泰勒
3. 以下（　　）不属于平衡计分卡的维度。
   A. 客户满意度　　B. 企业利润指标
   C. 企业内部规章制度建设　　D. 企业文化建设
4. 以下关于平衡计分卡的描述不正确的是（　　）。
   A. 平衡计分卡系统地考虑了企业财务、员工管理、客户管理等方面目标确定的需要
   B. 应用平衡计分卡进行绩效管理，有助于实现企业可持续发展
   C. 平衡计分卡 4 大维度的基础是企业利润目标
   D. 应用平衡计分卡进行绩效管理，有助于体现人力资源部门的战略地位
5. 以下（　　）提出了平衡计分卡的概念。
   A. 罗伯特·卡普兰和大卫·诺顿　　B. 麦戈雷格
   C. 亚当斯　　D. 奥尔德弗

二、多选题

1. 以下关于绩效管理的说法正确的是（　　）。
   A. 绩效管理是一个过程
   B. 绩效管理中最重要的工作是制订绩效考核方案
   C. 绩效管理是一项系统工作
   D. 绩效管理可以帮助员工理清工作思路，提升员工绩效
2. 影响绩效的主要因素有（　　）。
   A. 技能　　B. 机会　　C. 激励　　D. 环境
3. 关于绩效考核周期，以下说法正确的是（　　）。
   A. 为了有序管理，公司内部所有员工的考核周期应一致
   B. 基层员工的考核周期可以短一些，如每季度或半年进行一次考核
   C. 相比于基层员工，高层管理人员的考核周期应该长一些，如每年进行一次考核

D. 可以以完成一定任务的时限作为考核周期

4. 以下（　　）属于绩效考核技术。

A. 配对比较法　　B. 行为锚定等级评价法

C. 关键事件法　　D. 图尺度评价法

5. 关于KPI，以下说法正确的是（　　）。

A. KPI一定要符合SMART原则

B. 可以应用“鱼骨图”梳理出职位KPI

C. 职位KPI一定要得到任职员工的认可

D. KPI源自组织战略目标的层层分解

三、论述题

试论述KPI和BSC之间的关系及其应用。

四、实训项目

6～8名同学组成一个小组，参观调研1～2家企业，了解企业的绩效管理程序，并结合绩效管理理论为企业绩效管理的实施过程提出改进建议。

第七章 薪酬管理

知识目标

✧ 了解薪酬的概念、构成、功能。
✧ 理解薪酬管理的概念、内容、原则。
✧ 理解薪酬水平和外部竞争性的概念。
✧ 了解薪酬调查的关键因素。
✧ 理解薪酬策略的类型。
✧ 理解薪酬结构与内部一致性的概念。
✧ 掌握各种薪酬体系的概念、特点和实施条件。

技能目标

✧ 能应用职位评价的各种方法进行职位评价。
✧ 能对薪酬结构进行设计。
✧ 能根据企业的实际情况选择合适的薪酬体系。
✧ 能根据企业的实际情况设计员工福利体系。

引导案例

薪酬体系改革助力公司发展

某软件公司有工程、研发、市场、财务、行政等多个部门和两个外地分支机构。目前员工已超过100人，其中40%以上都是技术人员。总经理是公司最大的股东，股份占50%以上，其他股东也都在公司工作。骨干员工有10多位，基本都在公司工作2年以上。为了实现快速发展，公司引进了机构投资者，经过几年拼搏，公司度过了艰难的创业期，进入相对平稳的发展阶段。但公司又面临着一些新问题，比如：公司薪酬体系比较混乱，新老投资者在利益上的冲突越发明显；公司的技术骨干和管理骨干也普遍不满意现有的薪资福利待遇。有些员工因此而离职，员工的稳定性不断下降，团队面临着空前的危机。为了迅速改变当前状况，公司聘请专业的咨询公司重新设计了薪酬体系。

咨询公司设计薪酬体系的基本思路是：

第一步：对公司全部岗位进行工作分析，建立健全定编、定岗、定员和定额等各项基础工作。

第二步：对公司的各类职位进行系统的职位评价和分类、分级，明确各职位的职责和匹配的薪酬。

第三步：根据公司生产经营状况和财务实力，制定适合职位性质与工作特点的薪酬和奖励制度。

第四步：建立薪酬调查制度，定期对市场薪酬水平进行调查，掌握同类企业员工薪酬水平的变动情况，并根据实际情况对公司薪酬水平进行调整和改进。

新的薪酬体系推行以后效果明显，很快就解决了公司的各种问题，员工工作热情提高，团队凝聚力增强，公司的精神面貌焕然一新。

案例分析

该公司管理层的收入与业绩挂钩不紧密，几乎不能起到激励和约束的作用；而且股东权益和薪酬分配混在一起，非常不利于公司内员工职业化的发展；且短期福利保障手段单一，员工没有归属感，人才流失越来越严重。而新的薪酬体系则杜绝了这些弊端，调动了员工的积极性，促进了公司的良性发展。薪酬体系是公司管理的重要手段，不仅是激励员工的手段，也是实现人力资源合理配置、控制企业运营成本、最终实现企业战略发展目标的重要环节。

第一节　薪酬与薪酬管理

一、薪酬

（一）薪酬的概念

薪酬是员工因向其所在单位提供劳动或劳务而获得的所有各种形式的酬劳和答谢，其实质是一种公平交易或交换关系，是员工得到的作为个人劳动回报的各种类型的酬劳，它体现了劳动力的价格水平。薪酬是保证组织达到绩效目标的必要条件，也是按劳分配原则的重要体现。广义的薪酬包括员工获得的各种经济性与非经济性薪酬的总和；狭义的薪酬仅包括员工获得的经济性薪酬。

（二）薪酬的构成

狭义的经济性薪酬可分为直接薪酬和间接薪酬，其中直接薪酬包括基本薪酬、可变薪酬，间接薪酬包括员工福利和服务。薪酬的构成如图 7-1 所示。

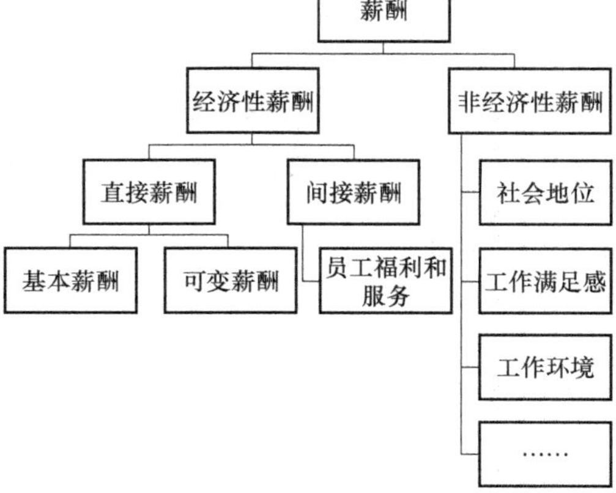

图 7-1　薪酬的构成

1．直接薪酬

（1）基本薪酬　基本薪酬是指一个组织根据员工所承担或完成的工作或员工所具备的完成工作的技能或能力而为员工支付的稳定性报酬。基本薪酬是员工从企业获得的较为稳定的经济报酬。基本薪酬对员工至关重要，因为它不仅为员工提供了基本的生活保障和稳定的收入来源，而且是可变薪酬确定的依据。它有两种形式：

1）职位薪酬，也称为岗位薪酬。大多数情况下，组织根据员工所承担工作的重要性、难度、对企业的价值、工作环境对员工的伤害程度以及对任职资格的要求来确定员工的基本工资，即岗位薪酬。

2）能力或技能薪酬。当组织将其需要的、员工拥有的完成工作的能力或技能作为确定基本工资的基础，这种工资形式就被称为技能薪酬或者是能力薪酬。

（2）可变薪酬　可变薪酬是薪酬体系中与绩效直接挂钩的部分，有时也被称为浮动薪酬或奖金。其目的是在薪酬和绩效之间建立起一种直接联系，这种绩效既可以是员工个人的绩效，也可以是某个业务单位、群体、团队或整个企业的绩效。可变薪酬对员工有很强的激励作用，对企业绩效目标的实现具有积极作用。可变薪酬可分成两种形式：

1）短期可变薪酬。它是建立在非常具体的绩效目标基础之上的，其主要表现形式是奖金。

2）长期可变薪酬。其目的在于鼓励员工努力实现跨年度或多年度的绩效目标。如许多企业高管和核心技术人员获得的与实现企业长期目标挂钩的红利等，就属于长期可变薪酬。

2．间接薪酬

间接薪酬也称为福利薪酬，主要是指组织为员工提供的各种物质补偿和服务形式，包括法定福利和组织提供的各种补充福利。间接薪酬与基本薪酬、可变薪酬的主要区别是：福利不以员工向企业供给的工作时间为单位来计算。间接薪酬一般包括：带薪的非工作时间，如年休假；员工个人及其家庭服务，如工作餐、儿童看护、医疗保健、养老保险等。间接薪酬是直接薪酬的一种很好的补充形式，其主要作用有：达到了合理节税的目的；为员工将来的退休生活和一些可能发生的不测事件提供了保障；有利于员工以较低的成本购买自己所需要的产品，如各种补充保险等。

小资料

IBM 的薪酬构成

IBM 作为世界一流的高科技企业，一直致力于其薪酬管理体系的完善，以增强企业吸纳、保留和激励优秀人才的能力。IBM 的薪酬主要由以下部分构成：

1）基本月薪——对员工基本价值、工作表现及贡献的认同。

2）综合补贴——对员工生活方面的基本表现及贡献的认同。

3）春节奖金——我国农历新年之前发放，使员工过一个富足的新年。

4）休假津贴——为员工报销休假期间的费用。

5）浮动奖金——当公司完成既定的效益目标时发出，以奖励员工的贡献。

6）销售奖金——销售及技术支持人员在完成销售任务后的奖励。

7）奖励计划——员工由于努力工作或有突出贡献而得到的奖励。

8）住房资助计划——公司将一定数额的资金存入员工个人账户，以资助员工购房，使员工能在尽可能短的时间内凭自己的能力解决住房问题。

9）医疗保险计划——员工医疗及年度体检的费用由公司解决。

10）退休金计划——积极参加社会养老统筹计划，为员工提供晚年生活保障。

11）其他保险——包括人寿保险、人身意外保险、出差意外保险等多种项目，关心员工每时每刻的安全。

12）休假制度——鼓励员工在工作之余充分休息，在法定节假日之外，还有带薪休假、探亲假、婚假、丧假等。

13）员工俱乐部——公司为员工组织各种集体活动，以提高团队精神，提高士气，营造大家庭气氛，包括各种文娱、体育活动、大型晚会、集体旅游等。

（三）薪酬的功能

薪酬反映了组织和员工之间的一种利益交换关系，因此，薪酬对员工和组织都会产生重要的作用。薪酬对员工具有保障、激励和信号的功能；对于企业来说，具有改善绩效、控制成本、塑造企业文化、支持企业变革等功能。

1. 薪酬对员工的功能

（1）保障功能　薪酬的保障功能是通过基本薪酬来体现的。劳动是员工脑力和体力的支出，企业只有给予足够的补偿，才能使其不断投入新的劳动力。员工的劳动收入，首先要用于购买各种必要的生活资料以维持劳动力的正常再生产；其次，为了满足企业的技术、产品和服务创新的要求，员工必须不断更新知识结构。因此，企业员工的薪酬应包括支付其学习、培训、进修等方面的需要；除此之外，员工某些生活娱乐的需要也应包括在其薪酬中，它同样属于维持劳动力再生产的范围。总之，员工所获薪酬数额至少应能够保证员工及其家庭生活与发展的需要，否则会影响员工的基本生活，影响社会劳动力的生产和再生产。薪酬的保障功能有助于员工获得工作安全感，发挥工作积极性。

（2）激励功能　薪酬的激励功能主要通过奖金来实现。在市场经济条件下，对员工的激励除了精神激励（员工自我价值的实现）外，主要是物质利益的激励。现实生活中，员工一方面要追求自身的价值、主人翁感和认同感，另一方面更重视追求实在的利益，而劳动则是员工获取收入以满足自己物质需求的基本手段。在这种情况下，企业通过各种薪酬（包括奖金）形式，把薪酬与员工的劳动成果联系起来，薪酬就能发挥激励作用。

（3）信号功能　薪酬具有很强的传递市场信号的功能。人们可以根据薪酬判定员工的职业、受教育程度、生活状况等。在企业内部，员工相对薪酬水平的高低代表了他在企业内部的地位和受重视程度；通过与企业外部比较，员工薪酬水平的高低还反映了其在劳动市场上的价值。

2. 薪酬对企业的功能

（1）改善绩效功能　薪酬对员工的工作态度、工作行为和工作业绩都有直接影响，企业通过薪酬可以向员工传递一种信号，即什么样的态度、行为和业绩是企业想要的；合理的薪酬能够有效激励员工，使员工产生良好的工作态度和行为，产生高绩效。同时合理的薪酬还有助于吸引和保留高质量人才。

（2）控制成本的功能　企业薪酬水平的高低会直接影响企业在市场中的竞争力。较高的薪酬水平有助于吸引和保留高质量人才，但同时也会增加企业的成本支出。一般来说，薪酬总额会占到企业总成本的 40%～90%，所以，合理的薪酬设计是有效控制薪酬成本的重要手段。

（3）塑造企业文化的功能　合理和富有激励性的薪酬体系有助于企业塑造良好的企业文化，或者是对已经存在的企业文化起到积极的强化作用。所以，许多企业文化的变革都伴随着薪酬制度的改革，通过薪酬制度来加深员工对企业文化的理解，促成员工对企业文化的认同。

（4）支持企业变革的功能　变革是企业经营过程中不可避免的课题。薪酬作为一种有效的激励工具和沟通手段，可以作用于员工个人、工作团队和企业整体，增强员工对变革的接受和认可，创造出与变革相适应的内部和外部氛围，从而推动企业变革。

二、薪酬管理

1．薪酬管理的概念

薪酬管理是指一个组织针对所有员工，根据他们所提供的服务来确定其应当得到的报酬总额、报酬结构和形式的过程。在这个过程中，企业就薪酬水平、薪酬体系、薪酬结构、薪酬制度以及特殊员工群体的薪酬做出决策。同时，作为一种持续的管理过程，企业还要持续不断地制订薪酬计划，拟定薪酬预算，就薪酬管理问题与员工进行沟通，同时对薪酬管理系统的有效性做出评价并不断予以完善。

几乎对任何一个组织来说薪酬管理都是一个比较棘手的问题，主要是因为企业的薪酬管理系统一般要同时达到公平性、有效性和合法性 3 大目标。企业经营对薪酬管理的要求越来越高，薪酬管理的限制因素也越来越多，除了基本的企业经济承受能力、政府法律法规外，还涉及企业不同时期的战略、内部人才定位、外部人才市场以及行业竞争者的薪酬策略等因素。

2．薪酬管理的内容

（1）薪酬水平　薪酬水平是指企业中各职位、各部门以及整个企业的平均薪酬水平，薪酬水平决定了企业薪酬的外部竞争性。薪酬水平管理要能够根据员工绩效、能力特征和行为态度进行动态调整，还包括确定管理团队、技术团队和营销团队的薪酬水平，确定跨国公司各子公司和外派员工的薪酬水平，确定稀缺人才的薪酬水平以及确定与竞争对手相比的薪酬水平。

（2）薪酬结构　薪酬结构指的是同一企业内不同薪酬等级的数量以及不同薪酬等级之间的薪酬差距大小。即正确划分合理的薪级和薪等，正确确定合理的级差和等差，还包括如何适应组织结构扁平化和员工职位大规模轮换的需要，合理地确定薪酬的结构组成。

（3）薪酬体系　薪酬体系的主要任务是确定企业员工基本薪酬的基础是什么。国际上通行的薪酬体系有：职位薪酬体系、能力或技能薪酬体系、绩效薪酬体系、长期薪酬体系等。薪酬体系管理不仅包括基础薪酬、绩效薪酬、期权期股的管理，还包括如何给员工提供个人成长、工作成就感、良好的职业预期，以及就业能力的管理。

（4）薪酬制度　即薪酬决策应在多大程度上向所有员工公开和透明化，谁负责设计和管理薪酬制度，薪酬管理的预算、审计和控制体系又该如何建立和设计。

3．薪酬管理的原则

（1）公平性原则　公平性原则是薪酬管理的首要原则，它要求薪酬分配全面考虑员工的绩效、能力及劳动强度、责任等因素，考虑外部竞争性、内部一致性要求，达到薪酬的内部公平、外部公平和个人公平。

（2）补偿性原则　薪酬的本质是劳动力生产和再生产的费用。因此，补偿性原则要求薪酬能够补偿员工恢复工作精力所必要的衣、食、住、行等相关费用，以及补偿员工为获得工作能力以及身体发育所先行付出的费用。

（3）激励性原则　激励性原则要求打破薪酬刚性，增强薪酬弹性，通过绩效考核，使员工的收入与公司绩效和个人绩效紧密结合，激发员工积极性，提高工作绩效水平，即要求薪酬与员工对组织的贡献挂钩，体现按劳分配、按贡献分配的原则。

（4）竞争性原则　竞争性原则要求根据市场薪酬水平的调查结果，对与市场水平差距较大的职位薪酬水平应有一定幅度的调整，使企业的薪酬水平有一定的市场竞争性，以便吸引和留住人才。企业核心人才的薪酬水平至少不应低于市场平均水平。

（5）经济性原则　经济性是指用人单位设计的薪酬体系应该经济、科学，充分考虑薪酬成本、人工成本与总体收益的关系，使员工的薪酬和组织的经营状况挂钩。好的薪酬方案一定是在尽量经济的前提下发挥出薪酬的最佳功能，帮助企业增强竞争力，实现协调、健康、可持续发展。

（6）合法性原则　合法性原则要求薪酬制度不违反国家、地方的相关法律法规。

第二节　薪酬水平

一、薪酬水平和薪酬策略

（一）薪酬水平与外部竞争性

1．薪酬水平

薪酬水平是指企业内部各职位、各部门以及整个企业平均薪酬的高低状况，是相对于其竞争对手的企业整体的薪酬支付实力。应侧重分析企业之间的薪酬水平关系。一个企业所支付的薪酬水平的高低无疑会直接影响企业在劳动力市场上获取人才能力的强弱，进而影响企业的竞争力。

2．外部竞争性

薪酬水平体现了企业薪酬的外部竞争性。所谓外部竞争性，实际上是指一家企业的薪酬水平高低以及由此影响的企业在劳动力市场上的竞争能力的强弱。薪酬水平对外部竞争性的重要作用体现在三个方面：

（1）吸引、留住和激励员工　薪酬水平在吸引和保留员工方面的重要性是显而易见的。如果企业的薪酬水平比较高，一方面企业可以很方便地招募到自己所需要的人员，另一方面也利于员工流动率的下降，这对于企业保持自身在产品和服务市场上的竞争优势是有利的。此外，较高的薪酬水平还有利于激发员工的工作动机，改善员工的工作态度，同时降低企业的管理费用。

（2）控制劳动力成本　薪酬水平的高低和企业的总成本密切相关，尤其在以低成本作为竞争战略的企业中。显然，在其他条件一定的情况下，薪酬水平越高，企业的劳动力成本就会越高；而相对于竞争对手，在提供相同或类似产品、服务的情况下，较高的薪酬水平意味着较高的产品成本，较高的产品成本进而会导致较高的产品定价。在产品差异不大的情况下，消费者自然会选择较为便宜的产品。

（3）塑造企业形象　高薪酬往往意味着企业的产品和服务在市场上具有良好的竞争力，意味着企业具有长远、健康的发展前景，意味着企业对于人才的重视和渴求。因此，高薪酬对于企业建设雇主品牌、塑造良好品牌形象具有重要意义。

（二）薪酬水平的影响因素

1．劳动力市场

企业必须根据劳动力市场的供求变化支付薪酬，劳动力市场的变化及其差异形成对薪酬支付的限制。劳动力市场，从某种意义上讲，是指雇主以薪酬和其他工作奖励和雇员交换组织所需技能与行为的场所。具体涉及劳动力市场的地理区域、劳动力供求影响、内部劳动力市场、失业率和离职率以及政府与工会等因素。劳动力市场的状况直接影响企业劳动力的供给，主要表现在两个方面：一是雇用数量；二是雇用价格，即薪酬水平。

小资料

我国各地区的薪酬水平

智联招聘根据平台大数据监测了我国37个主要城市的职场竞争态势（见表7-1），发布了《2019年夏季中国雇主需求与白领人才供给报告》。报告显示：我国37个主要城市的平均招聘薪酬为8 452元/月；其中，北京、上海、深圳占据榜单前三位，薪酬水平均超过了1万元，北京更是以11 204元的薪酬水平领跑其他城市；而东北地区的长春、哈尔滨和沈阳则位列最后三名。

表7-1　2019年夏季求职期平均薪酬城市分布

排　名	城　市	平均薪酬	排　名	城　市	平均薪酬
1	北京	11 240	6	南京	8 463
2	上海	10 662	7	厦门	8 290
3	深圳	10 088	8	宁波	8 261
4	杭州	9 430	9	苏州	8 261
5	广州	8 868	10	武汉	8 229

（续）

排名	城市	平均薪酬	排名	城市	平均薪酬
11	东莞	8 184	25	青岛	7 553
12	佛山	8 049	26	海口	7 543
13	重庆	8 020	27	郑州	7 470
14	乌鲁木齐	7 977	28	天津	7 461
15	成都	7 912	29	兰州	7 301
16	济南	7 904	30	西安	7 281
17	南宁	7 829	31	大连	7 034
18	长沙	7 828	32	烟台	7 005
19	福州	7 709	33	石家庄	6 992
20	合肥	7 694	34	太原	6 897
21	贵阳	7 693	35	长春	6 735
22	南昌	7 636	36	哈尔滨	6 586
23	无锡	7 628	37	沈阳	6 546
24	昆明	7 627			

2. 产品市场

产品市场、生产要素市场在很大程度上决定了企业薪酬的支付能力。在同行业内或者行业之间，影响企业支付能力进而影响薪酬水平策略的因素很多，主要包括产品的需求弹性、品牌的需求弹性、劳动力成本占总成本的比例以及其他生产要素的可替代性等。

3. 企业特征因素

企业特征从本质上决定了企业薪酬的支付能力。影响薪酬水平的企业特征因素一般包括企业的经济效益、管理取向、员工规模与配置效率等。

4. 经营状况

企业战略意图制约着企业对不同职位薪酬水平的支付意愿，尤其是竞争战略，对企业薪酬水平影响最为直接，它反映了企业经营业务对环境的反应。通常，应用低成本竞争战略的企业会考虑控制薪酬水平；而应用创新战略的企业则会提供有行业竞争力的薪酬水平。

（三）薪酬策略的类型

企业在薪酬水平方面需要做出战略选择：到底是将薪酬水平定在高于市场平均水平之上，还是将其定在与市场平均薪酬水平持平或稍低一点的水平上，这就是薪酬策略。常见的可供企业选择的薪酬战略有4种：

1. 市场领先策略

市场领先策略是指支付高于市场平均水平薪酬的策略，即在同行业或同地区市场上保持优势的薪酬水平。其优点是：可以吸引和保留高质量人才；可以抵消工作本身所具有的种种不利因素，如工作压力大或者工作条件差等；可以降低跳槽率和缺勤率。但其缺点也很明显，由于高薪使得招聘更容易，这就掩盖了工作其他方面所导致的高跳槽率，如工作任务缺乏挑战性，人际关系紧张等；此外，还会带来较高人力成本。

一般而言，实施这种策略的企业有以下几种情况：

1）企业处于快速成长期，目的是利用较高薪酬水平快速吸引人才。

2）企业效益好，崇尚劳资合作与利益分享。

3）企业资力雄厚，为了体现企业实力。

4）薪酬成本在企业总成本中所占比率较低的企业，相对而言薪酬支出对企业成本支出影响不大。

2．市场追随策略

市场追随策略是企业最常使用的方式，也可以称之为市场匹配策略，实际上就是根据市场平均水平来确定本企业薪酬定位的一种常用做法。其优点是：市场追随策略力图使本企业的薪酬水平接近同类竞争对手的薪酬水平，这种策略能使企业避免在保留高素质员工队伍方面处于劣势。其缺点是：实施市场追随策略的企业由于没有独特优势，它们在招募员工时往往需要花费较多时间。

这种策略是最常用的薪酬策略，大多数企业都是这种策略的执行者。

3．市场滞后策略

市场滞后策略也被称为拖后策略，即在同行业或同地区劳动力市场中保持较低薪酬水平。其优点是：如果拖后策略是以提高未来收益作为补偿的，则有助于提高员工对企业的组织承诺度，培养他们的团队意识，进而改善绩效。其缺点是：拖后薪酬策略对于企业吸引员工来说是非常不利的，而且在实施这种政策的企业中，员工流失率往往比较高。

一般而言，实施这种策略的企业有以下几种情况：

1）受人力成本约束，没有能力提供高水平薪酬。

2）企业处于衰退期或遇到财务危机。

3）企业比较注重施行其他形式的补偿（高福利），或注重长期报酬激励等形式。

4．混合策略

混合策略是指企业在确定薪酬水平时，根据职位或员工的类别分别制定不同的薪酬水平，而不是对所有职位和员工均采用相同的薪酬水平定位。其优点是：具有灵活性和针对性。对于劳动力市场上的稀缺人才以及企业希望长期保留的关键职位上的人才，采取薪酬领先策略；对于劳动力市场上的富余劳动力以及鼓励流动的低级职位上的员工采用追随或拖后策略。这样既有利于公司保存自己在劳动力市场上的竞争力，又有利于合理控制公司的薪酬成本开支。

二、薪酬调查

薪酬调查是搜集和判断关于其他雇主支付给员工的薪酬信息的系统性过程。薪酬调查能够在组织制订有竞争力的薪酬政策以及将这种政策转化为薪酬水平和薪酬结构的时候提供所需要的资料。薪酬调查的主要目的是：调整薪酬水平；优化薪酬结构；估计竞争对手的人力成本。薪酬调查的关键因素见表 7-2。

表 7-2 薪酬调查的关键因素

<table>
<tr><th>关键因素</th><th>具体内容</th><th colspan="2">举例说明</th></tr>
<tr><td rowspan="3">调查的职位</td><td>具有代表性的职位</td><td colspan="2">总经理、公关部经理</td></tr>
<tr><td>有很多员工的职位</td><td colspan="2">办公室秘书、流水线上的工人</td></tr>
<tr><td>流动性较强的职位</td><td colspan="2">餐厅服务员、推销员</td></tr>
<tr><td rowspan="3">数据来源及渠道</td><td>公开的资料</td><td colspan="2">国家和地区统计部门公开发布的资料；图书馆及档案馆中的统计年鉴等工具书</td></tr>
<tr><td>抽样调查</td><td colspan="2">通过抽样调查获得的第一手资料</td></tr>
<tr><td>招聘过程</td><td colspan="2">外部薪酬状况等一些数据资料</td></tr>
<tr><td rowspan="4">调查方法</td><td rowspan="2">企业自己调查</td><td>优　点</td><td>缺　点</td></tr>
<tr><td>目标清楚、可靠</td><td>专业化程度不够，样本较小</td></tr>
<tr><td>委托调查公司</td><td>简单易行，结果较客观公正，范围可大可小</td><td>费用较高</td></tr>
<tr><td>企业间相互交流信息</td><td>成本低，信息沟通较快</td><td>信息正确性较差，有些信息不易收集</td></tr>
<tr><td>调查步骤</td><td colspan="3">确定调查的具体目标
确认调查的具体工作职位
选择调查的企业
设计问卷
组织实施
回收问卷与分析数据</td></tr>
<tr><td>调查内容</td><td colspan="3">薪酬水平、薪酬结构、薪酬体系</td></tr>
</table>

三、职位评价

在薪酬水平决策中，不仅要根据企业的薪酬策略与薪酬调查结果确定企业的整体薪酬水平，还需要确定企业内部不同职位间的相对薪酬水平。而薪酬的内部一致性问题，主要依靠职位评价来解决。

（一）职位评价的概念

职位评价又称为职位评估或岗位评价，是指根据各职位对组织目标的贡献，通过专门的技术和程序对组织中各个职位的价值进行综合比较，确定组织中各个职位的相对价值差异的过程。职位评价的特点：一是对事不对人；二是职位评价衡量的是职位的相对价值，而不是绝对价值；三是职位评价先对性质相同的职位进行评判，然后再根据评定结果划分出不同的等级。

（二）职位评价的方法

职位评价的方法主要有排序法、归类法、因素比较法和要素计点法 4 种，这 4 种评价方法的定义、优点和缺点详见表 7-3。

表 7-3 职位评价方法及比较

职位评价方法	具体描述	优点	缺点
排序法	最简单的一种工作评价方法，以职位说明书与规范书为基础，把企业内所有职位逐一进行比较，按各职位对企业的相对价值或重要性，排出顺序以确定职位的高低	简单、容易操作、省时省力	这种方法带有一定的主观性 仅仅对职位进行排序还无法准确地知道职位之间的相对价值关系 只适用于较小规模的组织
归类法	通过制定出一套职位级别标准，然后将职位与标准进行比较，将它们归到各个级别中去，是排序法的改进	简便、易理解和操作，可以对大量职位进行评估 灵活性比较强，尤其适用于组织中职位发生变化的情况	对职位等级的划分和界定存在一定难度，有一定的主观性 对职位的评估比较粗糙，在将评价结果用到薪酬体系中时会遇到一定困难
因素比较法	是一种量化的职位评价方法，选择多个薪酬指标，并根据不同的指标排序	比较精确、体系化，很容易向员工解释	对评价小组而言，整个评价过程会异常复杂 报酬要素的确定比较困难
要素计点法	根据各个职位在薪酬要素点上的得分来确定职位价值的相对大小	评价更为精确 广泛应用于各种职位 能够反映组织独特的需要和文化，强调组织认为有价值的那些要素。	方案的设计和应用耗费时间 在薪酬要素的界定、等级定义以及点数权重确定等方面都存在一定的主观性

1．排序法

排序法是职位评价中最为简单的一种方法，要求参照《职位说明书》，将企业中所有职位按其重要性排序。操作步骤如下：

1）获取与职位有关的信息，即每个职位的《职位说明书》。

2）成立职位评价委员会。

3）选定参与排序的职位。如果组织中的职位比较多，要选择一些关键性职位作为基准职位。

4）对排序的标准达成共识。

5）进行比较和排序。有两种基本的排序方法：一种是简单排序法，就是根据对职位的总体判断，按照重要性或者对企业贡献度的高低顺序将职位依次进行排列。另一种是交替排序法，交替排序法也称为配对比较法，首先从待评价的职位中找出价值最高和价值最低的职位；如此循环，直到把所有职位排列完毕为止。

6）评估委员会成员各自检查排序结果，对其中不合理的地方进行调整。

7）综合评估委员会成员排序的结果，得出最终排序，排序工作完成，见表 7-4。

表 7-4 某公司职位序列

（单位：元）

职位序列等级	年薪酬水平
总经理	100 000
副总经理	80 000
行政总监	65 000
部门经理	50 000
部门主管	40 000
行政助理	30 000

排序法的优点是操作比较简单、方便；缺点是过于主观笼统，且只能定性地比较出职位间的重要性，难以定量地区分出职位间重要性的差异，给后续薪酬数额的确定带来难度。

2. 归类法

归类法也叫套级法，属于比较简单易行的一种职位评价方法。其关键点在于企业需要预先制定一套供参照用的等级标准（即“标尺”），再将待定级的职位与其进行比照，从而确定该职位的级别。具体操作步骤如下：

1）确定企业的职位族群，即把企业所有职位划分为若干大类，如行政管理类、销售类、研发类、文秘类等。

2）确定每个职位族群的职位等级，等级数的多少取决于工作的复杂性，即所承担职责的轻重，要掌握技能的繁简等，越复杂，分级越多。

3）对每类每级职位，挑选一个有代表性的、典型的关键职位，用《职位说明书》对这个职位做较详细的描述。这些关键职位及相应的工作职责、任职资格的相关说明，便构成了归类（套级）用的等级标准。

通过此种方法，只能在各职位族群中对各职位的相对重要性进行排序，但不能对这些职位的重要性做量化评价。

3. 因素比较法

因素比较法是指按照一些客观标准评价企业职位，把企业内所有职位的付酬因素与标准职务的付酬因素进行比较，从而确定各职位的薪酬。因素比较法的示例见表7-5。

表7-5 因素比较法示例

工资水平/（元/小时）	智力因素	体力因素	经验/技能	监督责任
0.5	—	—	—	打字员 客房服务员 餐厅服务员
0.8	客房服务员 打字员	打字员	—	—
1.0		秘书	打字员	
1.3	餐厅服务员	人事主管	客房服务员	秘书
1.5	秘书	营销部经理 公关部经理	餐厅服务员	—
2.0	—	客房服务员 餐厅服务员	—	—
2.5	—	—	—	—
3.0	—	—	—	人事主管
3.3	公关部经理	—	—	—
4.0	人事主管	—	人事主管	公关部经理 营销部经理
4.6	—	—	公关部经理	—
5.0	营销部经理	—	营销部经理	—

1）确定付酬因素。付酬因素是指一些与职位相关，并可作为职位价值比较的因素。常有的付酬因素包括工作技能、智力、体力、责任和工作环境等。

2）选择要分析的职位等级中的典型职位。如经理等级中的人事主管、营销部经理，行政等级中的打字员、秘书，服务员等级中的餐厅服务员、客房服务员等。

3）根据付酬因素在各职位中的重要程度，将各关键职位排序，如在付酬因素的智力因素中，客房服务员和打字员所需要的智力因素最少，所以排在最前面（工资水平最低）；餐厅服务员次之；营销部经理需要的智力因素最多，所以排在最后（工资水平最高）。

4）按市场调查结果和企业薪酬水平将标准职位的薪酬分配到各个付酬因素中。例如：餐厅服务员每小时薪金为 5.3 元，那么这些薪金如何分配到各个付酬因素中呢？经过市场调查和企业薪酬水平分析后得出，1.3 元是付给智力因素，2.0 元是付给体力因素，1.5 元是付给经验/技能因素，0.5 元是付给责任因素。

5）建立一个薪酬结构表，按付酬因素和薪酬资料，把标准职位填入表中。

6）最后将非标准职位逐一填入表中，例如，企业应该付多少薪酬给公关部经理。根据工作描述，将公关部经理的工作，按照每一项付酬因素，逐一与其他标准职位比较。在公关部经理的工作中，其智力因素高于打字员、服务员、秘书，低于人事主管及营销部经理，应付 3.3 元。如此类推，逐一比较，可以看出公关部经理的时薪为 13.4 元。

4．要素计点法

要素计点法又称点数法，与因素比较法类似，都以付酬因素（也称要素）来确定薪金结构，只是计算方法不同。点数法不是将企业中的职位按重要性进行相互比较（例如将公关部经理与人事主管进行比较），而是独立计算每个职位的点数，作为付酬的依据。点数法示例见表 7-6，操作步骤如下：

表 7-6　行政职族工作要素等级评分

（等差法，选用 4 项因素、5 个等级和 500 点计算）

工作要素	权重（%）	要素的等级				
		1	2	3	4	5
学历	40	40	80	120	160	200
责任	30	30	60	90	120	150
体能	10	10	20	30	40	50
工作条件	20	20	40	60	80	100
总点数		100	200	300	400	500

1）确定要评价的职位族群。因为企业中不同部门间的职位差别很大，通常不会使用一种点值评定方案来评价组织中所有职位。因此，第一步通常是划分职族，如行政职族（主管、经理等）、销售职族等，委员会一般要对每个职族制定一种方案。

2）搜集职位信息。进行职位分析，制定《职位说明书》。

3）选择付酬要素，如教育、经验、工作知识、精力、体力、技术等（通常不同职族有不同付酬要素）。

4）确定要素等级的数量。确定每个要素的等级后，评估者才可以评定每个职位的要素等级或要素数量。每个要素的等级不超过 5～6 个，实际等级数主要取决于评价者的评价需要。例如，如果员工不是在安静、带空调的办公室工作，就是在嘈杂、炎热的车间工作，那么“工作条件”因素可能只需分为2级。不是每个因素都需具有相同的等级数，等级数应限制在可以清楚区分职位的水平上。

5）确定要素的相对价值和点数。这一步需要确定每个要素的权重。这一步相当重要，因为对于不同的职位，有些要素比其他要素更重要。例如，对于行政人员来说，“心理需求”要素的权重要大大高于“身体要求”；而对于车间职位来说，很可能正好相反。制定薪酬点数表的方法，是先选定一个总点数，通常是400点或500点，再以等差法或倍差法来计算各项要素的点数。至于选取哪种级差则由管理者决定。

6）根据点数确定各职位的薪酬范围。管理者在制定点数表后，会将有关资料汇集到一起，成为企业职位评价点数手册。手册内附有对不同点数要求详细说明，在进行职位评价时，将该职位的职责等与各付酬要素做比较，为职位选择最合适的要素等级，这样就有了相对应的职位点数，并参照点数-工资转换表，确定该职位的薪酬范围。点数-工资转换表的示例见表7-7。

表7-7 点数-工资转换表示例

工资等级	点数范围	月薪（元）
1	101～150	2 000～2 500
2	151～200	2 300～2 800
3	201～250	2 600～3 100
4	251～300	2 900～3 400
5	301～350	3 200～3 700
6	351～400	3 500～4 000
7	401～500	3 800～4 300

第三节 薪酬结构

一、薪酬结构概述

1. 薪酬结构与内部一致性

薪酬结构是薪酬的组成部分，它是对同一组织内部不同职位或技能之间的员工薪酬水平的排列形式，它强调不同职位或技能等级的数量、薪酬差距及其标准。

薪酬结构强调组织内部的一致性。确定薪酬结构的流程如图7-2所示。内部一致性是指组织内部不同职位（或技能等级）之间的相对价值比较问题。价值比较可以是横向的，也可以是纵向的；可以是同一职族内部的比较，也可以是同一部门内部的比较。薪酬结构是在内部一致性和外部竞争性这两种薪酬有效性标准之间进行平衡的一种结果。之所以需要考虑外部竞争性，是因为薪酬结构是在外部市场薪酬调查与组织内职位评价的基础上建立起来的。

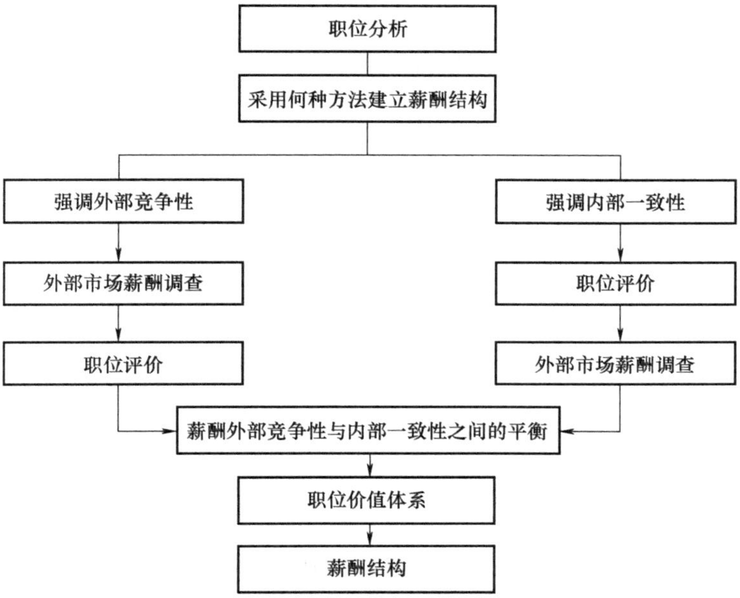

图 7-2　薪酬结构设计流程

2. 薪酬结构的内容

完整的薪酬结构包括 3 方面的内容：

（1）薪酬等级的数量　薪酬等级将价值相近的职位归入同一个管理等级。因此，建立薪酬等级，首先要将各个职位根据价值划分成不同的等级，划分的依据是职位评价的结果。同一个薪酬等级内的各种职位都应获得相同薪酬。

（2）同一薪酬等级内部的薪酬变动范围　薪酬等级确定后，还需要确定各个等级的薪酬变动范围，即薪酬区间。确定薪酬区间的关键就是计算薪酬区间的最高值、中值以及最低值，如图 7-3 所示。

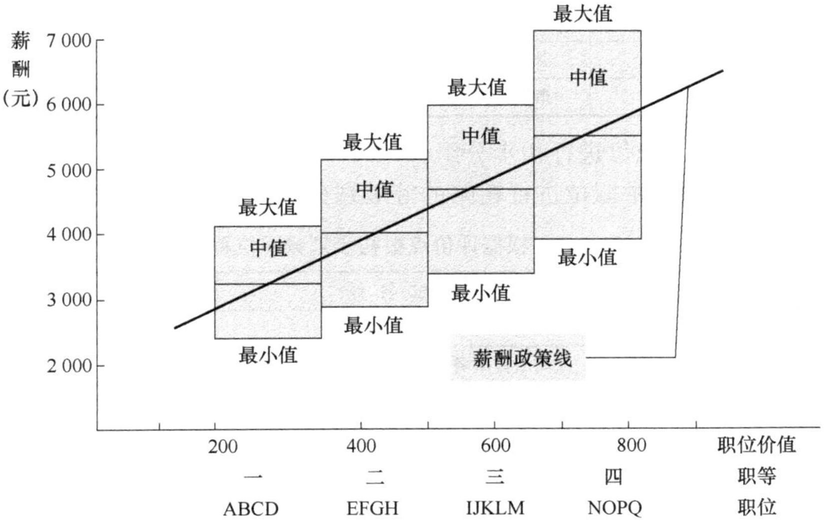

图 7-3　薪酬等级和薪酬区间示意图

（3）相邻两个薪酬等级之间的交叉与重叠关系　薪酬等级的交叉与重叠关系如图 7-4 所示，薪酬等级之间有接合、重叠和分离三种常见形式。

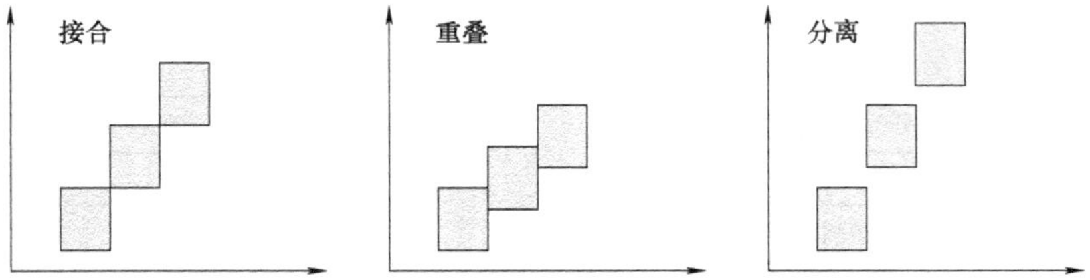

图 7-4　薪酬等级的交叉与重叠关系

二、薪酬结构设计的步骤

1）观察被评价职位的点值状况，根据评价点数对职位进行排序，见表 7-8。

表 7-8　根据评价点数对职位进行排序

顺　序	职位名称	点　数
1	出纳	150
2	离退休事务主管	205
3	行政事务主管	265
4	工会财务主管	335
5	总经理秘书	340
6	行政事务主管	350
7	报销会计	350
8	招聘主管	410
9	会计主管	435
10	项目经理	480
11	总经办主任	540
12	财务部经理	555
13	市场部经理	575

2）按照职位点数对职位进行初步分组。

以整百点为界线对表中职位进行粗略的等级划分，可以得到 5 个职位等级，见表 7-9。

表 7-9　根据评价点数初步划分职位等级

职位等级	职位名称	点　数
1	出纳	150
2	离退休事务主管	205
	行政事务主管	265
3	工会财务主管	335
	总经理秘书	340
	行政事务主管	350
	报销会计	350

（续）

职位等级	职位名称	点数
4	招聘主管	410
	会计主管	435
	项目经理	480
5	总经办主任	540
	财务部经理	555
	市场部经理	575

3）根据职位的评价点数确定职位等级的数量及其点数变动范围。

由于在职位评价中只能对关键职位进行评价，因此在划分职位等级的过程中，需要考虑其他未被评价的职位，需仔细考虑应当划分成多少个等级比较合适，并要确定每个职位等级的最低点数和最高点数。职位等级内部点数划分的方法有两种：一是恒定绝对极差；二是恒定差异比率。这里以恒定绝对极差的方式来确定不同职位等级内部的点数，取 39 点作为恒定绝对极差得到正式职位等级划分及其点数变动范围，见表 7-10。

表 7-10 正式职位等级划分及其点数变动范围

顺序	点数跨度
11	537 以上
10	498～536
9	459～497
8	420～458
7	381～419
6	342～380
5	303～341
4	264～302
3	225～263
2	186～224
1	147～185

4）将职位等级划分、职位评价点数与市场薪酬调查数据结合起来，见表 7-11。

表 7-11 根据评价点数对职位进行排序

顺序	职位名称	点数	市场薪酬水平（元）
1	出纳	150	1 600
2	离退休事务主管	205	1 850
3	—	—	—
4	行政事务主管	265	2 080
5	工会财务主管	335	2 350
	总经理秘书	340	2 350
6	行政事务主管	350	2 450
	报销会计	350	2 550
7	招聘主管	410	2 950

（续）

顺　序	职位名称	点　数	市场薪酬水平（元）
8	会计主管	435	3 200
9	项目经理	480	3 600
10	—	—	—
11	总经办主任	540	4 950
	财务部经理	555	5 350
	市场部经理	575	5 750

以点数为自变量、市场薪酬水平为因变量，进行回归分析，可以得到二者的回归直线：

$$y=-561.606\,3+9.685\,5x$$

根据所确定的回归直线计算各等级的薪酬区间中值，见表 7-12。

表 7-12　根据回归直线计算各职位等级所对应的薪酬区间中值

职位等级	点数区间	点数区间中值 x	薪酬区间中值 y（元）
1	147～185	166	1 046
2	186～224	205	1 424
3	225～263	244	1 802
4	264～302	283	2 179
5	303～341	322	2 557
6	342～380	361	2 935
7	381～419	400	3 313
8	420～458	439	3 690
9	459～497	478	4 068
10	498～536	517	4 446
11	537 以上	556	4 824

5）考察薪酬区间中值与市场水平的比较比率，对问题职位的区间中值进行调整。

理想的薪酬结构应该体现两个方面的关系：一是所评价职位之间的关系；二是所推导出的薪酬区间中值与外部市场薪酬之间的关系。一般来说，比较比率减去 100%之后，控制在正负 10%以内都是可以接受的，这表明该职位等级的薪酬内部一致性和外部竞争性之间是比较协调的；对于超过正负 10%的职位，可以考虑适当调整。各职位比较比率分析见表 7-13 所示。表中项目经理、会计主管、招聘主管、行政事务主管、报销会计 5 个职位所对应的薪酬区间中值明显偏高；这说明这 5 个职位的内部价值评价较高，而外部市场上的价值较低。企业可以根据内部一致性和外部竞争性等自身的实际情况考虑是否需要进行调整。而市场部经理、离退休事务主管、出纳 3 个职位所对应薪酬中值明显偏低，可参照 90%的比较比率进行调整。如市场部经理，可调整为 5 175 元。

表 7-13　各职位比较比率分析

等级	所在区间点值跨度	职位名称	内部评价点值	市场薪酬水平（元）	薪酬区间中值（元）	比较比率（%）
1	147～185	出纳	150	1 600	1 046（1 440）	65
2	186～224	离退休事务主管	205	1 850	1 424（1 665）	77
3	225～263	—	—	—	1 802	—
4	264～302	行政事务主管	265	2 080	2 179	105
5	303～341	总经理秘书	340	2 350	2 557	109
		工会财务主管	335	2 350		109
6	342～380	行政事务主管	350	2 450	2 935	115
		报销会计	350	2 550		120
7	381～419	招聘主管	410	2 950	3 313	112
8	420～458	会计主管	435	3 200	3 690	115
9	459～497	项目经理	480	3 600	4 068	113
10	498～536	—	—	—	4 446	—
11	537 以上	市场部经理	575	5 750	4 824（5 175）	84
		财务部经理	555	5 350		90
		总经办主任	540	4 950		97

6）根据确定的各职位等级或薪酬等级的区间中值建立薪资结构。

假定各级薪酬区间的变动比例均为 40%，以表 7-13 中所确定的薪酬区间中值为基础，计算各薪酬等级区间的最低值和最高值，就可以建立起相应的薪酬结构表，见表 7-14。

表 7-14　根据回归直线计算的各职位等级薪酬区间

（单位：元）

等　级	薪酬区间最低值	薪酬区间中值	薪酬区间最高值
1	1 200	1 440	1 680
2	1 388	1 665	1 942
3	1 502	1 802	2 102
4	1 816	2 179	2 542
5	2 131	2 557	2 983
6	2 446	2 935	3 424
7	2 761	3 313	3 865
8	3 075	3 690	4 305
9	3 390	4 068	4 746
10	3 705	4 442	5 178
11	4 313	5 175	6 038

三、宽带薪酬设计

1. 宽带薪酬的概念

宽带薪酬是 20 世纪 80 年代美国提出的一种新型薪酬设计理论体系。宽带薪酬就是对多个薪酬等级以及薪酬变动范围进行重新组合，从而变成只有相对较少的薪酬等级以及相应较宽的薪酬变动范围。宽带薪酬打破了传统薪酬体系结构中职位等级的观念，强调个人的绩效水平和能力扩展。具体来说，就是将企业原来十几个甚至几十个固定薪酬等级压缩成几个级别（一般不超过 10 个）；同时，将每个薪酬等级所对应的薪酬变动范围拉大，并参照市场薪酬率确定薪酬浮动的范围，如图 7-5 所示。

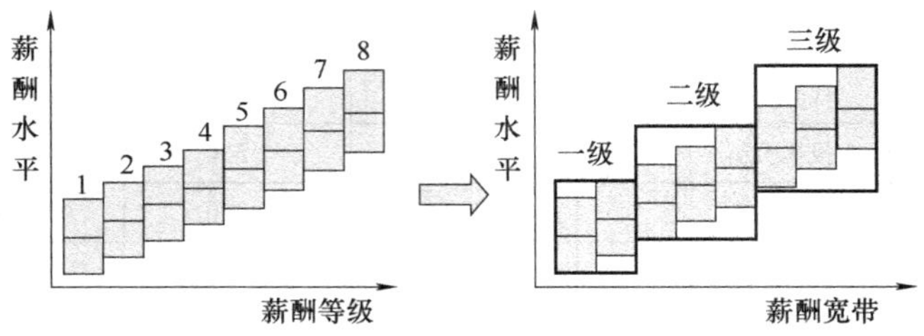

图 7-5 传统薪酬等级与宽带薪酬的比较

2. 宽带薪酬的优点

1）打破了传统薪酬结构维护和强化的等级观念。减少了工作之间的等级差别，有助于企业组织结构向扁平化发展。

2）引导员工重视个人技能的增长和能力的提高。在传统等级薪酬结构中，即使员工能力达到了较高水平，但是若企业没有出现职位空缺，员工仍然无法获得较高薪酬；而在宽带薪酬体系下，即使是在同一个薪酬宽带内，由于企业为员工所提供的薪酬变动范围增大，员工只要注意培养企业所需要的技术和能力，并在本职岗位上不断提高绩效，就可以获得较高的报酬。

3）有利于职位轮换，培育员工在组织中跨职能成长的能力。

实施宽带薪酬后，员工晋升较以往会更加困难。晋升机会减少可能导致员工士气低落而失去进取热情。而且在宽带薪酬结构下，薪酬成本上升的速度比在传统等级薪酬结构下要快得多。

3. 宽带薪酬设计的流程

宽带薪酬设计的流程如图 7-6 所示。

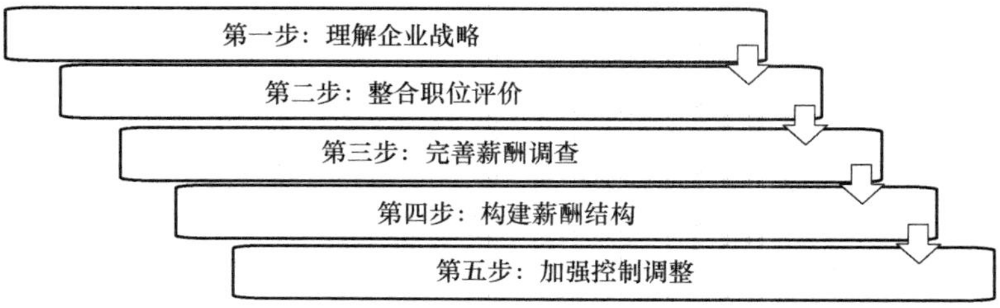

图 7-6 宽带薪酬设计流程

第四节 薪 酬 体 系

薪酬体系是企业人力资源管理体系的重要组成部分。薪酬体系是指薪酬的构成，即一个人的工作报酬由哪几部分构成。一般而言，员工的薪酬包括基本薪酬、奖金、津贴、福利四大部分。薪酬体系的设计应该补充和增加其他人力资源管理的作用，如人员选拔、培训和绩效评价等。薪酬体系主要针对基本薪酬，其设计过程如图 7-7 所示。目前常见的企业薪酬体系主要有：职位薪酬体系、能力薪酬体系、绩效薪酬体系和长期薪酬体系。

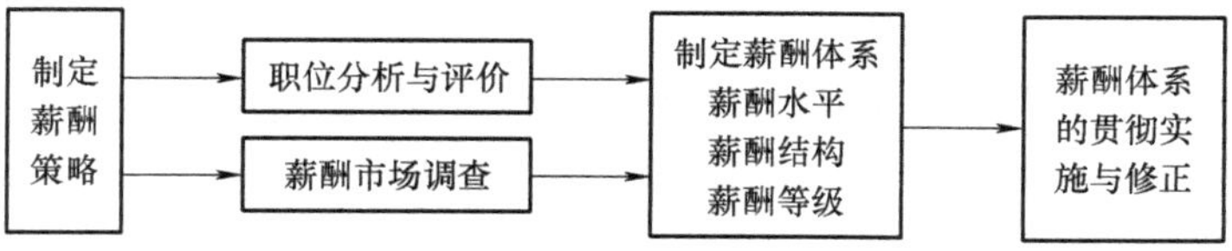

图 7-7 薪酬体系设计过程

一、职位薪酬体系

（一）职位薪酬体系的概念和特点

职位薪酬体系也叫岗位工资制，是指以员工在生产经营工作中的职位为基础确定薪酬等级和薪酬标准，进行薪酬给予的一种基本薪酬决定制度。职位薪酬体系最大的特点就是薪酬的给予“对岗不对人”，即员工担任什么样的职位就能得到什么样的薪酬。薪酬水平的差异来源于员工职位的不同，很少考虑员工的年龄、资历、技能等个人因素。

职位薪酬体系具有以下基本特点：

1）根据职位支付薪酬。职位薪酬体系是根据员工所在职位的工作内容进行薪酬支付的制度，“做什么样的工作，拿什么样的钱”。这一制度比较准确地反映了员工工作的质量和数量，有利于贯彻同工同酬的原则。

2）以职位分析为基础。职位薪酬体系必须有严密、科学的职位分析，并以此为基础进行严格的职位评价，按照职位评价的结果对企业的各个职位进行等级排列，并由此确定职位间的薪酬差异。

（二）职位薪酬体系的实施条件

1）有明确、规范和标准的职位工作内容。职位薪酬体系要求职位本身必须是明确的、具体的，企业必须保证各项工作有明确的专业知识要求，有明确的责任，同时这些职位所涉及的工作难点也是具体的、可以描述的。

2）职位的工作内容基本稳定。在短期内不会有太大的变化，这样可以避免由于职位内容频繁变动，而使职位薪酬体系的相对稳定性和连续性受到破坏。

3）具有按照个人能力安排职位的配置机制。职位薪酬体系要求不能存在能力不足却担任高级职位的现象，也不能出现高能力者担任低级职位的情况。

4）企业存在相对较多的职位等级。只有职位等级较多，才能确保企业能够为员工提供随着个人能力提升从低级职位向高级职位晋升的机会，否则会阻塞员工的晋升通道，加剧员工的晋升竞争，也不利于组织的发展。

5）企业的薪酬水平要足够高，如果企业的总体薪酬水平不高，职位的等级又很多，处于职位序列最底层的员工薪酬水平就会非常低。

（三）职位薪酬体系的主要类型

职位薪酬体系的类型主要有职位等级薪酬制和职位薪点薪酬制。

1．职位等级薪酬制

职位等级薪酬制是指将职位按照重要程度进行排序，然后确定薪酬等级的薪酬制度。职位等级薪酬制主要又包括：一职一薪制和一职多薪制。

1）一职一薪制。

一职一薪制是指一个职位只有一个薪酬标准，凡是在同一职位上工作的员工都按照统一的薪酬标准获得薪酬。它适用于专业化、自动化程度较高，流水作业、技术比较单一的工种。某超市门店一职一薪制标准，见表7-15。

表7-15　某超市门店一职一薪制标准

职　位	基本工资标准（元）
店长	6 000
副店长	5 000
账务助理	3 500
收银员	2 500
理货员	2 000
库管养护员	2 000

2）一职多薪制。

一职多薪制是指在一个职位内设置几个薪酬标准以反映职位内部、员工之间劳动差别的职位薪酬制度。它能够体现职位之间存在的劳动差异和职位内部劳动者之间存在的技术熟练程度的差异。这种薪酬类型适用于职位划分较粗，同时职位内部技术有些差别的职位和工种。某企业管理者一职多薪制标准见表7-16。

表7-16　某企业管理者一职多薪制标准

薪等	职　位						对应职位
	1级	2级	3级	4级	5级	6级	
领导	15 000	12 000					董事长、副董事长、总经理
管理一等	10 000	9 000	8 000				副总经理、总会计师、工会主席、监事会主席
管理二等	7 500	7 000	6 500	6 000	5 500		技术部部长、营销部部长、设备供应部部长、董事办主任、人事行政部部长、生产部部长

（续）

薪等	职位						对应职位
	1级	2级	3级	4级	5级	6级	
管理二等	5 000	4 800	4 600	4 400	4 200	4 000	技术主管、区域经理、人事主管、设备维护主管、总账会计
管理二等	3 800	3 600	3 400	3 200	3 000	2 800	后勤主管、生产组长、保安班长、车队队长、人事助理、文秘、出纳

2．职位薪点薪酬制

职位薪点薪酬制是在职位评价的基础上，用点数和点值来确定员工薪酬的一种弹性薪酬分配制度。至于薪点值则主要根据企业经济效益的好坏来确定。可以把薪点值分为基值和浮动值两部分，基值由企业整体经济效益决定，浮动值则由所在部门的生产经营状况决定。

二、能力薪酬体系

（一）能力薪酬体系的概念和特点

能力薪酬体系也称为技能薪酬体系，是指企业根据员工所掌握的与工作有关的技能、能力以及知识的深度和广度支付薪酬的一种基本薪酬决定制度。能力薪酬体系支付员工薪酬的依据主要是员工所具备的知识、技能和能力。知识就是对客观的人和事物的认识，它是人们在改造主观和客观世界的实践活动中所获取的各种经验和认识；技能是指通过训练而获得的顺利完成某种工作任务的动作方式和动作系统；而能力则是指人们顺利地完成某种心理活动所必需的个性心理条件和心理特征。

能力薪酬体系的特点：

1）以人为中心。能力薪酬体系是以人为中心的薪酬体系。企业关注的是员工在获取组织需要的知识、技能和能力方面的差异，而不是员工所从事的工作的差异，这一点与职位薪酬体系不同。

2）薪酬与员工的技能和能力紧密相连。能力薪酬体系支付报酬的依据是员工个人掌握的、组织认可的知识、技能和能力水平，员工若想提高薪酬水平就要证明自己在相关领域的能力。

3）能力薪酬奖励的是员工做出贡献的潜能。能力薪酬体系的假设条件是：员工掌握的知识、技能越多，员工的工作效率就越高，灵活性也越强。但掌握工作所需要的知识、技能和能力只是员工做出贡献的必要条件，而不是充分条件。

（二）能力薪酬体系的主要类型

能力薪酬体系的薪酬类型主要包括技术薪酬和能力薪酬。

1）技术薪酬：技术薪酬是以应用知识和操作水平为基础的薪酬，主要用于专业技术人员和“蓝领”员工，其基本思想是根据员工通过证书和培训所证明的技术水平支付薪酬，而不管这种技术是否在实际工作中被应用。

2）能力薪酬：能力薪酬是指依据个体对能力的获得、开发和有效使用来支付的薪酬，它是建立在比技术范围更为广泛的知识、经验、技能、自我认知、人格特征、动机等综合因素基础上的薪酬体系。能力薪酬还可进一步分为基础能力薪酬和特殊能力薪酬。基础能力是指员工胜任某一工作任务所应具备的一般能力；特殊能力薪酬则是以某类职位任职人员的核心竞争能力为基础确定的薪酬。

在实践中，能力薪酬的形式主要表现为基于技术、知识、职位胜任能力、职位任职资格等要素来确定薪酬。

（三）能力薪酬体系的实施条件

一个组织是否选择能力薪酬体系，一方面要看组织中员工的工作性质是否适合，另一方面还要看组织管理者对于员工的看法，因为这种看法会影响组织与员工之间心理契约的性质及其薪酬的构成形式。

技能薪酬体系要有效实施一般应具备以下条件：

1）扁平化的组织结构。扁平化的组织结构使企业对组织内外的变革反应更加灵活、快速和高效，而且为员工参与和发展提供了良好的组织环境。能力薪酬体系适应扁平化组织结构的特点，使员工的注意力从职位晋升和地位提高转向技能的学习、运用和扩充。扁平化的组织结构是能力薪酬体系得以有效的组织保障。

2）工作结构性较高，专业性较强的职位。工作结构性高低的判断依据主要是看这种工作的目标、内容、完成方式、程序和结果是否确定。结构性较高的工作，组织根据员工的技能高低来为员工发放薪酬，可以促进员工不断努力提高自己的技能水平，从而高效地实现工作目标，提高质量。

专业性较强的职位也适合采用能力薪酬体系，因为专业性较强的职位所需要的技能往往比较容易确定，也比较容易测试和评估，如专业性较高的职位一般都有通用的技能等级考试和能力测试。而管理职位等综合性工作一般很难用技能作为薪酬发放的标准。

3）需要员工掌握深度或广度技能的职位。深度技能是指通过在一个范围较为明确、具有一定专业性的技术或专业领域中不断积累而形成的专业知识、技能和经验。广度经验则要求员工在从事工作时，综合运用其上游、下游或者同级职位上所要求的多种一般性技能。深度技能培养的员工是专家，而广度技能培养的员工是通才。采用能力薪酬体系可以鼓励员工持续学习，对自身发展负责，努力提高职位所需要的深度或广度技能。

4）高度的员工参与。由于能力薪酬体系是以人为中心的薪酬体系，员工是能力薪酬体系设计和实施的关键。员工作为当事人积极参与进来，有利于组织制定出更为合理的能力等级和薪酬标准，也有助于员工将其所学技能充分发挥出来，应用于工作实践中。

5）管理者的支持。能力薪酬体系有效运行的前提是管理层和员工对双方关系持有一种长期的态度，这种长期的态度能保证对能力的长期重视，管理层和员工双方都需要承担相应责任。

三、绩效薪酬体系

（一）绩效薪酬体系的概念及优缺点

绩效薪酬也叫绩效工资，是以员工的工作绩效为基础支付的薪酬，支付的主要依据就是工作成绩。绩效薪酬体系是以绩效贡献作为支付薪酬的依据和基础的一种薪酬制度。绩效薪酬体系将业绩和薪酬联系起来，目的在于激励员工更好地工作。

绩效薪酬体系也以对员工绩效的有效考核为基础，实现将薪酬与考核结果相挂钩的薪酬制度，它的理论基础就是“以绩取酬”。

绩效薪酬体系的优点是：

1）企业能够更好地将企业目标与个人绩效结合起来，有利于企业人力资源使用效率的提高。

2）有利于薪酬向绩效优秀者倾斜，提高企业效率和节省工资成本。

3）可以促使员工关心自己工作的结果，真正实现多劳多得，更具公平性。

4）突出关注绩效的企业文化，促使员工将其个人努力投入到实现企业目标的重要活动中去。

5）有利于吸引和保留高绩效的员工。

绩效薪酬体系的缺点是：

1）要求组织有一个严密、精确的绩效评价系统。

2）不利于团队合作。

3）易导致员工之间或群体之间的竞争，忽视组织的整体利益，也易造成员工只关注结果而不注重过程的现象。

4）绩效薪酬体系实际上是一种工作加速器，有时员工收入的增加会导致企业出台更为苛刻的产出标准，这既有可能破坏企业和员工之间的心理契约，也有可能造成优秀员工和普通员工之间的摩擦。

另外，在许多绩效薪酬确定和发放过程中都存在讨价还价的问题，这也可能增加管理层和员工之间产生摩擦的机会。

（二）绩效薪酬体系的主要类型

1. 个人奖励计划

个人奖励计划就是指针对员工个人工作绩效提供奖励的一种报酬计划。企业如果想实施个人绩效奖励计划，就必须具备以下几个条件：其一，从工作角度来看，员工个人工作任务的完成不取决于其他人的绩效；其二，从组织状况来看，企业所处经营环境和所采用的生产方法，以及资本-劳动力要素组合必须相对稳定；其三，企业必须在整体人力资源管理制度中强调员工个人的专业性，强调员工个人的优良绩效。

个人奖励计划包括以下两种类型。

（1）绩效加薪　绩效加薪是指将基本薪酬的增加与员工在某种绩效评价中所获得的评价等级联系在一起的一种绩效薪酬形式，这种薪酬制度以对员工绩效的有效考核为基础，实现薪酬与考核结果的挂钩。绩效加薪一般是在年度绩效评价结束时，企业根据员工的绩效评价结果以及事先确定下来的加薪规则，决定员工第二年可以得到的基本薪酬。绩效加薪所产生的基本薪酬的增加，会在员工以后的职业生涯中得到积累。在设计绩效加薪时，重点要关注加薪的幅度、加薪的时间和加薪的实施方式，见表7-17。

表7-17　绩效加薪表

绩效加薪范围（分）	绩效加薪幅度（%）
低于75	0
75～89	2
90～99	3
100～110	5
111～125	7
126～140	10

（2）绩效奖金　绩效奖金也称一次性奖励，是一种非常普遍的绩效薪酬计划。从广义上来讲，它属于绩效加薪的范畴，但是却不是在基本薪酬基础上的累积性增加，而是一种一次性支付的绩效加薪，因为员工年终依据本人或组织绩效得到的奖金并不计入基本薪酬。很多企业设置的月度奖、季度奖和年终奖都是绩效奖金的典型形式，它们都是根据员工绩效评价结果而发放给员工的绩效薪酬。

绩效奖金的主要特点是：

1）灵活性。与绩效加薪相比，绩效奖金在发放和管理上弹性更大，它可以根据需要，灵活决定奖励的范围和奖励的周期等。

2）及时性。绩效奖金不一定与绩效加薪结合起来支付，它可以根据企业的实际情况进行调整和决定发放期，以达到及时反映员工绩效的目的。

2．群体激励计划

群体激励计划主要是指通过物质报酬等手段来激励员工创造集体绩效，而不是激励他们的个人绩效。当把激励对象从员工个体转移到协同工作的集体时，激励薪酬的中心由个体激励转向群体激励。群体激励计划包括以下几种类型。

（1）利润分享计划　利润分享计划是指所有或者某些特定群体的员工按照一个事先设计好的公式，来分享所创造的部分利润，通常用作对管理层以下员工的奖励。其传统形式是：组织中的所有员工按照事先设计好的公式，分享所创造出的利润的某一部分。其特点是：员工可以根据组织利润立即拿到现金奖励而不必等到退休时支取，但是必须缴纳税款。这种非豁免性利润分享计划的设计和执行往往比其他浮动薪酬计划要更为容易一些，它很少需要员工方面的参与。

（2）收益分享计划　收益分享计划是指员工按照事先设计好的收益分享公式，根据本组织的总体绩效改善情况获得奖金。收益分享计划是从20世纪90年代开始逐渐流行的一种浮动薪酬计划。与利润分享不同，它不是要分享一个固定百分比的利润，而常常是与生产率、质量改善、成本有效性等方面的既定目标达成联系在一起的（通常是因生产率和质量改善所导致的成本节约）。如果这些目标达成，则群体分享组织实现货币收益的一部分。

与利润分享相比，收益分享的优点在于两个方面：一是真正自筹资金，以组织过去无法赚取或者节约的资金为基础；二是绩效和分享结果之间的关系更近，也更为清晰。

（3）成功分享计划　成功分享计划又被称为目标分享计划，它的主要内容是运用平衡计分卡方法来为某个经营单位制定目标，然后对超越目标的情况进行衡量，并根据衡量结果来对经营单位提供绩效奖励。

区别于收益分享计划：收益分享计划所关注的主要是生产力和质量指标，与直接的利润指标无关；而成功分享计划所涉及的目标则可能包括财务绩效、质量、客户满意度、学习与成长、流程等经营领域中的各个方面。

区别于利润分享计划：利润分享计划所关注的是组织目标尤其是财务目标是否达成，而成功分享计划关注的是员工所在团队的表现以及一些更为广泛的绩效结果。只要目标达到了，员工们就会得到货币报酬或非货币报酬。

（三）绩效薪酬体系的实施条件

1）企业应具有一整套有效的绩效管理体系。绩效薪酬体系将员工薪酬与绩效挂钩，体现了多劳多得的原则。为了保证绩效结果的信度和效度，企业需要有一整套科学合理的绩效管理体系。

2）职位的工作业绩、工作产出比较容易量化。基于绩效的薪酬体系，其职位绩效必须可以量化或者易于考核。如果员工的工作绩效难以量化，则很难确定工作绩效和薪酬之间的关系。

3）企业的薪酬变动幅度和范围足够大，各档次之间能够拉开距离。实施绩效薪酬体系的企业，其薪酬等级范围应该足够大，以便拉开员工薪酬的距离，保证具有激励性。

4）企业应具有浓厚的企业文化氛围支持绩效评估系统的实施和运作。绩效导向的企业文化对绩效薪酬体系的支持作用巨大。只有企业形成以追求高绩效为核心的绩效文化，绩效理念才能深入人心，绩效评估才能落到实处，绩效薪酬才能真正起到引发和调整员工行为的作用。

四、长期薪酬体系

对企业而言，员工的短期激励固然重要，但长期激励制度的设计也非常重要。

（一）长期薪酬体系的概念及作用

长期薪酬体系是指将员工的收益与企业的长期绩效结合起来的一系列激励手段和措施。长期薪酬，与按月或年获得报酬的短期激励相比，被激励者获得报酬的时间跨度更长，通常是数年甚至几十年。

长期薪酬体系的作用主要体现在：

1）有利于在较长一段时间内激励员工持续提升绩效，推动公司薪酬制度的改革与创新。

2）有利于企业吸纳、保留和激励优秀人才。

3）可以长期保持项目经营的稳定性。

4）可以作为处于成长阶段的企业或高科技企业重要的人力资本投资工具之一。

（二）员工持股计划

员工持股计划是指由企业内部员工出资购入本公司的部分股份，并委托员工持股会进行运作，是企业向员工让渡部分股权的一种形式。它的一般形式是公司把一部分股票（或可以购买同量股票的现金）交给一个信托委员会（其作用就是为员工购买一定数量的本企业股票），其数额通常依据员工年薪酬收入总额的一定比例确定，一般不超过 15%。信托委员会把股票存入员工的个人账户，在员工退休或因故离开公司时发给他们。员工持股计划通过构筑利益共同体，提升了员工的合作精神和对企业的忠诚度，调动了员工参与管理的积极性。

（三）股票期权

所谓股票期权，是指企业给予其核心人才或管理者在一定期限内按照某个限定的价格购买一定数量本企业股票的一种权利。

假设某上市公司高层管理者在 2014 年获得了按照每股 20 元的价格购买本公司股票的权利，并且该股票的价格到 2019 年达到每股 60 元。再假定该公司高层管理者到 2019 年仍能以每股 20 元的价格购买该公司股票，则该公司高层管理者通过行使股票期权所得的收益为每股 40 元。

企业的股票期权具有 3 个基本特征：

1）自愿性。股票期权只是一种权利，并不是义务。获得这种权利的企业核心人才或管理者完全可以根据自己的判断和分析，自愿地选择购买或者不购买企业的股票。

2）无偿性。股票期权作为一种权利，是企业无偿赠予其核心人才或管理者的，不需要权利获得者支付任何财物。

3）后续性。股票期权作为长期的薪酬激励方案，其激励作用不仅仅体现在方案实施过程中。其形式、内容、起止时间都可以根据企业人才激励和人才吸引的需要做出变动。连续不断的股票期权方案，能够将企业核心人才牢牢地吸引在企业中，并尽力发挥他们的作用。

（四）虚拟股份

股票期权的实施前提是企业已上市，能够公开发行股票。但事实上，许多企业并未上市，因此，一种被称为“虚拟股份”的长期激励制度就产生了。虚拟股份是指企业给予奖励对象一种虚拟的“股票”，受益人可据此享受因公司业绩提升而带来的收益。虚拟股票不代表公司实际的所有权利益，没有表决权，不能转让和出售，在离开公司时自动失效。

（五）管理层收购

管理层收购是指公司的管理人员利用借贷所融资本或股权交易收购本公司的一种行为，从而引起公司所有权、控制权、剩余索取权、资产等变化，以改变公司所有制结构，通过收购使企业的经营者变成企业的所有者。严格意义上讲，管理层收购不是企业对员工的激励手段，而是所有权变更的一种途径。管理层收购的常见方式包括：收购资产、收购股票以及综合证券收购。我国国内进行管理层收购的作用具体表现在4个方面：一是解决国有企业“所有者缺位”问题，促进国企产权体制改革；二是解决民营企业带“红帽子”的历史遗留问题，实现企业向真正的所有者“回归”；三是帮助国有资本从非竞争性行业中逐步退出；四是激励和约束企业经营者的管理，减少代理成本。

第五节　员工福利

一、福利的概念

1. 什么是福利

员工福利是企业基于雇佣关系，依据国家的强制性法令及相关规定，以企业自身的支付能力为依托，向员工所提供的、用以改善其本人和家庭生活质量的各种以非货币薪酬和延期支付形式为主的补充性薪酬与服务。福利属于企业组织整体薪酬体系的一部分，是企业通过设置和建立各种补贴，为员工生活提供方便，减轻员工经济负担的一种非直接支付。福利与工资和奖金不同，它的提供与员工的工作绩效及贡献无关。

小资料

这里讲的员工福利是企业福利。除企业福利外，人们还能享受到另一种福利——社会福利。社会福利是国家和社会为增进与完善社会成员尤其是困难者的社会生活而实施的一种社会制度，旨在通过提供资金和服务，保证社会成员一定的生活水平并尽可能提高他们的生活质量。员工福利与社会福利在本质、实施主体、实施对象、获得福利的资格要求以及供给方式等方面有所区别。

2. 福利的作用

1）具有维持劳动力再生产的作用。企业员工福利可以满足员工的一些基本生活要求，解决他们的后顾之忧，从而创造一个安全、稳定、舒适的工作和生活环境，有利于员工体力和智力的恢复。

2）增强企业对个人的吸引力。一项对多家公司的研究表明，员工认为福利是吸引他们进入当前企业并留下来的重要因素。因为福利可以满足员工对安全与保障的需求，使员工在现有的工作环境中获得安全与保障，而不因其他就业机会离开企业。因此，公司提供多种福利，可以吸引供不应求的人员，并使他们留在公司中。

3）福利可以提供企业税收减免。以货币工资形式发放的一部分收入改为以福利的形式发放，员工就减少了所得税的支出。

但是福利也会对企业产生一些不利影响，如增加管理成本，而且福利的激励作用有限，也可能会弱化员工的工作动机。

3．福利的特点

1）具有激励作用，但作用不大。福利增长的基础在于员工资历的增长，在吸引和保留员工方面具有较好的作用，但激励作用较小。

2）具有刚性（能升不能降）的特点。企业在进行福利体系设计时要充分考虑市场因素、自身承受力等多种因素的影响，避免员工福利大起大落。对于企业来说，取消一种福利造成的负面影响远远大于取消该福利带来的成本节省。

3）福利是间接性报酬，福利对员工的触动并没有货币薪酬那么直接。

4）福利受法律的约束。员工福利项目按照政府的规定可以分成两类：一类是强制性福利，企业必须按政府规定的标准执行，比如养老保险、失业保险、医疗保险、工伤保险、住房公积金等；另一类是企业自行设计的福利项目，常见的有人身意外保险、医疗保险、家庭财产保险、旅游、服装、午餐补助或免费工作餐、健康检查、俱乐部会费、提供住房或购房支持计划、提供公车或报销一定的交通费、特殊津贴、带薪假期等。

二、福利的类型

员工福利计划包括很多不同种类的福利项目，下面将福利划分为法定福利、企业补充保险和员工服务福利几种类型分别介绍。

（一）法定福利

1．法定社会保险

法定社会保险是国家要求企业按照法律规定必须提供的福利项目，我国规定的法定社会保险类型有基本养老保险、失业保险、基本医疗保险、工伤保险和生育保险等。

（1）养老保险　养老保险是针对退出劳动领域或无劳动能力的老年人实行的社会保护和社会救助措施。我国实行社会统筹与个人账户相结合的养老保险制度。我国相关政策（2019年）规定：单位缴费比例高于16%的，降至16%；低于16%的，要研究提出过渡办法。

（2）失业保险　失业保险的对象是社会经济活动中的所有劳动者。失业保险金的标准由省、自治区、直辖市的人民政府确定，不得低于城市居民最低生活保障标准。2019 年，北京企事业单位按本单位工资总额的 0.8%缴纳失业保险费，城市户籍员工按本人工资的 0.2%缴纳失业保险费。

（3）医疗保险　医疗保险是指由国家立法，通过强制性社会保险原则和方法筹集医疗资金，保证人们平等地获得适当的医疗服务的一种制度。基本医疗保险费由用人单位和员工共同缴纳。

（4）工伤保险　工伤保险是针对那些容易发生工伤事故和职业病的工作人群的一种特殊社会保险。工伤保险费完全由企业负担，按照本企业一定比例缴纳，员工个人不缴纳工伤保险费。

（5）生育保险　目前，员工个人不缴纳生育保险费，而是由企业按照其工资总额的一定比例向社会保险经办机构缴纳，形成生育保险基金。女性员工生育期间的检查费、手术费、住院费和医疗费都由生育保险基金支付，超过规定的医疗服务费和药费由员工个人负担。产假期间按照本企业上年度员工月平均工资支付的生育津贴，由生育保险基金支付。

2. 法定假期

（1）公休假日　公休假日是劳动者工作满一个工作周之后的休息时间。《国务院关于职工工作时间的规定》（国务院令第 174 号）第三条规定：我国职工每日工作 8 小时，每周工作 40 小时。《中华人民共和国劳动法》（以下简称《劳动法》）第三十八条规定：用人单位应当保证劳动者每周至少休息 1 日）。

小资料

全国年节及纪念日放假办法（节选）

（1949 年 12 月 23 日政务院发布　根据 1999 年 9 月 18 日《国务院关于修改〈全国年节及纪念日放假办法〉的决定》第一次修订　根据 2007 年 12 月 14 日《国务院关于修改〈全国年节及纪念日放假办法〉的决定》第二次修订　根据 2013 年 12 月 11 日《国务院关于修改〈全国年节及纪念日放假办法〉的决定》第三次修订）

第一条　为统一全国年节及纪念日的假期，制定本办法。

第二条　全体公民放假的节日：

（一）新年，放假 1 天（1 月 1 日）；

（二）春节，放假 3 天（农历正月初一、初二、初三）；

（三）清明节，放假 1 天（农历清明当日）；

（四）劳动节，放假 1 天（5 月 1 日）；

（五）端午节，放假 1 天（农历端午当日）；

（六）中秋节，放假 1 天（农历中秋当日）；

（七）国庆节，放假 3 天（10 月 1 日、2 日、3 日）。

第三条　部分公民放假的节日及纪念日：

（一）妇女节（3月8日），妇女放假半天；
（二）青年节（5月4日），14周岁以上的青年放假半天；
（三）儿童节（6月1日），不满14周岁的少年儿童放假1天；
（四）中国人民解放军建军纪念日（8月1日），现役军人放假半天。

（2）法定休假日

法定休假日即法定节日休假。我国法定的节假日包括元旦、春节、国际劳动节、国庆节等。《劳动法》规定，法定休假日安排劳动者工作的，支付不低于工资的300%的工资报酬。

（3）带薪年休假

《劳动法》规定，我国实行带薪年休假制度。劳动者连续工作1年以上的，享受带薪年休假。关于带薪年休假的天数及其他事项，各单位按《职工带薪年休假条例》（国务院令第514号）执行。

（4）其他假期

我国劳动者还可以享有探亲假、婚丧假、产假与配偶生育假等。探亲假的享受对象（符合《国务院关于职工探亲待遇的规定》）是与父母或配偶不在同一地区的员工；达到法定结婚年龄的劳动者结婚可享受婚假；符合生育政策的女性员工可以休产假，男性员工可以依据计划生育条例享受陪产假以照顾分娩的妻子。

3. 住房公积金

住房公积金是单位及其在职员工缴存的长期住房储蓄金，包括员工个人缴存的住房公积金和单位为员工缴存的住房公积金，它属于员工个人所有。员工住房公积金的月缴存额等于员工本人上一年度月平均工资乘以员工住房公积金缴存比例；单位为员工缴存的住房公积金缴存额等于员工本人上一年度月平均工资乘以单位住房公积金缴存比例。住房公积金实行专款专用。

（二）企业补充保险

1. 企业补充养老金计划

很多国家都鼓励企业在国家法定养老保险之外，建立企业补充养老金计划。我国目前在企业补充养老金方面还处于探索阶段，多数企业没有建立企业补充养老金计划。

2. 团体人寿保险计划

目前，我国有不少企业会为员工提供团体人寿保险计划。不管员工的健康或身体状况如何，团体人寿保险计划都能够适用，可覆盖企业所有员工，而且费率较低。一般情况下，企业会承担全部基本保险费。

3. 健康医疗保险计划

健康医疗保险计划的目的是当员工生病或遭受事故时减少员工本人或其家庭所遭受的损失。这种保险形式在美国等国家较常见。企业通常以两种方式提供这种福利：集体投保或加入健康维护组织。

（三）员工服务福利

1．员工援助计划

员工援助计划是企业针对诸如酗酒、吸毒、赌博或压力等问题向员工提供咨询或治疗的正式计划。可以由企业自行雇用援助人员为本公司员工提供服务；也可以与第三方专业机构合作，由第三方提供援助服务；还可以是多个企业集中资源共同制订一个员工援助计划。

2．咨询服务

咨询服务包括企业为员工提供财务咨询、家庭咨询、职业生涯咨询等。

3．教育援助计划

教育援助计划是针对想继续深造的员工实施的一种很普遍的福利计划。教育援助计划分为内部援助计划和外部援助计划。内部援助计划主要是指企业内部提供培训等教育资源，外部援助计划主要是指学费的报销。

4．儿童看护帮助

儿童看护帮助可以是企业向员工提供或帮助其查找儿童看护服务的信息，也可以是对购买了儿童看护服务的员工提供补贴，甚至是直接向员工提供工作场所中的儿童看护服务。

5．老人护理服务

老人护理服务的目的是帮助员工照顾不能完全自理的年迈的父母。这种服务主要包括：弹性工作时间、长期保健保险项目和公司资助的老年看护中心等。

6．饮食服务

很多企业为员工提供某种形式的饮食服务，如以较低的价格购买快餐或饮料等。一些不能提供饮食服务的企业可能会提供饮食补贴。

7．健康服务

健康服务是最受重视的福利项目之一，主要包括为员工提供健身场所和器械，以及为员工举办健康讲座等。

三、福利制度的设计

1．福利设计的原则

企业提供的福利对员工具有很强的激励作用，对企业的发展至关重要。因此，企业福利制度的制定应符合以下原则：

1）符合当地的政策、法律、法规。

2）符合企业的长远战略发展目标。

3）符合企业的薪酬政策及制度。

4）能够满足员工正常的生理及心理需求。

5）要兼顾员工的当前需要和长远需要。

6）能够对大部分员工起到激励作用，使企业对员工产生凝聚力。

2. 福利设计的过程

福利设计的过程如图 7-8 所示。

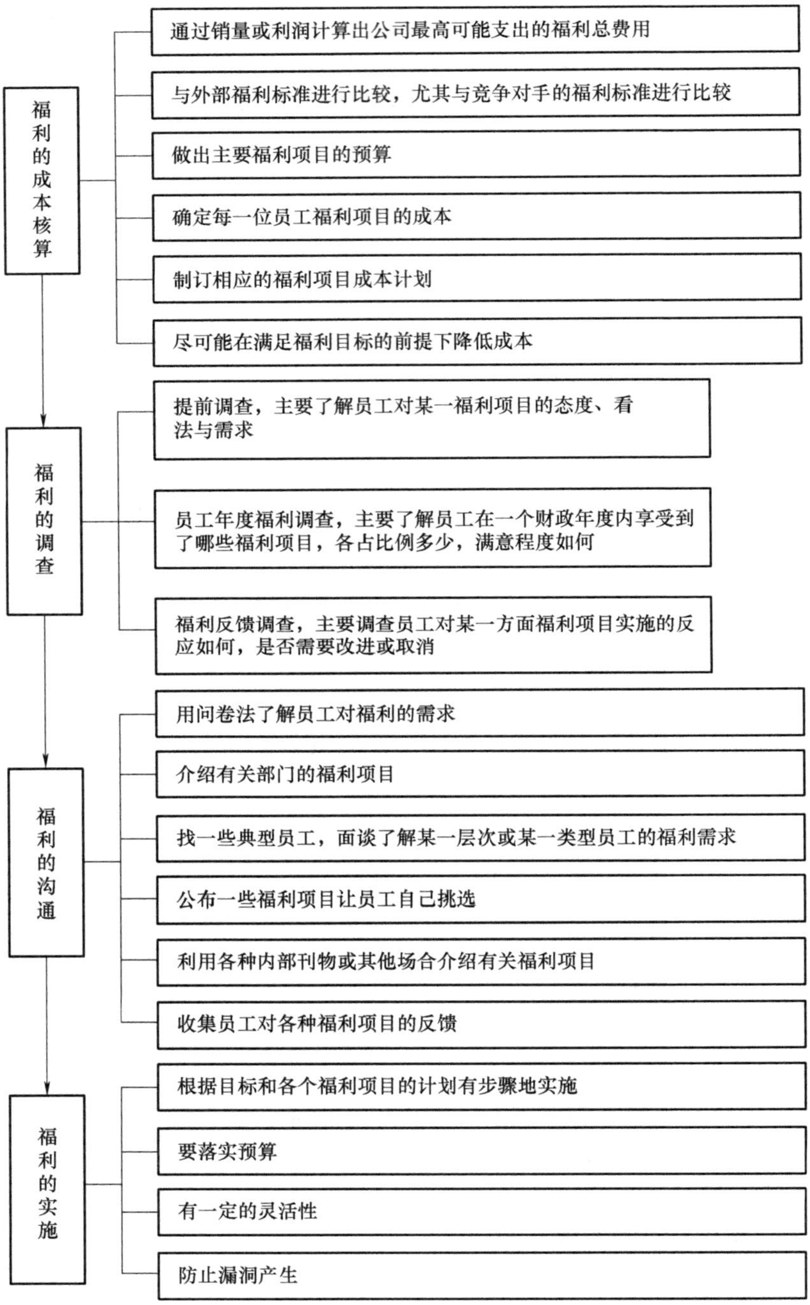

图 7-8　福利设计的过程

四、弹性福利计划

（一）什么是弹性福利计划

对于员工来说，福利是越多越好；但对于企业来说，福利会增加成本，而且“易放难收”。企业既不希望福利成本年年攀升，又希望可以满足员工不同的需求。因此产生了一种新的福利形式——弹性福利。

弹性福利是一种有别于传统、固定式福利的新的员工福利制度。弹性福利又称为“自助餐式福利”，即员工可以从企业所提供的一份列有各种福利项目的“菜单”中自由选择其所需要的福利。弹性福利强调让员工依照自己的需要从企业所提供的福利项目中来选择或组合属于自己的一套福利“套餐”，每一位员工都可以有自己“专属的”福利组合。另外，弹性福利制非常强调“员工参与”的过程，希望从员工的角度来了解他们的需要。

（二）弹性福利计划的优缺点

采用弹性福利计划，对于员工来说具有很多优点，例如满足员工个性化的福利需求，增进员工对福利制度的了解，提升员工的工作满足感，而且从某种程度上利于节税。对企业来说，也有利于福利成本的控制，易于编制公司年度福利预算，有助于提升企业形象与竞争力，利于企业福利资源的有效利用。但是缺点也比较明显，首先，给福利管理者带来大量工作；其次，在实施初期会导致行政费用上升；再次，员工因对福利制度了解不够，可能做出错误的选择；最后，若控制不好，会造成福利成本的增加。

（三）弹性福利计划的实施

1．弹性福利计划的设计原则

（1）组织战略导向　弹性福利在一定程度上增强了福利的激励性，因此福利项目的设计和方案的实施范围要与组织的战略发展目标相结合。

（2）成本控制原则　企业要满足员工对多元化福利的需求，同时也要对福利成本进行合理的控制，应有切实可行的成本预算，在可接受的成本支出情况下，尽可能为员工提供高品质的福利项目。

（3）体系性设计原则　弹性福利设计不仅要考虑不同福利项目的配合，更要注意福利导向与直接薪酬激励的一致性，并使福利总额与企业整体绩效相适应，尽量以有限的成本实现效益最大化。

（4）遵纪守法原则　设立的福利项目必须符合国家相关法律对于福利金提取使用等要求，按照国家规定比例计入税前列支，非税前列支的福利项目需要将其纳入员工个人收入中。

（5）行政与人力成本投入的原则　实施弹性福利制度必须花许多人力成本审核处理员工申请补助的单据，而每年与合作厂商议价也必须花上许多时间成本。

（6）动态调整原则　弹性福利不是一成不变的，员工的需求在不同时期往往有着显著的差异，必须及时根据新的情况做出相应调整，维持短、中、长期结合的福利体系的平衡，保持一定的弹性和自由度，建立动态纠偏制度，以适应员工需求。

2. 弹性福利计划设计的步骤

1）系统地清点企业目前所提供的法律的、税制的和自行设立的福利项目。

2）查明自行设立福利项目的原因。

3）对向员工个人和员工整体按法律法规提供和自行设立的福利项目进行精确的年度预算，包括绝对数值和所占百分比（例如占工资总额、销售额、利润和行业平均数的比例）。

4）定期开展员工调查，了解他们对福利项目重要性和满意度的意见。

5）定期将企业的福利政策与工会和其他行业协会的政策，以及人力资源市场上与本企业存在竞争关系的其他企业的政策（依据相关薪酬和福利调查）进行比较。

6）为了达到为员工提供有吸引力的福利这一目标，需要不断调整企业福利政策以适应环境条件的变化。当然，这样做必须符合经济原则，要注意福利导向应与直接薪酬相适应。

7）为保证福利政策和实践的统一，必须将其全面系统地编写到员工手册中。

本章小结

薪酬是员工因向其所在单位提供劳动或劳务而获得的所有各种形式的酬劳和答谢，其实质是一种公平的交易或交换关系，是员工得到的作为个人劳动回报的各种类型的酬劳，它体现了劳动力价格水平。薪酬可以分为两部分：直接薪酬和间接薪酬，其中直接薪酬包括基本薪酬、可变薪酬，间接薪酬包括员工福利和服务。

薪酬管理是指一个组织针对所有员工，根据他们提供的服务来确定其应当得到的报酬总额、报酬结构和报酬形式的过程。在这个过程中，企业就薪酬水平、薪酬体系、薪酬结构、薪酬构成以及特殊员工群体的薪酬做出决策。

职位评价又称为职位评估或岗位评价，是指根据各职位对组织目标的贡献，通过专门的技术和程序对组织中各个职位的价值进行综合比较，确定组织中各个职位的相对价值差异的过程。职位评价的方法主要有排序法、归类法、因素比较法和要素计点法 4 种。

薪酬水平是指企业内部各职位、各部门以及整个企业平均薪酬的高低状况，是相对于其竞争对手的企业整体的薪酬支付实力。应侧重分析企业之间的薪酬水平关系，一个企业所支付的薪酬水平的高低无疑会直接影响到企业在劳动力市场上获取人才能力的强弱，进而影响企业的竞争力。薪酬水平反映了企业薪酬的外部竞争性。

薪酬结构是薪酬的组成部分，它是对同一组织内部不同职位或技能之间的员工薪酬水平的排列形式，它强调不同职位或技能等级的数量、薪酬差距及其标准。薪酬结构强调组织内部的一致性。

薪酬体系是企业人力资源管理体系的重要组成部分。薪酬体系是指薪酬的构成，即一个人的工作报酬由哪几部分构成。一般而言，员工的薪酬包括基本薪酬、奖金、津贴、福利四大部分。薪酬体系的设计应该补充和增加其他人力资源管理的作用，如人员选拔、培训和绩效评价等。薪酬体系主要针对基本薪酬。目前，基本的企业薪酬体系主要有：职位薪酬体系、能力薪酬体系、绩效薪酬体系、长期薪酬体系。

福利可以划分为法定福利、企业补充保险和员工服务福利。其中法定福利包括法定社会保险、法定假期和住房公积金 3 种形式；企业补充保险包括企业补充养老金计划、团体人寿保险计划和健康医疗保险计划 3 种形式；员工服务福利包括员工援助计划、咨询服务、教育援助计划、儿童看护帮助、老人护理服务、饮食服务和健康服务 7 种形式。弹性福利计划是福利体系中出现的一种新的形式，能够更好地满足员工的需求。

复习思考题

一、单选题

1. 工作餐、儿童看护、医疗保健、养老保险等属于（　　）。

A. 直接薪酬　　B. 间接薪酬　　C. 基本薪酬　　D. 可变薪酬

2. （　　）是制定科学合理的薪酬制度的前提和依据。

A. 职位分析与职位评价　　B. 薪酬水平
C. 薪酬战略　　D. 薪酬调查

3. 同一组织内部的薪酬等级数量以及不同薪酬等级之间的薪酬差距大小指的是（　　）。

A. 薪酬水平　　B. 薪酬结构　　C. 薪酬体系　　D. 薪酬制度

4. 首先把工程、医务、管理等性质、特征较类似的职位划分为同一个职业族群，然后将职业族群进一步划分为职位系列，如建筑工程师、会计、护士等系列，这是职位评价方法中的（　　）。

A. 排序法　　B. 归类法　　C. 因素比较法　　D. 要素计点法

5. 一职多薪是因为（　　）的工人之间劳动熟练程度存在差别而设立的。

A. 不同职位　　B. 相同职位　　C. 不同技术水平　　D. 不同责任大小

6. 主要适用于专业技术人员和管理者等“白领”人员的薪酬形式是（　　）。

A. 职位薪酬体系　　B. 能力薪酬体系
C. 绩效薪酬体系　　D. 长期薪酬体系

7. （　　）是企业与员工团队分享生产率收益的一种手段。

A. 股权激励计划　　B. 利润分享计划
C. 收益分享计划　　D. 成功分享计划

8. 在法定假期加班工资应该是平常的（　　）。

A. 1 倍　　B. 2 倍　　C. 3 倍　　D. 4 倍

二、多选题

1. 直接薪酬主要包括（　　　）。

A. 基本薪酬　　B. 可变薪酬
C. 经济性薪酬　　D. 员工福利和服务

2. 薪酬管理的内容包括（　　　）。

A. 薪酬水平　　B. 薪酬结构　　C. 薪酬体系　　D. 薪酬制度

3. 薪酬策略的主要类型有（　　）。
A. 市场领先策略　　B. 市场追随策略
C. 市场滞后策略　　D. 混合策略
4. 常见的薪酬体系有（　　）。
A. 职位薪酬体系　　B. 能力薪酬体系
C. 绩效薪酬体系　　D. 长期薪酬体系
5. 福利的主要类型可划分为（　　）。
A. 养老保险　　B. 法定福利　　C. 企业补充保险　　D. 员工服务福利

三、案例分析

如何进行薪酬改革

长风皮鞋厂是一家民营企业。企业创立之初，规模不大，是典型的直线制企业。总经理聘请了自己的几个亲友负责管理生产、销售、技术及后勤，这几名管理者的分工并不明确，但都非常敬业，忠诚度很高，在企业的发展初期起了很大作用。

目前，生产线的员工实行的是计件工资制；销售人员只有提成工资；其他员工实行的是固定底薪，到年底按企业当年效益发放奖金，奖金的多少由总经理决定。企业的经济实力和业务规模近几年有了很大提高，但也遇到很多发展中的问题，如企业的管理工作日趋繁重，员工反映管理者方法生硬；产品缺乏创新，导致一部分固定客户流失；有些生产和销售骨干被同行高薪挖走；人才的引进工作也不顺利，好不容易招聘到的几名技术人员不到半年就纷纷离开了。

为了摆脱困境，企业进行了一系列改革，如将企业的组织结构调整为直线职能制，明确了各部门的职责；在原有基础上对所有职位的薪酬按比例进行了调整；为了避嫌，免除了亲友的管理职位，对这些人在工作安排和薪酬发放上与普通员工一视同仁；为了提高管理水平，面向社会重新进行招聘，并规定应聘人员的学历一律不能低于大学本科。

请思考：

1. 企业改革之前存在哪些问题？
2. 请对企业采取的改革措施做出评价。
3. 请对企业的薪酬制度提出改革建议。

四、实训项目

薪酬水平诊断

项目训练内容：

薪酬水平是企业和员工最关心的内容。要求5～6名同学一组，调研一家中小型企业，根据所学知识对该企业的薪酬水平进行诊断，指出该企业薪酬设计中的优缺点，并提出改进意见。在薪酬水平诊断时要重点关注以下要点：

1. 薪酬水平是否能够确保薪酬的市场竞争力。
2. 薪酬水平是否体现了内部公平性。
3. 薪酬水平是否与企业成本相适应。

第八章　劳动人事法规政策与劳动关系管理

知识目标

✧ 了解劳动关系的概念、意义。
✧ 理解劳动关系的重要性。
✧ 理解劳动合同管理中各环节的内容。
✧ 掌握处理劳动争议的主要方法。

技能目标

✧ 能够进行企业劳动合同管理。
✧ 能够运用相关法律法规的知识分析和处理劳动争议。

引导案例

员工离职后可以自由选择新的雇主吗

百事公司与快客公司曾是存在着激烈竞争的两个饮料公司，雷德蒙原本是百事公司加州区域的总经理，曾参与制订百事公司 1995 年的营销计划。1994 年 10 月，快客公司邀请雷德蒙担任下属两个公司合并后的首席执行官。雷德蒙遂于 1994 年 11 月 10 日向百事公司提出辞职。由于担心雷德蒙在新的职位上泄露和使用百事公司的商业秘密，百事公司于 1994 年 11 月 16 日向美国伊利诺伊州联邦地方法院提起诉讼，要求法院下达禁令，雷德蒙不得担任快客公司的新职务，以免泄露商业秘密。法院经过审理，下令被告在 1995 年 5 月底以前不得担任快客公司的新职务，并且永远不得使用和泄露属于百事公司的商业秘密。雷德蒙不服判决，提起上诉。上诉法院维持了地方法院的判决。

法院在判决时遵循了“不可避免披露原则”（inevitable disclosure doctrine），即当雇主的商业秘密被明确证实，且其对竞争者具有极高的价值时，由于雇员不可能在新工作中隔绝出这部分秘密信息，存在着披露信息的极大可能性，因此即使并不存在前雇员或竞争者的恶意以及秘密交易时，法院也会以不可避免披露为由而发出禁令。

2008 年 1 月 1 日起施行的《中华人民共和国劳动合同法》是我国第一次明确地以法律的形式将竞业限制制度固定下来，其中规定，“对负有保密义务的劳动者，用人单位可以在劳动合同或者保密协议中与劳动者约定竞业限制条款”等法律条款。

第一节 认识劳动关系

一、劳动关系的内涵与类型

（一）劳动关系的内涵

我国的劳动关系通常定义为劳动者和用人单位在运用劳动能力进行劳动的过程中形成的一种社会关系。我国的劳动关系概念不仅是对用人单位与其所雇佣的劳动者个人之间缔结的经济契约关系所做的一种法律规范和界定，它还涉及用人单位与代表员工的工会之间的关系及与政府之间的关系。我国的劳动关系中包括劳动合同、集体协商和集体合同、劳动争议处理、劳动标准等方面的内容。由于我国企业中的工会在调节用人单位和劳动者之间的劳动关系方面并未起到重要作用，因此，劳动关系的概念实际上重点强调的仍然是劳动者与用人单位之间的法律关系，即劳动关系的核心是劳动法律。

在劳动关系中，关系的双方是劳动者和用人单位。一方面，劳动者与用人单位建立了劳动关系后，必须遵守用人单位的规章制度，向用人单位提供自己的劳动；用人单位也必须按照有关规定和约定，为劳动者提供必要的劳动条件和安全措施等，保障劳动者的工作安全。另一方面，这种劳动关系是建立在劳动交易基础上的，劳动者提供了自己的劳动是为了获得一定报酬，用人单位支付劳动者报酬是因为劳动者提供了用人单位所需要的劳动，产生了经济效益。因此，在劳动者提供了劳动合同中约定的劳动后，用人单位必须按劳动合同中的约定支付劳动者报酬。

（二）劳动关系的类型

1. 按用人单位性质分类

按用人单位性质分类，可分为国有企业劳动关系、集体企业劳动关系、三资企业劳动关系、私营企业劳动关系等。

2. 按实现劳动过程的方式分类

按实现劳动过程的方式来划分，劳动关系可分为两类：

1）直接实现劳动过程的劳动关系，即用人单位与劳动者之间直接建立劳动关系，由用人单位直接组织劳动者进行生产劳动的形式，当前这一类劳动关系居绝大多数。

2）间接实现劳动过程的劳动关系，即劳动关系建立后，通过劳务输出或借调等方式由劳动者为其他单位服务实现劳动过程的形式，这一类劳动关系目前居少数。按照《劳动合同法》的相关规定，这一类劳动关系一般在临时性、辅助性或者替代性的工作岗位上实施。

二、劳动关系调整模式分类

劳动条件的确定、劳动关系的调整，究竟是由劳资双方协约自治、国家主导干预还是由资方单独决定？这是整个劳动法制理念的前提，这一前提决定着劳动法制的体系，以及劳动关系调整的模式。世界各国由于历史、法律、文化的不同，所采用的处理劳动关系的制度模式也各不相同。我国台湾学者黄越钦在其《劳动法新论》中，将劳动关系的主要调整模式大致分为四类：斗争模式、多元放任模式、协约自治模式（包括劳资抗衡模式和劳资制衡模式）以及统合模式（包括国家统合模式、社会统合模式和经营者统合模式）。

（一）斗争模式

“斗争模式”是以某种特定的意识形态为指导，认为劳资关系是建立在生产资料私有制基础上的，具有阶级斗争性质的关系，其表现形式是雇佣劳动和剩余价值的生产，其本质是剥削与被剥削的关系，因而在劳资关系之间存在着不可调和的阶级矛盾。随着社会的变迁和进步，劳资间互动的阶级“斗争”正逐步消失，而以“合作”为本质的劳资关系体制则逐渐形成，因而以斗争模式解决劳资问题的主张已成为历史。

（二）多元放任模式

“多元放任模式”秉承新古典学派劳动关系理论，认为市场是决定就业状况的至关重要的因素，工会或工会运动对市场机制的运行和发展具有副作用或负面影响，主张减少政府对劳动关系的干预。由于美国劳资关系体制与大部分欧洲国家不同，美国欠缺中央级的工会组织，且是全世界最大的移民国家，人种复杂，劳动者团结性欠缺，工会倾向于以短期利益换取长期利益，政府对劳动关系的干预较小，因而是多元放任模式的典型代表。

（三）协约自治模式

协约自治模式具体可分为劳资抗衡模式和劳资制衡模式。

1. 劳资抗衡模式

这一模式以劳资对立抗衡为主轴，完全排除国家干预。劳资双方通过行使争议权，进行周期性的抗争，缔结集体协议，在抗争中取得均衡与和谐。这一模式的典型代表有法国、意大利等西欧国家。

这一模式认为雇主联盟与受雇人联盟之间订立的集体协议，对其成员均具有规范效力，主张以协约自治原则处理劳资事务。早期的协约只规定缔约双方负有义务令其成员遵守协议，但这种义务强制效力非常有限，因为单独的雇主或受雇人只要不参加联盟，则联盟间的集体协议对他即无约束力。为使联盟间的协约发生广泛的概括拘束力，国家立法规定集体协议经国家认可后，在法源体系中由契约规范的地位上升为法律规范的地位，成为独立的法源。因而集体协议一经签订，对缔约双方成员即具有法律约束力，使集体协议成为规范劳资关系的基础。

2．劳资制衡模式

“制衡”是对“抗衡”模式的修正与超越，是劳动者以劳工的身份参与企业经营，其形式包括从“参与决定”到“共同经营”，也就是所谓的“工业民主化”，其基本思想是从消极保护劳工，转为积极地由劳资双方共同参与决定企业经营活动。这一模式尤以德国、奥地利等为代表。劳工代表参与企业内部经营的观念产生于19世纪，其形式最早为工厂会议，后发展为经营协议、经营参议制等。经营参议制的最大特色是以法律形式将所有人在企业中的绝对主权，转变为一种由劳工参与的体制，使劳动者除了工会组织之外，还拥有了另一种形式的企业内的利益代表组织。

（四）统合模式

美国著名劳动关系学者邓洛普（Dunlop）最早以统合模式对劳、资、政三者之间的关系加以说明，他在《产业关系体系》（*Industrial Relations Systems*）一书中对劳、资、政三者之间的经济、政治关系进行了分析，但没有对彼此间的互动以及权力比例加以说明。随后学界对统合模式进行研究，并区分为国家统合、社会统合和经营者统合3种模式。

1．国家统合模式

国家统合模式是指企业与劳工组织在社会结构中所扮演的角色由国家决定。国家通过立法对企业的功能与活动范围予以界定、限制、命令或禁止。国家统合模式的特点如下：

1）国家对劳资双方采取强而有力的控制手段，对劳动契约采取干预态度，对集体劳动关系予以压缩。在工会方面，实行强制入会制、单一工会制，禁止或限制特定当事人组织工会；在实务上，政党力量介入较深，工会的自主性非常有限。在雇主团体方面，政府也采取相应的干预手段，对产业的控制极深。政府与产业界的关系密切，产业界对政府的影响力量也很大。但劳资双方团体却壁垒分明而互不相涉，没有固定的合作机制。

2）以劳动基准法为核心，国家权力对劳资双方的劳动契约直接介入、干预和管制。

3）在劳动安全卫生与劳动监督检查方面，采取官僚本位主义，缺乏工会与劳动者的参与。

4）劳动力市场政策主要是配合国家经济发展计划，而较少从劳动者的立场进行规划，较少体现劳动者利益。

2．社会统合模式

劳资双方的关系以整个社会为背景，工会在跨企业的团结权方面具有很强的力量，集体意识与阶级认同存在于社会阶层中，劳工对其他劳动阶层的忠诚度高于对本产业的忠诚度。著名的瑞典模式是社会统合模式的代表，瑞典从20世纪30年代开始，至90年代加入欧盟为止，其劳资事务处理的原则为社会统合模式，内容包括以下5个方面：

1）工会联盟与雇主联盟力量均十分强大，并共同构成强大的劳动市场组织。在瑞典，劳动者参加工会的比率高达90%，无论是蓝领劳动者还是白领劳动者，都建立了强大的组织，并且彼此非常团结，几乎所有劳动者都分属于3个主要劳工组织。同时，瑞典资方联盟下属各组织的百分比也很高，工会组织与雇主组织的中央机构力量强大，实行中央集权制。

2）劳资双方都愿意保持工业和平，都明确反对国家干预，认为劳资纠纷应以劳动市场上的供需情况为基础加以解决。劳资双方有能力面对社会制度产生的弊端，不需要国家立法干预。

3）设立争议处理机构。根据1938年瑞典劳资双方的基本协议，由工会联盟和雇主联合会的代表组成的“劳动力市场理事会”，为全国性协商机构，任何劳资争端在提交法院审理之前，都应先在理事会内部进行调解。

4）劳资双方组织的影响扩大。20世纪70年代以后，工会主动采取措施，促使生产过程规范化，并参加政府的各种调查委员会，参与咨询或决策活动。

5）工会组织和雇主组织成为集团利益组织，插足政界，发表政见，左右舆论。劳资双方已超出以协约自治处理劳资关系的范围，成为统合经济、政治活动的当事人。

3. 经营者统合模式

劳资关系发生在企业层级，工会在跨企业的团结权方面不具有强大的力量，集体意识与阶级认同只存在于产业阶层，劳动者对本产业的忠诚度高于对其他劳动阶层。经营者在统合各方面力量之后，通过要求政府将其决策表达在劳动基准法中，要求各阶层予以服从。

经营者统合模式以日本最为典型。第二次世界大战之后日本制定了劳动基准法保障劳动者权益，提升劳动者品质。日本模式是建立在以劳动基准法为核心的三项“国粹”之上，即终身雇用制、年功序列制和企业工会制。

三、我国劳动关系的特征

改革开放以来，我国对建立适应社会主义市场经济体制的劳动关系协调机制进行了长期艰苦的探索，取得了明显成效，实现了从计划经济下行政化的劳动关系向市场经济下双向选择的劳动关系的体制性转变。我国在经济体制深刻变革、社会结构深刻变动、利益格局深刻调整、思想观念深刻变化的进程中，总体上保持了劳动关系的和谐稳定，促进了经济发展和社会稳定。当前，我国劳动关系具有以下特征：

（一）劳动关系的运行市场化

劳动关系的建立从计划经济下通过对劳动力的行政配置方式转变为用人单位和劳动者依法在劳动力市场上双向自主选择；劳动关系主体双方的关系，从行政隶属关系转变为以劳动合同为基础的平等契约关系；劳动关系的运行从由政府直接控制为主转变为以市场调节为基础。劳动合同作为劳动关系双方依法自主订立的契约，成为明确双方权利和义务的重要载体。

（二）劳动关系主体多元化

随着我国经济体制改革的推进，各种所有制企业快速发展，企业所有制形式和组织形式日趋多样化，劳动用工主体多元化，企业所有制形式和组织形式的多样化带来劳动关系的多样化。协调劳动关系的范围逐步扩大，劳动关系方面矛盾增多，协调难度逐步增大。目前非公有制经济组织职工人数已占多数，劳动关系协调工作的重点逐步从国有企业转向非公有制经济组织。

（三）劳动关系双方利益清晰化

随着劳动关系的市场化，劳动关系双方成为相对独立的两个利益主体，双方各自有明确的利益追求，双方利益相对分离又相互联系；从计划经济下的高度一致，转变为各自有着相对独立的利益，又在同一利益主体内相互协调。劳动关系涉及的劳动条件、劳动报酬和职工福利等问题成为双方关注的焦点。

（四）劳动关系的调整法制化

我国基本形成了以《劳动法》《劳动合同法》《中华人民共和国劳动争议调解仲裁法》为主干，以《劳动合同法实施条例》《劳动保障监察条例》《职工带薪年休假条例》《女职工劳动保护特别规定》，以及《集体合同规定》《最低工资规定》《工资支付暂行规定》等法律规章和规范性文件为配套的劳动关系法律政策体系框架，劳动关系协调进入了规范化、法制化的新阶段。

第二节　劳动合同管理

一、劳动合同管理概述

（一）劳动合同的概念

劳动合同是劳动者和用人单位（企业、事业、机关、团体等）之间确定劳动关系，明确双方在劳动力使用和被使用过程中的权利和义务的协议。

从立法上定义，《劳动法》规定："劳动合同是劳动者与用人单位确立劳动关系、明确双方权利和义务的协议。"

劳动合同是双方当事人建立劳动关系的法律依据，也是劳动者实现劳动就业权的基本形式。

（二）劳动合同订立的原则

1．平等自愿，协商一致原则

平等原则就是劳动者和用人单位在订立劳动合同时在法律地位方面是平等的；自愿原则是指订立劳动合同完全是出于劳动者和用人单位双方的真实意愿，是双方协商一致达成的；协商一致就是用人单位和劳动者要对合同的内容达成一致意见。

2．合法原则

1）目的必须合法。

2）主体必须合法。

3）主体具备订立劳动合同的资格（用人单位、劳动者）。

4）内容必须合法（时间、工资、劳动安全与卫生）。

5）形式必须合法（书面形式、当事各方签字）。

3．公平原则

公平原则是指劳动合同的内容应当公平、合理。用人单位不能滥用优势地位，迫使劳动者订立不公平的合同。

4．诚实信用原则

用人单位在招聘劳动者时，应当如实告知劳动者工作内容、工作条件、工作地点、职业危害、安全生产状况、劳动报酬，以及劳动者要求了解的其他情况；用人单位有权了解劳动者与劳动合同直接相关的基本情况，劳动者应当如实说明。

（三）劳动合同的内容

1．劳动合同的必备条款

必备条款是指《劳动法》要求劳动合同必须包括的条款。缺少这些条款，劳动合同双方当事人的主要权利、义务很难明确，极易引发纠纷，并且缺少条款也不利于纠纷的处理。

《劳动合同法》第八十一条规定：用人单位提供的劳动合同文本未载明本法规定的劳动合同必备条款或者用人单位未将劳动合同文本交付劳动者的，由劳动行政部门责令改正；给劳动者造成损害的，应当承担赔偿责任。

《劳动法》第十九条规定，劳动合同应当以书面形式订立，并具备以下条款：劳动合同期限；工作内容；劳动保护和劳动条件；劳动报酬；劳动纪律；劳动合同终止的条件；违反劳动合同的责任。

《劳动合同法》第十七条规定劳动合同应当具备以下条款：用人单位的名称、住所和法定代表人或者主要负责人；劳动者的姓名、住址和居民身份证或者其他有效身份证件号码；劳动合同期限；工作内容和工作地点；工作时间和休息休假；劳动报酬；社会保险；劳动保护、劳动条件和职业危害防护；法律、法规规定应当纳入劳动合同的其他事项。

2．劳动合同的约定条款

《劳动合同法》第十七条规定：劳动合同除前款规定的必备条款外，用人单位与劳动者可以约定试用期、培训、保守秘密、补充保险和福利待遇等其他事项。

（四）劳动合同的期限

劳动合同的期限主要分成三种：固定期限、无固定期限和以完成一定工作任务为期限的劳动合同。

1．固定期限劳动合同

固定期限劳动合同，是劳动合同双方当事人明确约定合同有效的起始日期和终止日期的劳动合同。期限届满，合同即告终止。

2. 无固定期限劳动合同

无固定期限的劳动合同，是劳动合同双方当事人只约定合同的起始日期，不约定其终止日期的劳动合同。

《劳动合同法》第十四条规定，有下列情形之一，劳动者提出或者同意续订、订立劳动合同的，除劳动者提出订立固定期限劳动合同外，应当与劳动者签订无固定期限劳动合同：

1）劳动者在该用人单位连续工作满十年的。

2）用人单位初次实行劳动合同制度或者国有企业改制重新订立劳动合同时，劳动者在该用人单位连续工作满 10 年且距法定退休年龄不足 10 年的。

3）连续订立二次固定期限劳动合同，且劳动者没有《劳动合同法》第三十九条和第四十条第一项、第二项规定的情形，续订劳动合同的。用人单位自用工之日起满一年不与劳动者订立书面劳动合同的，视为用人单位与劳动者已订立无固定期限劳动合同。

3. 以完成一定工作任务为期限的劳动合同

以完成一定工作任务为期限的劳动合同，是指用人单位与劳动者约定以某项工作的完成为合同期限的劳动合同。合同中不明确约定合同的起止日期，以某项工作或工程完工之日为合同终止之时。它一般适用于建筑业、临时性、季节性的工作或由于其工作性质可以采取此种合同期限的工作岗位。

《劳动合同法》还对试用期做出相应规定。试用期是指用人单位与劳动者在建立劳动关系时，经过平等协商，在劳动合同中约定的专门针对新录用的劳动者，供双方当事人相互了解、相互考察、相互选择的不超过法律规定的一定期限。试用期的目的在于：一是用人单位考察劳动者是否符合录用条件。如果发现劳动者不符合录用条件，用人单位可以解除劳动合同；二是劳动者考察用人单位的情况。如发现与自己的预期不符，劳动者可提前三日通知用人单位，申请解除劳动合同。

《劳动合同法》第十九条规定：劳动合同期限三个月以上不满一年的，试用期不得超过一个月；劳动合同期限一年以上不满三年的，试用期不得超过二个月；三年以上固定期限和无固定期限的劳动合同，试用期不得超过六个月。同一用人单位与同一劳动者只能约定一次试用期。以完成一定工作任务为期限的劳动合同或者劳动合同期限不满三个月的，不得约定试用期。试用期包含在劳动合同期限内。劳动合同仅约定试用期的，试用期不成立，该期限为劳动合同期限。

（五）劳动合同的变更

劳动合同的变更实际上是特殊情形下劳动合同的履行，是指劳动合同履行期间，劳动合同双方当事人协商一致，就已订立的合同条款达成修改、补充协议，改变劳动合同内容的法律行为。也可理解为劳动合同在履行过程中，由于劳动合同主体和内容在履行过程中发生变化，劳动合同仍有效力，双方当事人要按照变更后的劳动合同继续履行。

根据《劳动合同法》第三十五条规定，变更劳动合同时应满足以下要求：用人单位应当与劳动者协商一致，可以变更劳动合同约定的内容；变更劳动合同，应当采用书面形式；

变更后的劳动合同文本，应一式两份，由用人单位和劳动者各执一份。

劳动合同变更的程序包括：

1）一旦发生需进行劳动合同内容条款变更的情形，应及时向用人单位或劳动者一方，提出变更劳动合同的要求。

2）要按期向对方做出明确答复。

3）当事双方要达成书面协议。在此需注意的是，书面协议应指明对哪些条款内容做出变更，并应确定变更后劳动合同的生效日期，书面协议须经双方当事人签字盖章生效。

（六）劳动合同的解除

劳动合同解除是指劳动合同履行过程中（在订立以后，尚未履行完毕或者未全部履行以前），由于双方或单方的法律行为，在合同的有效期届满或者履行完毕之前，结束劳动合同效力（双方当事人提前消灭劳动关系）的法律行为。它是劳动合同关系的非自然终止，一般是由于劳动合同订立时所依据的情况发生了变化，从而导致劳动合同无法继续履行。

在劳动合同的有效期限内，经过用人单位和劳动者双方协商一致，可以解除劳动合同。此外，在符合《劳动合同法》相关规定的情形下，依照规定的条件、程序，劳动者或用人单位可以单方解除劳动合同。

1．劳动者单方要求解除合同

《中华人民共和国劳动合同法实施条例》规定，有下列情形之一的，依照《劳动合同法》规定的条件、程序，劳动者可以与用人单位解除劳动合同：

1）劳动者与用人单位协商一致的。

2）劳动者提前30日以书面形式通知用人单位的。

3）劳动者在试用期内提前3日通知用人单位的。

4）用人单位未按照劳动合同约定提供劳动保护或者劳动条件的。

5）用人单位未及时足额支付劳动报酬的。

6）用人单位未依法为劳动者缴纳社会保险费的。

7）用人单位的规章制度违反法律、法规的规定，损害劳动者权益的。

8）用人单位以欺诈、胁迫的手段或者乘人之危，使劳动者在违背真实意思的情况下订立或者变更劳动合同的。

9）用人单位在劳动合同中免除自己的法定责任、排除劳动者权利的。

10）用人单位违反法律、行政法规强制性规定的。

11）用人单位以暴力、威胁或者非法限制人身自由的手段强迫劳动者劳动的。

12）用人单位违章指挥、强令冒险作业危及劳动者人身安全的。

13）法律、行政法规规定的劳动者可以解除劳动合同的其他情形。

2．用人单位单方要求解除劳动合同

《中华人民共和国劳动合同法实施条例》规定，有下列情形之一的，依照规定的条件、程序，用人单位可以与劳动者解除劳动合同：

1）用人单位与劳动者协商一致的。

2）劳动者在试用期间被证明不符合录用条件的。

3）劳动者严重违反用人单位的规章制度的。

4）劳动者严重失职，营私舞弊，给用人单位造成重大损害的。

5）劳动者同时与其他用人单位建立劳动关系，对完成本单位的工作任务造成严重影响，或者经用人单位提出，拒不改正的。

6）劳动者以欺诈、胁迫的手段或者乘人之危，使用人单位在违背真实意思的情况下订立或变更劳动合同的。

7）劳动者被依法追究刑事责任的。

8）劳动者患病或者非因工负伤，在规定的医疗期满后不能从事原工作，也不能从事由用人单位另行安排的工作的。

9）劳动者不能胜任工作，经过培训或者调整工作岗位，仍不能胜任工作的。

10）劳动合同订立时所依据的客观情况发生重大变化，致使劳动合同无法履行，经用人单位与劳动者协商，未能就变更劳动合同内容达成协议的。

11）用人单位依照企业破产法规定进行重整的。

12）用人单位生产经营发生严重困难的。

13）企业转产、重大技术革新或者经营方式调整，经变更劳动合同后，仍需裁减人员的。

14）其他因劳动合同订立时所依据的客观经济情况发生重大变化，致使劳动合同无法履行的。

应当注意，当劳动者有下列情形之一的，用人单位不得依照上述8至14条的规定解除劳动合同：

1）从事接触职业病危害作业的劳动者未进行离岗前职业健康检查，或者疑似职业病病人在诊断或者医学观察期间的。

2）在本单位患职业病或者因工负伤并被确认丧失或部分丧失劳动能力的。

3）患病或者非因工负伤，在规定的医疗期内的。

4）女职工在孕期、产期、哺乳期内的。

5）在本单位连续工作满15年，且距法定退休年龄不足5年的。

6）法律、行政法规规定的其他情形。

《劳动合同法》第四十六条规定了在解除劳动合同时，用人单位应向劳动者支付经济补偿金的各类情形。

（七）法律责任

1．用人单位违反《劳动合同法》应承担的法律责任

1）用人单位直接涉及劳动者切身利益的规章制度违反法律、法规规定的，由劳动行政部门责令改正，给予警告；给劳动者造成损害的，应当承担赔偿责任。

2）用人单位提供的劳动合同文本未载明《劳动合同法》规定的劳动合同必备条款或者用人单位未将劳动合同文本交付劳动者的，由劳动行政部门责令改正；给劳动者造成损害的，应当承担赔偿责任。

3）用人单位自用工之日起超过一个月不满一年未与劳动者订立书面劳动合同的，应当向劳动者每月支付二倍的工资。用人单位违反《劳动合同法》规定不与劳动者订立无固定期限劳动合同的，自应当订立无固定期限劳动合同之日起向劳动者每月支付二倍的工资。

4）用人单位违反《劳动合同法》规定与劳动者约定试用期的，由劳动行政部门责令改正；违法约定的试用期已经履行的，由用人单位以劳动者试用期满月工资为标准，按已经履行的超过法定试用期的期间向劳动者支付赔偿金。

5）用人单位违反《劳动合同法》规定，扣押劳动者居民身份证等证件的，由劳动行政部门责令限期退还劳动者本人，并依照有关法律规定给予处罚。用人单位违反《劳动合同法》规定，以担保或者其他名义向劳动者收取财物的，由劳动行政部门责令限期退还劳动者本人，并以每人 500 元以上 2 000 元以下的标准处以罚款；给劳动者造成损害的，应当承担赔偿责任。劳动者依法解除或者终止劳动合同，用人单位扣押劳动者档案或者其他物品的，依照上述规定处罚。

6）用人单位有下列情形之一的，由劳动行政部门责令限期支付劳动报酬、加班费或者经济补偿；劳动报酬低于当地最低工资标准的，应当支付其差额部分；逾期不支付的，责令用人单位按应付金额 50%以上 100%以下的标准向劳动者加付赔偿金：

① 未按照劳动合同的约定或者国家规定及时足额支付劳动者劳动报酬的。

② 低于当地最低工资标准支付劳动者工资的。

③ 安排加班不支付加班费的。

④ 解除或者终止劳动合同，未依照《劳动合同法》规定向劳动者支付经济补偿的。

7）因用人单位原因造成劳动合同依法被确认无效，给劳动者造成损害的，用人单位应当承担赔偿责任。

8）用人单位违反《劳动合同法》规定解除或者终止劳动合同的，应当依照《劳动合同法》第四十七条规定的经济补偿标准的二倍向劳动者支付赔偿金。

9）用人单位有下列情形之一的，依法给予行政处罚；构成犯罪的，依法追究刑事责任；给劳动者造成损害的，应当承担赔偿责任：

① 以暴力、威胁或者非法限制人身自由的手段强迫劳动的。

② 违章指挥或者强令冒险作业危及劳动者人身安全的。

③ 侮辱、体罚、殴打、非法搜查或者拘禁劳动者的。

④ 劳动条件恶劣、环境污染严重，给劳动者身心健康造成严重损害的。

10）用人单位违反《劳动合同法》规定未向劳动者出具解除或者终止劳动合同的书面证明，由劳动行政部门责令改正；给劳动者造成损害的，应当承担赔偿责任。

11）用人单位招用与其他用人单位尚未解除或者终止劳动合同的劳动者，给其他用人单位造成损失的，应当承担连带赔偿责任。

12）用人单位违反《劳动合同法》有关建立职工名册规定的，由劳动行政部门责令限期改正；逾期不改正的，由劳动行政部门处 2 000 元以上 2 万元以下的罚款。

13）用人单位依照《劳动合同法》的规定应当向劳动者每月支付两倍的工资或者应当向劳动者支付赔偿金而未支付的，劳动行政部门应当责令用人单位支付。

2．劳动者违反《劳动合同法》应承担的法律责任

1）劳动者违反《劳动合同法》规定解除劳动合同，或者违反劳动合同中约定的保密义务或者竞业限制，给用人单位造成损失的，应当承担赔偿责任。

2）因劳动者原因造成劳动合同依法被确认无效，给用人单位造成损害的，劳动者应当承担赔偿责任。

3．其他法律责任相关规定

1）违反《劳动合同法》规定，未经许可，擅自经营劳务派遣业务的，由劳动行政部门责令停止违法行为，没收违法所得，并处违法所得1倍以上5倍以下的罚款；没有违法所得的，可以处50 000元以下的罚款。

劳务派遣单位、用工单位违反《劳动合同法》有关劳务派遣规定的，由劳动行政部门责令限期改正；逾期不改正的，以每人5 000元以上10 000元以下的标准处以罚款，对劳务派遣单位，吊销其劳务派遣业务经营许可证。用工单位给被派遣劳动者造成损害的，劳务派遣单位与用工单位承担连带赔偿责任。

2）用工单位违反《劳动合同法》和《劳动合同法实施条例》有关劳务派遣规定的，由劳动行政部门和其他有关主管部门责令改正；情节严重的，以每位被派遣劳动者1 000元以上5 000元以下的标准处以罚款；给被派遣劳动者造成损害的，劳务派遣单位和用工单位承担连带赔偿责任。

3）对不具备合法经营资格的用人单位的违法犯罪行为，依法追究法律责任；劳动者已经付出劳动的，该单位或者其出资人应当依照《劳动合同法》有关规定向劳动者支付劳动报酬、经济补偿、赔偿金；给劳动者造成损害的，应当承担赔偿责任。

4）个人承包经营违反《劳动合同法》规定招用劳动者，给劳动者造成损害的，发包的组织与个人承包经营者承担连带赔偿责任。

5）劳动行政部门和其他有关主管部门及其工作人员玩忽职守、不履行法定职责，或者违法行使职权，给劳动者或者用人单位造成损害的，应当承担赔偿责任；对直接负责的主管人员和其他直接责任人员，依法给予行政处分；构成犯罪的，依法追究刑事责任。

二、我国劳动合同制度实施现状

《劳动合同法》是我国一部非常重要的法律，它完善了劳动合同制度，明确了劳动合同双方当事人的权利和义务，有利于构建并发展和谐、稳定的劳动关系。据人力资源社会保障部统计，2018年我国企业劳动合同签订率达90%以上。

目前我国在用工过程中仍存在一些问题：

1）最低工资保障制度没有得到全面执行，拖欠工资现象仍时有发生，工资正常增长机制尚未形成。

一些企业劳动者工资低于当地最低工资标准；还有一些企业随意调整劳动定额，降低计价单价；个别地方工资标准偏低，不能保障劳动者的基本生活；有些地方克扣和拖欠劳动者工资的问题仍然严重。

2）超时加班现象比较普遍，劳动条件差。

相当一部分企业违反《劳动法》规定，要求劳动者超时加班，并且不付加班工资。一些企业设备陈旧，工作环境差，劳动者直接受粉尘、噪声、高温甚至有毒有害气体的危害，工伤事故经常发生，职业病危害严重。

3）劳动保障监察力度不足，劳动争议处理周期长，效率低。

劳动保障监察部门力量不足，手段软弱，对违法行为查处不力。许多地方仅能对投诉举报的案件进行查处，没有建立有效的防范机制。对已查处的案件惩处力度不够，达不到震慑违法用人单位的目的。

4）“仲裁前置”原则及仲裁时效过短形成民法权利的缺失。

根据《中华人民共和国劳动争议调解仲裁法》(以下简称《劳动争议仲裁法》)。发生劳动争议，当事人不愿协商、协商不成或者达成和解协议后不履行的，可以向调解组织申请调解；不愿调解、调解不成或者达成调解协议后不履行的，可以向劳动争议仲裁委员会申请仲裁；对仲裁裁决不服的，除《劳动争议仲裁法》另有规定的外，可以向人民法院提起诉讼。

这一规定从法律上确认了“仲裁前置”原则，即以仲裁作为诉讼解决的前提条件。人民法院只受理对仲裁裁决不服的劳动争议案件；未经仲裁而直接起诉的，人民法院不予受理。“仲裁前置”程序的规定违背了仲裁自愿的传统立法程序，妨碍了当事人仲裁请求权和诉讼权的行使自由，同时也剥夺了不能进入仲裁程序的那部分人寻求司法救济的权利，而且由于一裁二审的诉讼程序导致解决争议的成本增加和结案时间延长，不利于保护当事人的合法权利。

5）劳动仲裁机构的行政色彩太浓容易受地方保护思想左右。

由于地方劳动争议仲裁机构受地方政府管辖，很容易受地方保护思想左右，使劳动者特别是外来打工者的利益难以得到保护。一些地方政府出于当地经济发展的需要，在劳资纠纷中往往偏袒资方，忽视对劳动者权益的保护；也有些政府部门认为《劳动法》同其他法律一样，劳动者可以与用人单位协商解决的，他们能不管就不管；更有个别政府官员与当地资方老板纠缠不清，对劳动者权益受侵害的情况熟视无睹，且故意偏袒资方，使劳动者权益受到极大的损害。

6）事实劳动关系下劳动者难以承担举证责任。

由于劳动争议案件诉讼条件的相对特殊性，劳动法律关系除了具有一般民事法律的平等性外，还具有隶属性、依附性的特征。大量的劳动争议都是由用人单位以管理者身份单方行为引起的。劳动者在面临自己的合法权益遭受侵害时，往往无法提供有效的证据来证明。

总而言之，依法彻底保障《劳动法》正确而有效的实施，需要把将制定相关法律、强化执法和建立对劳动者权益保护的法律援助机制有机地结合起来，从源头上预防和制止各种弊端，从而使劳动者的合法权益得到更好的维护，进一步促进社会和谐和经济健康发展。

小资料

北京市劳动合同书范本（固定期限）

根据《中华人民共和国劳动法》《中华人民共和国劳动合同法》和有关法律、法规，甲乙双方经平等自愿、协商一致签订本合同，共同遵守本合同所列条款。

一、劳动合同双方当事人基本情况

第一条 甲方法定代表人（主要负责人）或委托代理人：________

注册地址：________

经营地址：________

第二条 乙方：________ 性别：________户籍类型（非农业、农业）

居民身份证号码：________

或者其他有效证件名称：________ 证件号码：____________________

在甲方工作起始时间：_____年___月___日

家庭住址：_____________________________ 邮政编码：_________

在京居住地址：_____________________________ 邮政编码：_________

户口所在地：________省（市）________区（县）________街道（乡镇）

二、劳动合同期限

第三条 本合同为固定期限劳动合同。

本合同于_____年___月___日生效，试用期至_____年___月___日止。本合同于_____年___月___日终止。

三、工作内容和工作地点

第四条 乙方同意根据甲方工作需要，担任____________________________岗位（工种）工作。

第五条 根据甲方的岗位作业特点，乙方的工作区域或工作地点为___________。

第六条 乙方工作应达到_________________________标准。

四、工作时间和休息休假

第七条 甲方安排乙方执行____________工时制度。

执行标准工时制度的，乙方每天工作时间不超过8小时，每周工作不超过40小时。每周休息日为__________________。

甲方安排乙方执行综合计算工时工作制度或者不定时工作制度的，应当事先取得劳动行政部门特殊工时制度的行政许可决定。

第八条 甲方对乙方实行的休假制度有________________________。

五、劳动报酬

第九条 甲方每月____日前以货币形式支付乙方工资，月工资为____元或按____执行。

乙方在试用期期间的工资为________________元。

甲乙双方对工资的其他约定：_____________________________________。

第十条 甲方生产工作任务不足，使乙方待工的，甲方支付乙方的月生活费为_________元或按_______________________执行。

六、社会保险及其他保险福利待遇

第十一条 甲乙双方按国家和北京市的规定参加社会保险。甲方为乙方办理有关社会保险手续，并承担相应社会保险义务。

第十二条 乙方患病或非因工负伤的医疗待遇按国家、北京市有关规定执行。甲方按_______支付乙方病假工资。

第十三条　乙方患职业病或因工负伤的待遇按国家和北京市的有关规定执行。

第十四条　甲方为乙方提供以下福利待遇______________________。

七、劳动保护、劳动条件和职业危害防护

第十五条　甲方根据生产岗位的需要，按照国家有关劳动安全、卫生的规定为乙方配备必要的安全防护措施，发放必要的劳动保护用品。

第十六条　甲方根据国家有关法律、法规，建立安全生产制度；乙方应当严格遵守甲方的劳动安全制度，严禁违章作业，防止劳动过程中的事故，减少职业危害。

第十七条　甲方应当建立、健全职业病防治责任制度，加强对职业病防治的管理，提高职业病防治水平。

八、劳动合同的解除、终止和经济补偿

第十八条　甲乙双方解除、终止、续订劳动合同应当依照《中华人民共和国劳动合同法》和国家及北京市有关规定执行。

第十九条　甲方应当在解除或者终止本合同时，为乙方出具解除或者终止劳动合同的证明，并在十五日内为乙方办理档案和社会保险关系转移手续。

第二十条　乙方应当按照双方约定，办理工作交接。应当支付经济补偿的，在办结工作交接时支付。

九、当事人约定的其他内容

第二十一条　甲乙双方约定本合同增加以下内容：__________________________。

十、劳动争议处理及其他

第二十二条　双方因履行本合同发生争议，当事人可以向甲方劳动争议调解委员会申请调解；调解不成的，可以向劳动争议仲裁委员会申请仲裁。当事人一方也可以直接向劳动争议仲裁委员会申请仲裁。

第二十三条　本合同的附件如下：__________________________。

第二十四条　本合同未尽事宜或与今后国家、北京市有关规定相悖的，按有关规定执行。

第二十五条　本合同一式两份，甲乙双方各执一份。

甲方（盖章）：　　　　　　　　　　　　　　乙方（签字或盖章）：

法定代表人（主要负责人）或委托代理人（签字或盖章）：

年　月　日　　　　　　　　　　　　　　　　年　月　日

第三节　劳动争议

一、劳动争议的内涵

劳动争议，也称“劳动纠纷”“劳资争议”，是指用人单位和劳动者之间在《劳动法》调整的范围之内，因适用国家法律法规，订立、履行、变更、终止、解除劳动合同，以及其他与劳动关系直接联系的问题而引起的纠纷。劳动争议是劳动关系不协调的反映，只有妥善、合法、公正、及时处理劳动争议，才能维护劳动关系双方当事人的合法权益。

小资料

劳动争议管辖种类

一、地域管辖

地域管辖又称地区管辖，是以行政区域作为确定劳动仲裁管辖范围的标准。地域管辖又分为3种：

1）一般地域管辖。一般地域管辖是指按照发生劳动争议的行政区域确定案件的管辖，是最常见的方式。

2）特殊地域管辖。特殊地域管辖是指法律法规特别规定当事人之间的劳动争议由某地的劳动争议仲裁委员会管辖，如发生劳动争议的企业与职工不在同一个仲裁委员会管辖地区的，由工资关系所在地的仲裁委员会管辖。

3）专属管辖。专属管辖是指法律法规规定某类劳动争议只能由特定的劳动仲裁委员会管辖，如在我国境内履行与国（境）外企业签订的劳动合同时，若发生劳动争议，由劳动合同履行地仲裁委员会管辖，也可在合同中约定仲裁管辖。

二、级别管辖

级别管辖是指各级劳动仲裁委员会受理劳动争议的分工和权限。一般分为：区（县）一级劳动仲裁委员会管辖本区内普通劳动争议；市一级劳动仲裁委员会管辖外商投资企业或本市重大劳动争议。

三、移送管辖

移送管辖是指劳动仲裁委员会受理的自己无管辖权的或不便于管辖的劳动争议案件，移送有权或便于审理此案的劳动仲裁委员会。如《劳动人事争议仲裁办案规则》规定，仲裁委员会发现已受理案件不属于其管辖范围的，应当移送至有管辖权的仲裁委员会，并书面通知当事人。

四、指定管辖

指定管辖是指两个劳动仲裁委员会对案件的管辖发生争议时，由双方协商，协商不成报送共同的上一级仲裁委员会主管部门，由上一级主管部门指定管辖。

五、涉外管辖

《中华人民共和国民事诉讼法》第二百六十五条规定，因合同纠纷或者其他财产权益纠纷，对在中华人民共和国领域内没有住所的被告提起的诉讼，如果合同在中华人民共和国领域内签订或者履行，可以由合同签订地、合同履行地人民法院管辖。据此，我国公民与国（境）外企业签订的劳动（工作）合同，如果劳动（工作）合同的履行地在我国领域内，因履行劳动（工作）合同发生劳动争议，可按照《中华人民共和国劳动争议调解仲裁法》（以下简称《劳动争议仲裁法》）第二十一条仲裁管辖规定精神，由劳动（工作）合同履行地的劳动争议仲裁委员会受理。

二、劳动争议的处理

（一）劳动争议的处理原则

《劳动争议仲裁法》规定，解决劳动争议，应当根据事实，遵循合法、公正、及时、着重调解的原则，依法保护当事人的合法权益。

1．解决劳动争议必须根据事实、从实际出发

所谓事实，是指各种事态的客观存在。人们可以将发生和存在的一切现象和状态（包括精神的或物质的）都称为事实。对于同一存在的事实，当事人的认识或者说主张可能并不一致。为了解决劳动争议，应坚持实事求是，一切从具体实际出发，注重证据，以客观事实作为分清当事人是非曲直和裁判的依据。

2．解决劳动争议应当遵循合法、公正、及时的原则

所谓“合法”，是指劳动争议处理机构在调解、仲裁过程中坚持以事实为依据、以法律为准绳，依法处理劳动争议案件。“合法”的“法”既包括劳动实体法，也包括处理劳动争议的程序法，还包括相关行政法规和政府规章以及依法签订的劳动合同、集体合同、依法制定并经职工代表大会或者职工大会讨论通过的企业规章制度等。

所谓“公正”，是指处理劳动争议的过程中，调解和仲裁机构应公平正义、不偏不倚，保证争议当事人处于平等的法律地位，具有平等的权利和义务，并对当事人之间权利或利益关系进行合理的分配。

所谓“及时”，是指遵循劳动争议处理法律法规规定的期限，尽可能快速、高效率地处理和解决劳动争议。劳动争议与劳动者的生活、企业的生产密切相关，一旦发生争议，不仅影响生产、工作的正常进行，而且直接影响劳动者及其家人的生活，甚至影响社会的稳定。因此对劳动争议必须及时处理，及时保护权利受侵害一方的合法权益，以协调劳动关系，维护社会和生产的正常秩序。

3．解决劳动争议应当遵循着重调解的原则

调解是指在第三人的主持下，依法劝说争议双方进行协商，在互谅互让的基础上达成协议，从而消除矛盾的一种方法。着重调解原则包含两方面的内容：一是调解作为解决劳动争议的基本手段贯穿于劳动争议的全过程。不仅仅是指当事人通过调解组织，达成调解协议解决纠纷，还包括仲裁机构调解和法院调解。即使进入仲裁和诉讼程序后，劳动争议仲裁委员会和人民法院在处理劳动争议时，仍必须先进行调解，调解不成的，才能做出裁决和判决；二是调解必须遵循自愿原则，在双方当事人自愿的基础上进行，不能勉强和强制，否则即使达成协议或者做出调解书也不能发生法律效力。劳动争议发生以后，当事人可以依法申请调解。

（二）劳动争议的处理途径

根据《劳动法》和《劳动争议仲裁法》的规定，我国劳动争议有协商、调解、仲裁、诉讼四种解决方式。其中，协商和调解是当事人自愿选择的程序，不是解决劳动争议的必经程序。

1．劳动争议的协商

协商是指劳动争议发生后，劳动者与用人单位本着平等的原则，在平等交流、互相体谅的基础上达成一致，以求尽快解决双方争议的一种方式。可以是劳动者与用人单位协商，也可以请工会或第三方共同与用人单位协商，达成和解协议。协商不是劳动争议处理的必经程序，协商所达成的协议也无法律约束力。

2．劳动争议的调解

调解是指劳动争议当事人自愿申请，由调解组织在查明事实、分清责任的基础上，对争议双方进行说服、教育，促使双方互谅互让，达成调解协议，解决纠纷的活动。调解必须以当事人的自愿申请为前提，任何机关和组织不得对劳动争议当事人做强行调解；调解过程中，调解组织没有决定权，调解协议由双方平等协商达成，调解组织不能包办代替；调解协议没有强制效力，具有合同的效力，它的执行依靠当事人的自觉，不能强制执行。调解也不是劳动争议处理的必经程序，但是调解协议书对双方当事人具有约束力，当事人应当履行。一方当事人不履行的，另一方当事人可依法申请仲裁。因拖欠劳动报酬、工伤医疗费、经济补偿或赔偿金事项达成调解协议，用人单位在协议约定的期限内不履行的，劳动者可持调解协议书依法向法院申请支付令，法院应当依法发出支付令。

调解组织包括：企业劳动争议调解委员会；依法设立的基层人民调解组织；在乡镇、街道设立的具有劳动争议调解职能的组织。企业劳动争议调解委员会由职工代表和企业代表组成。职工代表由工会成员担任或者由职工代表大会推举产生，企业代表由企业负责人指定。企业劳动争议调解委员会主任由工会成员或者双方推举的人员担任。

劳动争议调解组织调解劳动争议案件分为申请与受理、实施调解、调解结果三个部分。

（1）调解的申请与受理　要启动调解程序，首先需要当事人的申请。当事人申请劳动争议调解可以书面申请，也可以口头申请。口头申请的，调解组织应当当场记录申请人基本情况、申请调解的争议事项、理由和时间。申请调解是自愿的。劳动争议双方当事人中任何一方不愿意接受调解，调解组织都不能强行调解。

调解组织收到当事人的申请后，经过审查，决定是否接受申请，启动调解。审查的内容主要包括以下三个方面：申请调解的事项是不是属于劳动争议范围；申请主体是否适合，只有与劳动争议有直接利害关系的当事人，才能提出调解申请；有没有明确的被申请人，明确的调解请求，明确的事实和理由。

（2）实施调解　在实施调解前，为保障调解工作的顺利进行，还要做一些准备工作，主要包括告知双方当事人在调解中的权利和义务以及调解委员会的组成人员，对争议案件进行调查分析等。

《劳动争议仲裁法》规定，调解劳动争议，应当充分听取双方当事人对事实和理由的陈述，耐心疏导，帮助其达成协议。调解工作实际上是一种说服劝导工作，需要在事实基础上根据法律、法规和政策，讲道理，耐心疏导，做到以理服人，让当事人自愿达成调解协议。以势压人，强行调解，即便达成调解协议，当事人也不会履行。

（3）调解结果　劳动争议调解组织调解劳动争议，有两种结果：

1）纠纷化解，双方达成调解协议。经调解达成协议的，应当制作调解协议书。调解协议书由双方当事人签名或者盖章，经调解员签名并加盖调解组织印章后生效，对双方当事人具有约束力，当事人应当履行。

2）双方仍然存在分歧，未达成调解协议。自劳动争议调解组织收到调解申请之日起十五日内未达成调解协议的，当事人可以依法申请仲裁。

3．劳动争议的仲裁

仲裁是指劳动争议仲裁委员会对劳动争议做出具有法律效力的裁决。劳动争议仲裁具有很强的专业性，与司法程序相比，更加简便和及时。劳动争议仲裁机构是国家授权依法独立处理劳动争议的专门组织。根据我国目前的规定，劳动争议仲裁委员会由劳动行政部门代表、工会代表和企业方面代表组成。劳动争议仲裁委员会组成人员应当是单数，实行少数服从多数的原则，少数仲裁员的不同意见应当记入笔录。劳动仲裁委员会以县、市、市辖区等为单位，负责管辖本区域内发生的劳动争议。

劳动争议仲裁委员会处理的劳动争议包括：劳动者或用人单位在发生劳动争议后，直接向劳动争议仲裁委员会提出仲裁申请的劳动争议；劳动争议调解委员会调解不成，当事人向劳动争议仲裁委员会申请仲裁的劳动争议。

劳动争议申请仲裁的时效期间为 1 年，仲裁时效期间从当事人知道或者应当知道其权利被侵害之日起计算。若因当事人一方向对方当事人主张权利，或者向有关部门请求权利救济，或者对方当事人同意履行义务而中断，从中断时起，仲裁时效期间重新计算。因不可抗力或者有其他正当理由，当事人不能在规定的仲裁时效期间申请仲裁的，仲裁时效中止。从中止时效的原因消除之日起，仲裁时效期间继续计算。劳动关系存续期间因拖欠劳动报酬发生争议的，劳动者申请仲裁不受前面所说的仲裁时效期间的限制；但是，劳动关系终止的，应当自劳动关系终止之日起 1 年内提出。

劳动争议仲裁委员会裁决劳动争议案件实行仲裁庭制。仲裁庭由 3 名仲裁员组成，设首席仲裁员。简单的劳动争议案件可以由 1 名仲裁员独任仲裁。

发生劳动争议，当事人对自己提出的主张，有责任提供证据。劳动者无法提供由用人单位掌握管理的与仲裁请求有关的证据，仲裁庭可以要求用人单位在指定期限内提供。用人单位不提供的，应当承担不利后果。

仲裁庭做出裁决前，应当先行调解。调解达成协议的，仲裁庭应当制作调解书。调解书应当写明仲裁请求和当事人协议的结果，调解书由仲裁员签名，加盖劳动争议仲裁委员会印章，送达双方当事人，调解书经双方当事人签收后，发生法律效力。调解不成或者调解书送达前，一方当事人反悔的，仲裁庭应当及时做出裁决。

劳动争议仲裁庭一般应在劳动争议仲裁委员会受理仲裁申请之日起 45 日内做出仲裁裁决，案件复杂需要延期的，应该报劳动争议仲裁委员会主任批准后方可延长，但最长不得超过 15 日。必须首先对劳动争议进行调解。经劳动争议仲裁委员会调解，如果争议双方达成一致，由劳动争议仲裁委员会制作调解书，调解书具有法律效力。

劳动争议的仲裁采用一次裁决终结的法律制度。如果当事人不服，可在收到仲裁书之日起 15 日内，向有管辖权的人民法院起诉。期满不起诉，仲裁决定书即发生法律效力。

4．劳动争议的诉讼

劳动争议当事人对仲裁裁决不服的，在法定的期限内可以向人民法院起诉。人民法院按照民事诉讼程序进行审理。法院审判程序是劳动争议处理的最终程序。另外，一方当事人逾期不履行已发生法律效力的调解书、裁决书的，另一方当事人可以依照民事诉讼法的有关规定向人民法院申请执行。受理申请的人民法院应当依法执行。

三、我国劳动争议的现状

目前，我国劳动争议的现状，总体来说有如下几个特点：

1）调解委员会受理案件的数量及成功处理争议数量逐年减少。

2）仲裁委员会受理的劳动争议总量持续大幅度上升，接受调解的比例下降。

3）集体争议数量及涉及人数明显上升，而且以劳动者为主。

4）仲裁裁决比重增大，案件处理难度加大。

5）劳动争议的焦点是劳动报酬、经济补偿、赔偿及保险福利等方面受到损害。

6）非国有企业当事人增加。

小资料

劳动争议仲裁申请书样例

<table>
<tr><th colspan="2">申 请 人</th><th colspan="3">被 申 请 人</th></tr>
<tr><td>姓　　名</td><td></td><td colspan="2">单位名称</td><td></td></tr>
<tr><td>性　　别</td><td></td><td colspan="2">企业性质</td><td></td></tr>
<tr><td>出生日期</td><td></td><td colspan="2">境外合资方名称</td><td></td></tr>
<tr><td>经常居住地</td><td></td><td colspan="2">中方主管机关</td><td></td></tr>
<tr><td>户口所在地</td><td></td><td rowspan="3">法定代表人
（负责人）</td><td>姓名</td><td></td></tr>
<tr><td>户口性质</td><td>城镇、农村</td><td>性别</td><td></td></tr>
<tr><td>现工作单位</td><td></td><td>职务</td><td></td></tr>
<tr><td>职　　业</td><td></td><td colspan="2" rowspan="2">住所地</td><td rowspan="2"></td></tr>
<tr><td>是否签订合同</td><td></td></tr>
<tr><td>身份证件类型</td><td></td><td colspan="2">办公地或经营地</td><td></td></tr>
<tr><td>身份证件号码</td><td></td><td colspan="2">法人代码</td><td></td></tr>
<tr><td>联系电话</td><td></td><td colspan="2">联系电话</td><td></td></tr>
</table>

请求事项：

事实和理由：

申请人（签名或盖章）：

年　月　日

附：

（第　　页）

注：1. 本申请书须用钢笔或签字笔填写，一式三份，其中两份交劳动人事争议仲裁委员会，一份申请人自存。

2. 申请内容填写不下时，可在申请书中间加页。

3. 填写的申请书须字迹清楚、文字简练规范。

4. 申请人是劳动者的，交本申请书时，须同时提交本人身份证件复印件一张（A4 型纸）。

本章小结

劳动关系是企业人力资源管理的重要内容，本章主要论述了三方面内容：一是认识劳动关系，包括劳动关系的内涵、界定及我国劳动关系现状；二是劳动合同的管理，包括劳动合同的制定原则、劳动合同相关内容规定及我国劳动合同制度实施现状；三是劳动争议，包括劳动争议的内容和形式、发生劳动争议应该如何处理及我国劳动争议现状。通过本章内容的学习，能够帮助学生深入理解劳动关系的实质、企业如何利用劳动合同进行恰当的员工管理及出现劳动争议时应该如何得体地处理。

复习思考题

一、单选题

1. 劳动关系主体，一方是劳动者，另一方是（　　）。

A. 用人单位　　B. 事业单位　　C. 企业　　D. 团体

2. 下列选项中不属于按照劳动合同期限划分的劳动合同类型是（　　）。

A. 有固定期限的劳动合同

B. 无固定期限的劳动合同

C. 以完成一定工作为期限的劳动合同

D. 书面劳动合同

3. 我国《劳动法》第二十条规定，劳动者在同一用人单位连续工作满（　　）以上，当事人双方同意续延劳动合同的，如果劳动者提出订立无固定期限的劳动合同，应当订立无固定期限的劳动合同。

A. 5 年　　B. 10 年　　C. 15 年　　D. 20 年

4. 劳动合同的下列条款中，不属于《劳动法》规定的法定条款的是（　　）。

A. 劳动报酬　　B. 劳动保护和劳动条件

C. 劳动合同终止的条件　　D. 试用期条款

5. 因履行集体合同发生争议，经协商解决不成的，可以向（　　）依法申请仲裁、提起诉讼。

A. 人民法院　　B. 工会

C. 用人单位　　D. 劳动保障行政部门

二、多选题

1. 以下说法正确的是（　　）。

A. 劳动关系主体双方存在管理和被管理关系

B. 劳动关系双方在维护各自经济利益的过程中，双方的地位是平等的

C. 劳动关系主体双方各自具有独立的经济利益

D. 劳动关系主体双方有统一的经济利益

E. 劳动关系发生在直接的劳动过程中

2. 劳动者个人的权益有（　　）。

A. 劳动就业权　　B. 报酬请求权

C. 休息休假权　　D. 自主择业权

E. 劳动安全权

3. 按照用人方式的不同，劳动合同可以分为（　　）。

A. 书面劳动合同　　B. 城镇职工劳动合同

C. 录用合同　　D. 聘用合同

E. 借用合同

4. 根据我国《劳动法》的有关规定，劳动合同必须具备的法定条款包括（　　）。

A. 劳动合同期限　　B. 劳动保护和劳动条件

C. 劳动纪律和工作内容　　D. 合同终止的条件

E. 违反劳动合同的责任

5. 下列文书中，可以由人民法院强制执行的有（　　）。

A. 当事人之间的和解协议　　B. 基层调解协议

C. 仲裁调解协议　　D. 仲裁裁决

E. 法院判决

三、案例分析

2010 年 10 月，张国林与广州一家私营公司签订了为期 3 年的劳动合同。合同约定，张国林在公司仓库从事搬运工作，试用期为 6 个月，试用期期间月工资 600 元，试用期满后月工资为 800 元（2010 年广州市执行最低工资标准，最高的第一类标准为 1 030 元/月）。

2013 年 10 月，劳动合同期满，公司与张国林又续签了为期一年的劳动合同。续签合同中约定还要再经过 3 个月试用期。但是，张国林认为自己对工作已经轻车熟路，续订合同不应再约定试用期。

问题：

1. 以上案例中，哪些细节不符合相关劳动法律法规？为什么？
2. 本案应如何操作才是合理合法的？

四、实训项目

1. 训练项目背景资料

甲已经在乙公司工作了 11 年，第 10 年的时候，甲与公司签订了无固定期限劳动合同。可是现在乙公司出现了财务经营危机，要裁掉一部分员工，甲就在被裁员之列。

2. 训练要求

问题：像甲这种签订了无固定期限劳动合同的员工被裁员的话，用人单位是否要支付经济补偿？如需支付，甲能得到多少经济补偿？请说明推理过程，并写出计算结果。

3. 训练目的

考查学生运用所学相关法律法规的知识进行实际问题剖析的能力水平。

第九章　职业生涯规划

知识目标

- ✧ 掌握职业生涯规划的定义。
- ✧ 了解职业生涯规划阶段的主要任务。
- ✧ 理解组织、管理者和个人在职业生涯开发中的作用。
- ✧ 掌握达成职业生涯目标的方法。
- ✧ 理解组织职业生涯管理的目的、方法。

技能目标

- ✧ 能为组织设计有利于员工职业生涯发展的管理机制。
- ✧ 掌握为员工设计职业生涯规划的方法。
- ✧ 能对自己的职业生涯做出规划。

引导案例

职业生涯中的烦恼

小A今年38岁，16年前毕业于一所名牌院校的计算机科学专业。目前，她在一家外企做行政经理，收入不错，但小A总感到没有前途。自从小A大学毕业后，这已经是她的第4份工作了。她的第一份工作是做软件开发工程师，专业对口，但小A其实并不喜欢软件开发这个工作。当年选读这个专业是她父母的建议，父母当时觉得计算机专业的大学生更好找工作，可他们恰恰忽略了小A本人的兴趣、特长所在。

小A在做了3年多软件开发工程师后，便辞职去一家企业做了总经理秘书。在这期间，小A结婚生子，而做总经理秘书常常要加班，小A只好再找其他工作。小A之前没有太多技术、管理方面经验的积累，换来换去，最后转去做行政工作。

现在小A觉得很困惑，不知道下一步该如何走。

案例分析

首先，就小A目前的状况看，她做行政工作没有太多优势。以她现在的年龄，需要再提升自己的职业技能，在她擅长且喜欢的领域接受更多的培训，掌握更多的技能，否则她的职业之路会越走越窄。

其次，我们反思一下，小A目前尴尬的局面与其大学选专业有关。父母在帮她做职业规划时，没有从其兴趣、特长出发。因此，我们在做职业规划前，不妨先问问自己：我的价值观是什么？我的兴趣和长处是什么？我的做事方式是什么？我的性格如何？回答这些问题，就是反思自己各方面特点的过程，然后结合自己的爱好、特长可以做出适合自己的职业生涯规划决策。

第一节 人生发展与职业生涯

一、职业生涯与生命周期

1. 与职业生涯相关的概念

（1）职业 职业就是在相对较长的时间内，一个人所从事的范围相对固定的工作或任务。只有同时具备以下条件，才能称之为职业：首先，职业活动都要持续相当长一段时间（至少持续数月）；其次，职业活动都可以换取报酬；此外，职业活动的内容一般都是比较固定的。如会计、医生、秘书、记者等。

一个人在一生中或长或短都要就业。通过就业，我们不仅可以获得物质报酬，得以生存，而且它还是我们参与社会生活的最基本的方式。同时，就业又是我们发挥才智，获得个人发展，实现自我价值的重要途径。

（2）职业生涯 职业生涯是指一个人在其工作生活中所经历的一系列职位、工作或职业。例如，某个人毕业后在企业做工程师，后来到政府机关做公务员，最后到企业担任总监，那么工程师、公务员、总监就形成了这个人的职业生涯；一个人的职业没有发生变化，但是从专员开始做起，先后担任过主管、经理、总监等职位，那么专员、主管、经理、总监也形成了这个人的职业生涯。

（3）职业生涯规划 职业生涯规划是指个人根据自身的实际情况，确立自己的职业生涯发展目标，选择实现这一目标的职业，以及制订相应的教育培训计划、工作计划，并按照时间安排，采取必要行动，获取必要技能，寻求机会，实现这些职业生涯目标的过程。

（4）职业生涯开发 职业生涯开发是指围绕职业生涯展开的终身的系列活动，为实现其职业生涯目标，有目标、有计划、有系统地努力，如参加技能提升方面的课程，听取职业生涯规划专家的讲座，有目的地从事提升某项技能的具体工作等。

2. 职业发展理论

伴随着年龄的增长，职业生涯发展一般都要经历多个职业选择阶段，职业指导专家们对这些阶段的划分不尽相同。如美国职业指导专家金斯伯格（Eli Ginzberg）和萨珀（Donald E.Super）分别提出了关于职业生涯发展的理论。

（1）金斯伯格的职业选择阶段理论

美国著名职业指导专家金斯伯格，对职业生涯的发展进行过长期研究，其理论对职业生涯实践产生过广泛影响。金斯伯格将职业发展分为幻想期、尝试期和现实期。

1）幻想期（0—11 岁）。儿童们对大千世界，特别是对于他们所看到或接触到的各类职业的工作者，充满了新奇、好玩的感觉。此时期职业需求的特点是：单纯凭自己的兴趣爱好，不考虑自身条件、能力水平、社会需要与机遇，完全处于幻想之中。

2）尝试期（11—17 岁）。这是由少年儿童向青年过渡的时期。具体划分 4 个子阶段：兴趣阶段、能力阶段、价值观阶段和综合阶段。这一时期，人的心理和生理在迅速成长发育和变化，有独立的意识，价值观念开始形成，知识和能力显著增长和增强，初步懂得社会生产和生活的经验。在职业需求上呈现出的特点是：有职业兴趣，对职业有更深层次的探索，更多且客观地审视自身各方面条件和能力；开始注意职业角色的社会地位、社会意义，以及社会对该职业的需要。

3）现实期（17 岁以后）。这一时期又分为试探、具体化和专门化 3 个子阶段。青年即将步入社会劳动，能够客观地把自己的职业愿望或要求，同自己的主观条件、专业方向、能力，以及社会现实的职业需要紧密联系和协调起来，寻找适合自己的职业角色。他们对所希求的职业不再模糊不清，已有具体的、现实的职业目标，表现出的最大特点是客观性、现实性、讲求实际。

金斯伯格的职业发展论，展示了从幼年到青年时期个体职业心理发展的生动图景，表明早期职业心理的发展对人生职业选择有着重大的影响。

（2）萨珀的职业生涯发展理论

萨珀是美国另一位有代表性的职业学家。他把人的职业发展划分为 5 个阶段。

1）成长期（0—14 岁）。这一时期是一个人从幼儿园到初中的阶段，是个人职业幻想、兴趣和能力的启蒙时期。这一阶段的个体好奇心强，常通过观察、模仿和游戏中的角色扮演等方式，初步了解自己的兴趣和能力，对工作和职业有了初步的认知。

2）探索期（15—24 岁）。探索期是青年择业、初就业时期，青年力图更多地了解自我，并做出尝试性的职业决策；同时通过经验的积累，不断改变自己的职业期望。这一时期也可分为 3 个子阶段。

① 试验阶段（15—17 岁）：个体通过想象、讨论、观察、见习、社会实践等活动开始综合认识和考虑自己的兴趣、能力与职业社会价值、就业机会，开始进行择业尝试。

② 过渡阶段（18—21 岁）：查看劳动力市场，或者进行专门的职业培训，从过去的理想进入当前的现实，并对自己的职业期望进行现实性调整。

③ 尝试阶段（22—24 岁）：选定工作领域，开始从事某种职业。

3）建立期（25—44 岁）。建立期是建立稳定职业的阶段。这一时期分为两个子阶段：

① 尝试阶段（25—30 岁）：在这一阶段，个人对初就业选定的职业不满意，一直不能适应，就再选择、变换职业工作，变换次数因人不等；也可能满意初选职业而无变换。

② 稳定阶段（31—44 岁）：个人工作稳固，大部分人由于经验丰富、业绩显著，致力于实现个人职业目标。

4）保持期（45—64 岁）。在这一时期，个体一般达到常言所说的“功成名就”，已不再考虑变换职业工作，只力求维持已取得的成就和社会地位。

5）衰退期（65 岁以上）。由于个体健康状况和工作能力逐步衰退，即将退出工作，结束职业生涯，考虑退休后的生活安排。

以上关于职业生涯阶段的划分可供我们参考，由于国情的差异（如在我国，通常男性在 60 岁、女性在 55 岁就已进行退休状态），不同国家、不同时代职业生涯的划分方式可能会略有不同。对于在校大学生来说，职业生涯一般还处于探索期。

小资料

孔子人生的7个阶段

孔子人生的7个阶段见表9-1。

表9-1 孔子人生的7个阶段

年龄阶段	发展阶段	主要特征
0—15岁	从学前期	已经开始学习，通常并非主动学习
15—30岁	立志与学习时期	与前期相比，此时的学习更与志向相结合
30—40岁	自立时期	心智成熟，懂得很多道理，在经济上和人格上独立
40—50岁	不惑时期	不被外界事物所迷惑，办事不犹豫，行为果断
50—60岁	知天命时期	认识自然规律，懂得自己的人生使命
60—70岁	耳顺时期	总结经验，冷静地倾听别人的意见，分真伪、辨是非
70岁以上	从心所欲不逾矩时期	言行自由，同时不违背客观规律，自觉遵守道德规范

二、人的需求对职业生涯的影响

（1）需求层次理论

马斯洛的需求层次理论把人的需求分为生理需求、安全需求、社交需求、尊重需求和自我实现需求这5个层次，并认为只有低一层次的需求得到基本满足后，才会产生高一层次的需求。职业生涯也是这样：首先是基于生理需要的，其次基于安全与社交的，基于社会应用即自力更生的，最后是自我实现的。只有当员工在组织内通过职业生涯满足自我实现的需要时，才会产生真正的激励，从而更主动地将个人发展与组织发展结合起来，实现二者发展的双赢。

（2）三种需要理论

麦克利兰提出的三种需要理论即成就需要理论认为人有三种重要的需要：

1）成就需要：追求优越感的驱动力，或在某些标准下追求成就感、寻求成功的欲望。

2）权力需要：促使别人顺从自己意志的愿望。

3）亲和需要：寻求与别人建立友善且亲近的人际关系的欲望。

人的需求会影响到职业生涯发展路径。不同的人有不同的需求；同一个人，在不同的发展阶段，也会产生不同的需求。需要产生动机，动机促成行为，合适的环境、行为产生预期的结果。

在规划自己的职业生涯时，应该从自己的需求出发，这样在达成职业生涯目标的过程中才能以苦为乐，目标达成后才会有成就感；同时，人的需要通过职业生涯来实现。我国职业规划专家、南开大学商学院工商管理硕士中心兼职教授程杜明博士通过在企业中调查发现，50%左右的友爱满足感，56%左右的归属感，70%左右的实力、胜任、自信、能力发挥以及满足感是通过职业生涯得到的，人的需求是由低到高的，新员工对通过挣工资获得生活必需品等低层需求满足感达到85%，而对自我实现等高层需求满足感只有10%。企业要实施职业生涯规划与管理就是要不断为员工创造展现、满足高级需求的机会，使员工和企业共同发展，员工对企业的忠诚度就会升高。

第二节　个人职业生涯发展规划

美国著名成功学讲师博恩·崔西（Brian Tracy）曾说过：做规划的人有自己的事业，而没做规划的人则为那些有规划的人工作。有个现代寓言，说的是有 3 个人被判关进监狱 3 年，监狱长许诺满足每人一个要求。美国人爱抽雪茄，要了 3 箱雪茄；法国人最浪漫，要一个美丽的女子相伴；犹太人要了一部与外界沟通的电话。3 年过后，服刑期满，3 个人陆续走出监狱，只见美国人嘴里叼着根烟，鼻子里还插着根烟，原来他忘记要打火机了；法国人手里领着个孩子，怀里抱着一个孩子；犹太人紧握住监狱长的手，执意要送给他一辆高级跑车，因为他凭着那部电话，与外部的沟通一直没有中断，自己的生意蒸蒸日上。由此可以看出，今天做的规划可以决定未来，你现在的状态也就是 3 年前你做的规划的体现。

小资料

成功的小 C

小 C 多年前毕业后就在一家事业单位工作，一开始挺开心，但是慢慢感到工作内容重复单调，过于程式化，这让他开始焦虑和不安。小 C 不再满足于一成不变的工作状况，计划着如何自己创业，做自己喜欢的事。逐渐他把目光落到了开一家书店上。

然而问题又来了：家境贫寒、没有积蓄的他如何获得创业资金呢？这是最令他头疼的难题，他不断尝试各种赚钱门路。不久，小 C 发现了一个绝妙的商机，他发现大学生军训结束后，迷彩服、军鞋直接就被扔了，非常可惜。于是，有心的小 C 便把北京所有高校的军训服装统一购进，然后转卖给建筑工地的工人，赚得了第一笔创业资金。

有了资金，开书店的梦想终于有了变为现实的可能，小 C 开始调研市场、跑书商、找门店、进货……

两年后，小 C 辞职开了第一家书店。后来又开了第二家、第三家连锁店……现在已然是一家图书公司的总经理。

一、个人职业生涯规划原则

1．职业应与个人价值观相符

美国著名管理学大师彼得·德鲁克（Peter Drucker）认为，人们要从事的职业，应能与他的价值观相似，又能将个人长处发挥于其中。德鲁克特别强调了价值观和兴趣。价值观是一个人在达成目标的过程中，愿意采取的方式，不易改变。

2．职业应有利于发挥个人优势

被誉为钢琴王子的郎朗，从 3 岁起就表现出过人的演奏天赋。他的父母看到他在音乐方面的天赋，集中精力对他进行钢琴演奏方面的训练。此后，郎朗屡获殊荣，13 岁时即参加第二届柴可夫斯基国际青年音乐家比赛，获得金奖。郎朗的成功得益于自己的音乐天赋，更得益于其父母对其天赋的发现和挖掘。

遗憾的是，不是所有的父母都能发现自己孩子的长处，很多人也一直不知道自己有什么优势。其实，每个人都有自己的优势，在本章的后续部分，将提供一些发现自己长处的方法。

我们选择从事的专业、职业，如果能够用己所长，可以起到事半功倍的效果。

3．选择的职业应是个人感兴趣的

兴趣是指人对事物的特殊的认识倾向。孔子曰："知之者不如好之者，好之者不如乐之者。"兴趣是最好的老师。若一个人所从事的职业是自己感兴趣的，就会自觉自愿地利用一切机会去学习、琢磨，从而也比较容易出成绩；出了成绩，就会有成就感。"绩效本身就是激励"，从而推进自己更上一层楼，这就构成了一种积极的、正向循环的职业发展路径。美国著名职业教育专家霍兰德（John Holland）经过长期实践研究，发现一般可以将人分为：现实型、研究型、艺术型、社会型、企业型和常规型这六大职业兴趣类型。

4．选择的职业应该是社会所需要的

每个人选择了职业，都希望职业道路越走越宽，进而实现自己的职业生涯目标。而只有职业是社会所需要的，社会才能为其注入更多资源，提供更好的机会。因此，我们在选择职业时，应该选择有良好发展前景的行业，如铅字打字员、照片着色工这样的职业，已逐渐淡出社会的需要，要避免涉猎。

二、个人职业生涯发展评估

职业与个人应该是相互匹配的，在做职业规划前，先要对自己做个剖析，了解自己的兴趣、长处、价值观、做事方式等。

1．价值观

每个组织、家庭和个人都有自己的价值观，价值观决定了他们各自的生存法则。每个人价值观的形成都是一个缓慢、复杂的过程，与其生活环境、成长经历、教育经历等密切相关。一个人的价值观如果与社会、组织的导向是一致的，那么他的成长与社会、组织的发展就是和谐、互利的，当然会更有利于成功。

一个人的价值观和我们前面提到的个人优势是不一致的。德鲁克早前的经历就是个例证。在20世纪30年代中期，德鲁克是伦敦一名年轻的投资银行家，工作得心应手，收入丰厚，前程似锦。然而，他认为自己的价值更应体现在对"人"的研究和管理上，而不认为担任资产管理人是多么值得自豪的一件事。结果，在那个人人为保住工作而奔忙的经济萧条期，德鲁克选择辞职，转而去做管理咨询工作。他认为那正是对企业做管理诊断的最佳时期。

当我们了解到价值观在自己职业生涯定位中的关键作用时，可以探究一下自己的价值观是怎样的。你可以自问一下，在达成目标的过程中愿意采用什么方式。美国通用电气公司的价值观中有一条是"坚持诚信"，在杰克·韦尔奇（Jack Welch）担任通用电气公司的首席执行官时，当时的事业部总经理伊梅尔特（J.R.Immelt）向韦尔奇汇报：现在有100万台电冰箱有氟利昂泄漏问题，如果不向外界报告，除了会对臭氧层造成影响外，在使用过程中不会有什么问题。若要彻底解决这个问题，就要更换压缩机，每台电冰箱更换的成本是 600 美元，100 万台可是个不小的数目。人称“中子弹”的韦尔奇听到汇报后，稍做思考，得出的结论是“更换全部电冰箱的压缩机”。韦尔奇的理由很简单，因为通用电气公司要秉承“坚持诚信”这一价值观。通用在决策时是这样，人在确定自己职业发展路径时，同样要遵循自己的价值观。当然，前提是个人的价值观与社会、组织的要求是合拍的、互动的。

2．职业兴趣和长处

1983 年，美国哈佛大学教育研究院的心理发展学家霍华德·加德纳（Howard Gardner）提出了多元智能理论。加德纳认为，每个人都有自己的优势智能，但不一定局限在学校通常所强调的数学和语文（主要是读和写）两方面的发展。不同的人会有不同的智能组合，例如：建筑师及雕塑家的空间感（空间智能）比较强、运动员和芭蕾舞演员的体力（肢体运作智能）较强、作家的内省智能较强等。

加德纳创建的多元智能概念主要体现在以下方面：

（1）语言文字智能　适宜的职业：律师、演说家、编辑、作家、记者等。

（2）数学逻辑智能　适宜的职业：数学家、税务人员、会计、统计学家、科学家、电脑软件研发人员等。

（3）视觉空间智能　适宜的职业：室内设计师、建筑师、摄影师、画家等。

（4）身体运动智能　适宜的职业：演员、舞蹈家、运动员、雕塑家、机械师等。

（5）音乐旋律智能　适宜的职业：作曲家、演奏（唱）家、音乐评论家、调琴师等。

（6）人际关系智能　适宜的职业：公关人员、销售人员、管理者等。

（7）自我认知智能　适宜的职业：心理辅导等。

（8）自然探索智能（加德纳于 1995 年补充的智能）　适宜的职业：天文学、生物科学、地质学、考古学方面的研究。

既然每个人都在不同的方面有优势，那么如何发现我们的长处呢？

管理学大师德鲁克先生认为，只有一种方法可以发现我们的长处——反馈分析法。这种方法是：在做出重大决策，采取重要行动前，都要事先写下你所预期的结果。9～12 个月后，再将实际的结果与预期的结果进行对比。德鲁克用这种反馈分析法不断了解自己，坚持了 20 多年。可以参照表 9-2，利用反馈分析法来发现自己的优势。

表 9-2　反馈分析法示例

希望达成的目标	计划要素					达成结果	反馈分析
	时间	地点	资源	程序	标准		
目标 1						结果 1	
目标 2						结果 2	
……						……	

比如，在英语考试中，你的听力、阅读这两项得分率差不多，一般能有 70%的得分率。现在，你准备在 10 个月后参加大学英语六级的考试，计划听力、阅读两项得分率在 80%以上，即设定了两个目标。然后，按照时间、地点、资源、程序等要素，列出具体学习计划。正式考试前，学校组织了一次英语六级的模拟考试。你可把听力、阅读这两项的模拟

考试得分做个分析，如果阅读部分的分数达到或更接近要求，说明你的阅读能力比听力要强，相对于“听”来说，你的优势在于“阅读”。

如果大家认为反馈分析法的周期过长，希望更快地了解自己的长处，不妨问问老师、同学、家长或朋友，了解一下在他们眼中，你的哪些方面特别出色。

详细描述你做过的最得意的一件事，回答下列问题：

1）事情的概况如何？

2）当时你遇到了什么困难？

3）你采取了什么解决办法？

4）最后达成了什么结果？

5）在这件事中，体现了你哪方面的能力？

搜集大家的想法，总结自己做过的事情，再做一些测评，都会有助于你进一步了解自己。

3. 做事方式

人的长处各有不同，每个人的做事方式也不尽相同。先来看看学习方式，有的人喜欢通过“听”来学习，有的人更容易在与别人的说话、辩论中得到启迪，还有人通过阅读或是写作来学习和提高。

有的人在做决策时喜欢独立思考，有的人喜欢集体决策；有的人擅长团队合作，有的人喜欢单打独斗……这些没有严格的对错之分，只要你从事的专业、职业与你的做事方式相吻合，自然会更出成绩。

4. 性格特征

美国人格心理学家奥尔波特（Gordon W. Allport）曾给性格（或称人格）下过这样的定义：性格是心理系统的动态组合，是个体适应外部环境的独特形式。性格决定了人行为的选择和方向。人的性格各不相同，据统计，英语中有近18 000个形容词可描述性格特征。性格没有绝对的好坏之分，重要的是与所选择的职业生涯相符，性格的形成是遗传和环境相互作用的结果。美国心理学家卡特尔（Raymond B. Cattell）将性格划分为16种维度，见表9-3。

表9-3 卡特尔16种性格维度

维 度	低 分 特 征	高 分 特 征
乐群性	缄默、孤独	乐群外向
聪慧性	迟钝、学识浅薄	智慧、富有才识
稳定性	情绪激动	情绪稳定
恃强性	谦虚、顺从	好强、固执
兴奋性	严肃、谨慎	轻松、兴奋
有恒性	权宜、敷衍	有恒、负责
敢为性	畏缩、退却	冒险、敢为
敏感性	理智、着重实际	敏感、感情用事
怀疑性	信赖、随和	怀疑、刚愎
幻想性	现实、合乎成规	幻想、狂放不羁

（续）

维　度	低分特征	高分特征
世故性	坦白直率、天真	精明能干、世故
忧虑性	安详沉着、有自信心	忧虑抑郁、烦恼多端
变革性	保守、服从传统	自由、批评激进
独立性	依赖、随群附众	自主、当机立断
自律性	矛盾冲突、不明大体	知彼知己、自律严谨
紧张性	心平气和	紧张困扰

除了对个人价值观、兴趣、长处、做事方式以及性格的了解，其他方面，如个人的生理特质（包括性别、年龄、体能、健康、身高、体重和外貌）、学历和资历（包括教育程度、培训经历、学习成绩、社团活动、工作经验）、家庭背景（包括父母职业、受教育状况、社会地位、家人的期望等），也是需要在规划职业生涯前统筹考虑的。

三、职业生涯发展路线的选择

我们在前面章节中讲过，一个人选择从事的职业，应与自己的价值观适合，还要能发挥长处。美国著名管理学家吉姆·柯林斯（Jim Collins）关于职业定位问题，曾用“三环理论”做过解释，即职业定位应综合考虑兴趣、特长和工作所能提供的机会这三方面。下面我们来看看美国职业指导专家霍兰德和施恩（Edgar Schein）教授在职业定位方面的理论。

1．霍兰德的人业互择理论

约翰·霍兰德是美国约翰·霍普金斯大学心理学教授，美国著名的职业指导专家。他于1959年提出了具有广泛社会影响的人业互择理论。这一理论是最具代表性的职业选择理论，根据劳动者的心理素质和择业倾向，将劳动者划分为6种基本类型，相应的职业也划分为6种类型：

（1）现实型　喜欢做使用工具、实物、机器或与物有关的工作；动手能力强，动作协调；脚踏实地，实事求是，不善言辞和交际；具有手工、机械、农业、电子方面的技能；爱好与建筑、维修有关的职业。主要职业有：工程师、技术员、机械操作人员、维修安装人员、矿工、木工、电工、鞋匠、司机、测绘员、农民、渔民、牧民等。

（2）研究型　喜欢独立和富有创造性的工作，如生物科学、物理科学活动；抽象思维能力强，生性好奇，具有极好的数学和科学研究能力，知识渊博；不善于领导他人；爱好科学或医疗领域里的职业。主要职业有：自然科学和社会科学的研究人员、专家，化学、冶金、电子、无线电、电视、飞机等方面的工程师、技术人员，飞机驾驶员，计算机操作人员等。

（3）艺术型　不喜欢受常规约束，以便利用时间从事创造性的活动；天资聪慧，创造性强，不拘小节，自由随性；具有特殊的才能和个性，渴望表现自己的个性；具有语言、美术、音乐、戏剧、写作等方面的技能；爱好能发挥创造才能的职业。主要职业有：音乐、舞蹈、戏剧等方面的演员、艺术家编导、教师，文学、技术方面的评论员，广播节目的主持人、编辑、作者，绘画、书法、摄影家，艺术、家具、珠宝、房屋装饰等行业的设计师。

（4）社会型　喜欢参加咨询、培训、教学和各种理解他人、帮助他人与教育他人的活动；具有与他人相处共事的能力，渴望在社会中发挥作用；比较看重社会义务和社会道德。主要职业有：教师、保育员、行政人员；医护人员；衣、食、住、行服务行业的经理、管理人员和服务人员；福利人员等。

（5）企业型　善交际，喜爱权利、地位和物质财富，喜欢领导和左右他人；具有领导能力、说服能力及其他一些与人打交道所必需的重要技能；雄心勃勃，友好大方，精力充沛，信心十足，喜欢竞争，敢冒风险；爱好商业或与管理人有关的职业。主要职业有：经理、企业家、政府官员、商人，行业部门和单位的领导、管理者等。

（6）常规型　喜欢按计划办事，习惯接受他人的指挥和领导，不敢冒险和竞争；尽职尽责，忠实可靠；善于做系统地整理信息资料一类的事情；具有办公室工作和数字方面的能力；爱好记录、整理文件，适合打字、复印及操作计算机等职业。主要职业有：会计、出纳、统计人员，打字员，办公室人员，秘书和文书，图书管理员，保管员，旅游、外贸职员，邮递员，审计员，人事职员等。

霍兰德的职业选择理论，实质在于劳动者与职业的相互适应，同一类型的劳动者和职业互相结合，便是达到适应状态。劳动者找到适宜的职业岗位，其才能和积极性才能得以很好地发挥。

2．施恩的“职业锚”理论

美国职业规划专家埃德加·施恩认为，职业规划实际上是一个持续不断的探索过程。在这一过程中，每个人都在根据自己的天资、能力、动机、需要、态度和价值观等，慢慢地形成较为明晰的、与职业有关的自我概念。施恩还说，随着一个人对自己越来越了解，这个人就会越来越明显地形成一个占主要地位的职业锚（Career Anchor）。所谓职业锚，是指当一个人不得不做出选择的时候，他无论如何都不会放弃的职业中的那种至关重要的东西或价值观。正如“职业锚”这一名词中“锚”的含义一样，它实际上就是人们选择和发展自己职业时所围绕的中心。一个人对自己的天资和能力、动机和需要以及态度和价值观有了清楚的了解之后，就会意识到自己的职业锚到底是什么。施恩根据自己在麻省理工学院的研究指出，对职业锚提前进行预测是很困难的，这是因为一个人的职业锚是不断变化的，它实际上是一个不断探索的过程所产生的动态结果。有些人也许一直都不知道自己的职业锚是什么，直到他们不得不做出某种重大选择的时候，比如到底是接受公司将自己晋升到总部的决定，还是辞去现职，转而开办和经营自己的公司。正是在这一关键时刻，一个人过去所有的工作经历、兴趣、资质、倾向等才会集合成一个富有意义的模式（或职业锚），这个模式或职业锚会告诉此人，对他个人来说，到底什么东西是最重要的。施恩根据自己对麻省理工学院毕业生的研究，提出了以下5种职业锚。

（1）技术或功能型职业锚　具有较强的技术或功能型职业锚的人，往往不愿意选择那些带有一般管理性质的职业。相反，他们总是倾向于选择那些能够保证自己在既定的技术或功能领域中不断发展的职业。

（2）管理型职业锚　有些人表现出成为管理人员的强烈动机，他们的职业经历使得他们相信，自己具备被提升到那些一般管理性职位所需要的各种必要能力以及相关的价值倾向。

（3）创造型职业锚　麻省理工学院的有些学生在毕业之后逐渐成为成功的企业家。在施恩看来，这些人都有这样一种需要：建立或创设某种完全属于自己的东西，一件写着他们名字的产品或工艺、一家他们自己的公司。

（4）自主与独立型职业锚　麻省理工学院的有些毕业生在选择职业时似乎被一种自己决定自己命运的需要所驱使着，他们希望摆脱那种因在大企业中工作而依赖别人的情况，因为，当一个人在某家大企业中工作的时候，升职、调动、薪金等诸多方面都难免要受别人的限制。这些毕业生中有许多人还有着强烈的技术或功能导向。然而，他们却不是（像持有技术或功能型职业锚的人那样）到某一个企业中去追求这种职业导向，而是决定成为一位咨询专家，要么是自己独立工作，要么是作为一个相对较小企业中的合伙人来工作。具有这种职业锚的其他一些人则成了工商管理方面的教授、自由撰稿人或小型零售公司的所有者等。

（5）安全型职业锚　麻省理工学院还有一小部分毕业生极为重视长期职业稳定和工作的保障性。他们似乎比较愿意去从事这样一类职业：这些职业应当能够提供有保障的工作、体面的收入以及可靠的未来生活。这种可靠的未来生活通常是由良好的退休计划和较高的退休金来保证的。

四、职业生涯规划的主要内容

做任何规划首先要确定你要达成的目标，其次要制订行动计划，具体实施，核查和调整，最终实现目标。

（1）设定目标　目标是方向，是航标，目标决定了资源配置方式。目标包括短期目标（1～3 年）、中期目标（3～5 年）和长期目标（5～10 年）。

在职业生涯规划时，应该设定什么样的目标呢？带着理想、带着使命感工作，这样才比较容易获得一定成就，如果只为钱和地位工作，有时候不一定能得到想要的。当记者采访美国著名高尔夫球运动员泰格·伍兹（E.T.Woods）的时候，这个经常带着耐克帽子的青年这样说："我从来不去想自己能赚多少钱，我只是把注意力放在如何让自己成为高尔夫行业数一数二的高手上，结果钱自然追着我来。"

正如德鲁克一直强调的——企业的目的是创造顾客，而不是赚钱。当顾客纷至沓来时，利润自然会滚滚而来。这个法则，对职业人来说同样适用。职业人存在的价值恰恰体现在他的顾客对他的需求程度，顾客对他的依赖性越强，他的价值就越高，不可替代性也越强。若要顾客对你有需求，必须要对顾客有所贡献，要为顾客提供有价值的产品和服务。因此，在设定目标时，应在能为组织、社会提供服务的方面设定自己的职业目标。

（2）制订行动计划　凡事预则立，不预则废。目标要想付诸实现，必须有实施计划。一般在制订计划时，需要包括以下要素：

1）目标：要实现的目标。

2）时间：在什么时间做什么。

3）地点：计划完成过程中，对地点的要求。

4）资源：所需要的资源支持。

5）程序：目标达成过程中的具体步骤。

6）标准：每个目标完成节点的检验标准。

7）传达：将计划传达给计划执行人。

职业生涯规划的实施，是要求按自己制订的计划时时传达、提醒自己。建议大家把职业规划目标完成计划张贴到宿舍、家里，常看、常思、按计划做，这样对目标的达成会更有效。

（3）具体实施　德鲁克在其经典之作《卓有成效的管理者》一书中写道，卓有成效的管理者管理组织时，要做到时间管理、要事优先、用人之长、有效贡献和有效决策。这几点用在自我管理方面同样是有效的，建议大家在进行职业生涯规划时，参阅一下这本书。

需要强调的是心态的管理对目标达成的作用。继智商之后，管理学界又提出了情商、财商等概念，现在又提出了一个新的概念——“心商”（Mental Intelligence Quotient，MQ）。心商就是维持心理健康，保持良好心理状态的能力。我们在努力达成职业生涯目标时，首先要调整好自己的心态，让自己拥有积极的心态、自省的心态和学习的心态。

1）积极的心态。这是一个著名的关于心商的故事：一位秀才进京去赶考，住在了一家客店里。有一天晚上他做了三个梦：第一个梦他梦到自己在墙上种白菜；第二个梦是下雨天，他戴了斗笠还打着伞；第三个梦虽然梦到他跟心爱的人同床共枕，但却背对着背，谁也不理谁。第二天醒来，秀才越想越觉得不对劲，感觉这三个梦似乎有什么寓意，于是赶紧去找算命先生解梦。算命先生一听，连拍大腿说：“完了，完了，你这次还是回去吧，别考了！”秀才不解，忙问为什么，算命先生说：“你想想，高墙上种菜不是白费劲儿吗？戴斗笠还打伞不是多此一举吗？你看你第三个梦，和心爱的人躺在一张床上，却背靠背，不是没戏吗？”秀才一听，心灰意冷，回店里收拾包袱准备回家。这时，店老板看到秀才要走非常奇怪，便问：“明天就考试了，今天你怎么就回去了？”于是，秀才就把三个梦的事告诉了店老板，店老板听后笑着对秀才说：“对于解梦，我也略知一二，我倒认为你应该留下。”秀才一脸疑惑，店老板接着说：“你想想，墙上种白菜不是高中（种）吗？戴斗笠又打伞不正说明你这是官（冠）上加官（冠）吗？而跟心爱的人背靠背躺在床上，不正是翻身可得吗？”秀才一听，觉得此解更有道理，于是精神振奋地去参加考试，结果金榜题名。

这是关于心商的经典故事，它告诉我们：有积极的心态，就有积极的人生。因为心态决定我们的状态，状态决定我们的行为，而行为则决定了我们最终的结果。有这样一句话：“积极的人像太阳，照到哪里则哪里亮；消极的人像月亮，初一和十五不一样。”

2）自省的心态。曾子曰：“吾日三省吾身：为人谋而不忠乎？与朋友交而不信乎？传不习乎？”我们在成长的过程中，能否每天给自己留有自省的时间？

3）学习的心态。学习是一种生活方式，学习不只是为得到一纸文凭，更重要的是要“用”起来，改变自己、组织乃至社会的状态。有的同学当了十余年的专职学生，拿到学位后，觉得大功告成了，缺乏持续学习的意识。

撒一把土，夯实，再撒一把土，再夯实的过程，将贯穿在职业生涯的整个过程中。

（4）核查和调整　人们常说，计划赶不上变化，所以索性不做计划了。的确，一个计划涵盖了短则一两年，长则十余年的资源分配情况，这期间，社会、组织、个人等都会有很多变数。著名的“戴明环”（PDCA）告诉我们，在我们做了计划（Plan）后，在实施（Do）过程中，要核查（Check）各项资源、条件，然后做相应的调整（Action）。

第三节 组织职业生涯发展规划

一、组织职业生涯概述

1. 组织职业生涯管理

个人职业生涯设计往往受组织发展的影响。虽然个人在组织中，但往往不明白组织中存在什么样的职业机会；对其他职业的要求和认识，也只是凭感觉来判断。这往往会造成这样的结果：一方面，企业或组织四下寻找自己需要的人才；另一方面，员工对自己的能力缺乏理性的认识。

就组织而言，组织应详细了解自身过去的发展以及未来的目标，预测外在政治、经济、社会、文化等环境可能发生的变化及可能产生的影响，为自身规划出一个长远的、具有前瞻性的发展方向。同时还应尽可能深入地了解员工们的个体差异与绩效表现、发展目标等。组织应主动向员工提供各种信息，加强与员工们的沟通、反馈、依赖和支持，帮助员工了解个人在组织中的发展方向，同时考虑员工个人的发展需求。

组织职业生涯设计一改过去靠员工个人独自进行职业生涯设计的方式，由组织系统地考虑现有企业战略、人力资源存量情况、执行企业战略所需人力资源的技能结构、人员组合等，将组织内部的岗位资源调动起来，并用来作为员工职业发展和职业规划的参考；另外，组织还应引入科学的评价体系，如个人性向测试、素质测评、技能评估等技术，帮助员工理性地认识和评价自己能干什么，并给予其发挥才干的机会，在组织内部建立职业发展通道，促进员工自身职业技能提升。

组织职业生涯管理是指由组织实施的，旨在开发员工潜力、留住员工、帮助员工自我实现的过程。组织职业生涯管理的内容主要包括：帮助员工进行职业规划，建立各种适合员工发展的职业通道，针对员工职业发展的需求进行各种培训和培养，给予员工必要的职业指导，帮助员工实现职业发展计划，增强其归属感和成就感，以达到与组织共同发展的目的。

如果组织出现以下两种或两种以上现象，就意味着组织的职业生涯管理出现了问题，需要引起组织决策层的重视。

1）非薪酬因素引起的员工流动率高。

2）员工升职后表现不如以前。

3）管理层人员过分稳定。

4）员工抱怨得不到有效指导。

5）新员工好像不适合所在岗位。

6）员工依赖人力资源部为他们制订个人发展计划。

7）员工抱怨公司不提供发展机会。

2. 组织职业生涯管理内容

组织职业生涯管理的任务主要包括帮助员工确立职业生涯目标、配合与选用、绩效规划与评估、生涯发展评估、工作与生涯的调适和生涯发展支持6个方面。

（1）帮助员工确立职业生涯目标　一个人开始职业生涯的初期，较高的工作期望与工作现实之间存在差距。对于新员工而言，这又是一个现实测试时期，其最初愿望或目标与组织现实可能不匹配。

在员工的整个职业生涯中，初次进入企业的阶段是最需要企业考虑和指导其职业发展情况的阶段。在此阶段，主要工作是帮助新员工建立自信感，学会与第一个上级以及同事相处；学会接受责任，清醒地审视和判断个人才能、需要和价值观是否与最初的职业目标相吻合。

组织通过对员工个人状况和组织状况的深入了解，结合组织发展目标和经营理念，有针对性地帮助员工制定切实可行的个人职业生涯目标，并努力促进其实现。通过员工和组织的共同努力与合作，使每个员工的职业生涯目标与组织发展目标相一致，使员工的发展与组织的发展相吻合。

（2）配合与选用　研究发现，新员工在第一年中所承担的工作越有挑战性，其工作就显得越有效率、越成功，即使五六年之后，此情况依然存在。所以，企业为员工提供富有挑战性的第一份工作，是帮助员工取得职业发展的最有力却并不复杂的途径之一。

组织在招聘和选用员工时若能提供较为现实的未来展望，使人尽其才，可以提高新、老员工长期留在企业的概率以及提高长期工作绩效。

（3）绩效规划与评估　主管人员需要弄清楚自己应当依据何种未来的工作性质对下属的工作绩效进行评价，下属真正需要的职业发展是什么——要将下属潜在职业通路的信息具体化。切不可因保护直接下属的短期利益而向上级提供有关工作评价的不实的信息。

（4）生涯发展评估　员工与其上级间往往存在一种“皮格马利翁效应”（Pygmalion Effect），即上级对下属期望越高、越信任、越支持，员工干得越好，所以应为员工安排合适的上级。

组织应为新员工安排一位具有较高工作绩效，受过较好训练，并能通过建立较高工作标准而对新员工提供必要支持的主管人员，对员工的职业生涯发展进行指导。

（5）工作与生涯的调适　提供阶段性工作轮换和职业通路，即提供机会让员工尝试各种具有挑战性的工作，可以使员工尤其是新员工获得评价自己资质和特长的良好机会，是促使员工进行自我测试以使自己的职业锚更加具体化的最好办法之一。

职业通路是工作轮换的一种扩展情形，是指认真地为每位员工制订他们的后续工作并安排计划。

通过工作轮换和职业通路，企业可获得具有更宽知识面、能力更强的“多面手”员工。

（6）生涯发展支持　组织应开展职业生涯研讨会等必要活动，采取一定的措施，使员工意识到对自己职业加以规划以及改善职业决策的必要性，学习掌握有关的知识和方法（如明确自己的职业锚，形成现实职业目标等），提高他们对自己职业规划和开发活动的主人翁意识和参与性。

小资料

腾讯双通道员工职业发展体系如图9-1所示。

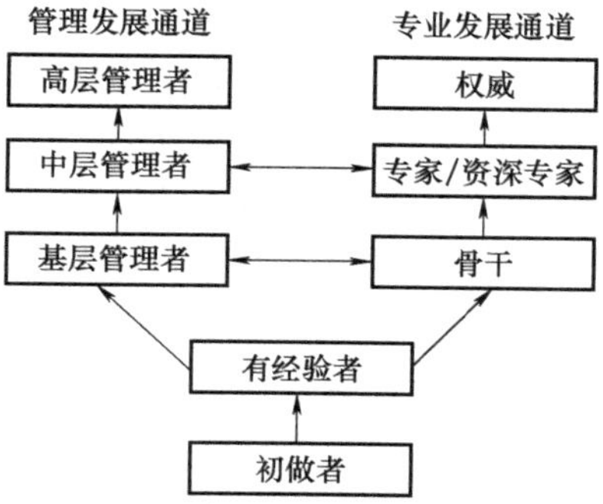

图 9-1 腾讯双通道员工职业发展体系

腾讯公司职业发展通道的设置建立在职位类基础上，目前腾讯职位规划分为管理族、市场族、专业族、技术族、操作族 5 个职位族，以及 21 个职位类。技术族、专业族、市场族的职业发展通道均由低到高分为 6 个等级，具体见表 9-4。

表 9-4 腾讯公司职业发展通道级别说明

级　别	名　称	定　义
6 级	权威（Fellow）	作为公司内外公认的权威，推动公司决策
5 级	资深专家（Master）	作为公司内外公认的某一领域的专家，参与公司战略制定并对大型项目/领域的成功负责
4 级	专家（Expert）	作为公司某一领域的专家，能够解决较复杂的问题或领导中型项目/领域，能推动或实施本专业领域内的重大变革
3 级	骨干（Specialist）	能够独立承担部门内某一方面工作/项目的策划和推动执行，能够发现本专业业务流程中存在的重大问题，并提出合理有效的解决方案
2 级	有经验者（Intermediate）	作为一个有经验的专业成员能够应用专业知识独立解决常见问题
1 级	初做者（Entry）	能做好被安排的一般性工作

注：根据管理需要，每个级别由低到高可分为基础等、普通等和职业等 3 个子等级：
基础等：刚达到本级别能力要求，尚需巩固。
普通等：完全达到本级别各项能力要求。
职业等：本级别各项能力表现成为公司或部门内的标杆。

3. 组织职业生涯管理的意义

组织职业生涯管理，对个人、组织和社会都有极为重要的意义。具体体现在如下几个方面：

（1）有利于明确组织的职业发展机会　对组织来说，首先要明确企业将来的发展，即战略目标。只有明确其目标定位，才能确定企业需要什么样的人员结构，将现实与理想状态比较后，就能够提出组织的期望。对员工来说，了解了组织的发展机会后，会调整自己的价值取向，努力并积极创造条件，达到组织期望的职位要求，获得晋升或成长。

（2）有利于个人潜力的充分发挥，为组织创造出更大价值　个人潜力的发挥需要一定的舞台，这个舞台能够促成职业与个性的匹配，能够提升员工的职业技能，能够提供一条合乎员工发展的职业发展通道，组织能够认可员工的成长。只有组织中人的潜力充分发挥出来，员工才能为组织创造出更大的价值。

（3）有利于组织有计划地提升员工队伍的素质　这一点在企业扩张过程中尤其明显。

企业扩张的过程，同时是一个队伍不断壮大的过程，队伍不断壮大的不同时期，对员工的要求有所不同，这就有一个整体性技能提升的要求。企业根据自己的发展状况调整职位结构、职业发展的阶梯，一个阶段、一个阶段地向前发展，提出一个合乎企业发展要求的组织职业生涯设计，才能促使企业员工队伍的素质和技能得以不断提高。

（4）有利于人尽其才、才尽其用，取得人力资源的最佳效益　有的员工天生具备某种“才干”，对组织职业生涯设计的一个要求，就是要建立一套合理的素质、技能测评体系，以发现员工的才干和能力，并将其放在合适的岗位上，促进其能力的发挥。

（5）有利于选拔、使用和培养人才　组织在了解员工个人的能力、兴趣、特长、性格等的基础上，设计员工的职业发展路径，将其纳入组织的目标上来，使之符合组织的利益，进而根据组织需要对员工进行有针对性的培养，同时根据个人的专长合理使用。

二、组织人力资源规划与职业发展

随着组织对人力资源重要性认识的逐步提高，将人力资源规划与员工职业生涯设计有效地结合，将更有利于人力资源规划作用的发挥，并确保员工职业生涯目标的实现。其作用体现在如下方面：

（1）更好地体现人力资源规划的前瞻性　人力资源规划的目的是确保在企业战略实现过程中不出现职位空缺或有新的职位时有相应的人才可以填补。在制订人力资源规划时，若能充分考虑每一位员工的职业规划，有针对性地引导、开发，鼓励他们朝管理职位、专业职位努力，并让他们在生产、设备等部门进行流动以熟悉各项工作，那么，未来出现的职位空缺就可以由这些员工来弥补。

（2）有利于制定更合理的员工激励政策　通过对员工职业生涯进行设计，可以了解员工在各个阶段最希望实现的目标是什么，在制订人力资源规划时就可以有针对性地开发相应的激励手段，以充分调动员工的积极性。

（3）有利于员工更清楚地看到自己未来的前景　只有将员工职业生涯设计与人力资源规划有效结合，让每一位员工知道自己的努力方向及未来在企业中的地位，才会更好地增强企业的凝聚力和员工的归属感，更好地为企业的发展出谋划策。

三、组织职业生涯发展规划的制订

组织在进行职业发展生涯设计时，应从以下几方面着手：

（1）职业通道体系设计　系统化的职业通道设计旨在减少组织的刚性对人力资源的制约，释放员工的潜在能量，将员工个人发展和企业发展愿景相统一。具体内容包括：

1）组织目标梳理：分析组织未来的发展方向，并预测组织规模与组织资源的变化，由此分析组织发展所能带来的职业发展机会，包括晋升机会、新增职位机会、职责扩展机会、价值提升机会、能力提升机会等。

2）职位体系梳理：以现有职位体系为基础，结合组织发展趋势，综合梳理组织未来的职位体系，进行职系、职类的划分，为职业发展通道的设计提供框架。

3）职业发展通道设计：设计各类职位、各个职位在组织内的多种发展路径，明确每一个路径的实现条件与步骤，为每个职位设计出多元化的发展通道。

（2）建立自我评估体系　为了帮助员工更客观、全面地认识自己，选择各类自我测评工具，并编写成统计表格，下发全员进行测评。例如：职业满意度测验、职业锚测验、霍兰德职业倾向测验、卡特尔 16 维度性格测验等。测评之前需要对员工进行必要的培训、示范，测评过程要统一开展、实时指导、全程封闭，测评结果要点对点反馈并做必要的解释，对外要严格保密。

（3）编制《职业生涯规划设计书》，确定职业目标　在充分认识组织环境及员工特点的前提下，编制《职业生涯规划设计书》模板，组织员工完成设计书，引导员工确定自身职业目标。在员工完成《职业生涯规划设计书》的过程中，需组织员工进行自我战略分析引领练习、职业规划小组研讨等活动，帮助员工更准确、更客观地确定职业目标。

（4）开展员工评估，明确与职业目标的差距　选择适当的方法和工具，依据职业目标职位的胜任要求，对员工进行综合素质评估，找到员工与职业目标的差距和短板结构。

（5）依据差距，制订行动计划　组织员工编写《职业发展行动计划表》，制订有针对性的行动计划，并明确行动的内容、时间要求、检视方法等内容。《职业发展行动计划表》编制完成后，要对计划的实施进行辅导、跟进、反馈、检视。

（6）构建匹配的职业发展支持体系　根据员工不同的职业生涯发展阶段，提供培训、绩效评价、工作实践等有针对性的开发手段，不断开发员工的潜能，激励其进步。

小资料

美国施恩教授提出了员工在特定组织内的 3 种流动方式，以实现组织对员工职业生涯的帮助和管理（见图 9-2）。

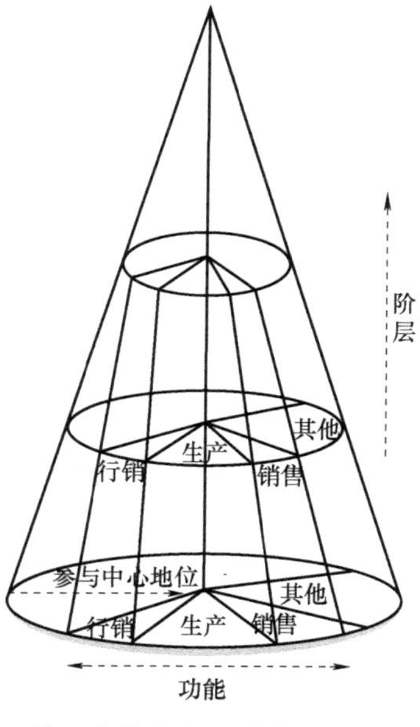

图 9-2　员工在特定组织内的 3 种流动方式图

（1）横向流动模式　这种流动方式是组织内部员工的工作或职务沿着职能部门或技术

部门的同一等级进行发展变动的方式。这种变动的原因可能是：培养掌管全局的管理人员，为以后的纵向发展做准备；工作丰富化的需要，部门之间人员的平衡和调剂。

（2）向核心地位流动模式　这种流动方式是由组织外围逐步向组织内圈方向变动。当发生这类变动时，员工对组织情况了解得更多，承担的责任也更为重大，并且经常会参加重大问题的讨论和决策。采取这种流动方式的原因：一是由于员工的能力和努力虽取得组织的认可，但还不适合提升到组织的更高等级；二是准备让员工沿纵向上行，但暂时无法提供相应的职位。

（3）纵向流动模式　这种流动方式是指组织内部员工工作职位等级的升降。在一般的观念中，只有纵向上行流动，才是得到发展和肯定。如果某个人得到职位等级的提高，但仍然没有列入组织重要的核心活动或决策之列，则意味着“明升暗降”或只是一种待遇而已。

在这个三维模式中，纵向的变动是一种上下升降的圆锥体；横向变动是围绕圆锥体周围，从一种职能或技术部门向另一种职能或技术部门变动；朝核心方向变动则是从圆锥体的外围向圆锥体的中心变动。现实中的流动安排是3种方式的有机结合。

本章小结

本章从人的职业生涯发展阶段入手，介绍了施恩和萨珀的职业发展阶段理论。职业生涯只有以满足个人、组织和社会的需求为原则，才能有强大的生命力。接下来，介绍了马斯洛的需求层次理论、麦克利兰的三种需要理论，这两个理论均体现出人对“自我实现、自我发展”的强烈需要。因此，职业生涯规划要在引领员工实现自身价值的同时，达成组织绩效目标，实现双赢。

个人职业生涯规划的过程也是个人认识自己、融入社会和组织，在付出才智满足社会、组织需要的同时，得以自我实现的过程。个人在设计职业生涯时，要对自己做评估，了解自己的价值观、兴趣、长处、职业倾向等，可使用问卷（如霍华德职业倾向测试、卡特尔16维度测试等）加深对自己的了解。在认识自己的同时，还需认识职业定位。有关职业定位，本章引用霍兰德的人业互择理论、施恩的职业锚理论进行了介绍。

组织都希望组织内的员工全心全力地奉献自己的才智，这就需要进行组织生涯设计。人力资源部门是组织职业生涯设计的主导部门，要在企业文化建设、职业体系梳理、职业发展通道设计等方面建立相应的保障机制。

复习思考题

一、单选题

1. 下面对职业内涵的描述不正确的是（　　）。

A. 职业是一个人所从事的范围相对固定的工作或任务，且职业活动能够获取报酬

B. 从事职业活动是有报酬的劳动，有稳定的收入是职业区分于其他劳动的主要特征

C. 职业既是人们参与社会生活最基本的方式，又是人们实现人生价值、为社会做贡献的舞台

D. 职业活动的内容一般是随着年龄的变化而逐渐调整的

2. 以下内容不属于职业生涯规划的是（　　）。

A. 做自我分析，认识和评估自己　　B. 确立职业生涯发展目标

C. 制订提高沟通能力的培训计划　　D. 修正对最终职业目标的界定

3. 在下列选项中，不属于霍兰德人格与职业类型的是（　　）。

A. 现实型　　B. 研究型　　C. 艺术型　　D. 管理型

E. 企业型　　F. 常规型

4. 个人职业规划的原则是（　　）。

A. 职业应与个人价值观相符

B. 职业应有利于发挥个人优势

C. 选择的职业应该是个人感兴趣的

D. 选择的职业应该是社会所需要的

E. 以上都是

5. 下面不属于组织职业生涯管理范畴的描述是（　　）。

A. 员工职业发展通道设计　　B. 人员职位调动、职位晋升

C. 员工绩效规划与评估　　D. 组织战略规划

二、案例分析

小D的苦恼

小D小时候时接触过计算机，从而对计算机产生了浓厚的兴趣。但是在报考志愿时，他听从了父母的意见，考入了某著名大学物理系。

在本科期间，小D利用业余时间辅修计算机专业，取得了物理和计算机双学士文凭。到了大四，由于成绩突出，校方推荐他在本校继续攻读物理学硕士，他把兴趣抛在一边，顺理成章地完成了物理学硕士和博士学位。随着本专业课程和研究项目的加重，此后他再也无暇顾及计算机的学习。

毕业后，小D发现社会上需要大量计算机方面的专业人才，而他也想过凭借计算机本科文凭求职，但由于多年未接触过计算机相关领域，相比计算机专业人才，他已没有竞争优势。

问题：

请运用职业生涯规划方面的知识，对小D的职业发展进行分析，并给他一些建议。

三、实训项目

认识你自己

1．活动目标

1）正确地进行自我分析。

2）合理地进行自我评估，了解自我能力，探索适合自己的职业。

2．活动内容

1）总结你在日常学习、生活中的活动，列出各项活动需要的能力，形成列表。

2）回想你在学习、工作中经历过的最有成就感的事情，并分析完成这项学习或工作需具备哪些能力，在列表上补充或列出。

3）回想你在生活中所经历的很快乐、令人感动的事情，并分析其显示了你的哪些能力，把它们列出来。

4）回顾你曾受过的教育、所接受的课程，你获得了哪些能力，并将它们列出来。

5）请你认真思考自己做得不好的事情，分析自己的能力短板，并记录在列表中。

6）四人一组分享能力表，由其他同学对你的个人能力进行评估，并将建议补充在列表中。

7）小组成员互相讨论与所列出的能力相关的职业，并将相关职业写在对应的能力后面。

3．小组讨论

1）在今后的学习和工作中如何发挥自己的优势，形成个人核心能力？

2）你认为自身的不足在未来的学习和工作中可能会带来哪些风险，如何改善自身的不足？

附　　录

附录 A　职位调查问卷

您好！感谢您参与填写本调查问卷。

这一问卷的目的是通过了解您的职位及职位的基本情况，以帮助您更加清晰地认识您的工作，同时有助于您和您的公司进一步改善工作。

职位分析是职位评价的基础，其信息的翔实与准确程度将直接影响该职位在企业组织中价值的确定。问卷的题目没有正确和错误之分，需要您根据工作实际情况认真填写。

基本信息		
姓名：________	性别：________	年龄：________
学历：________	专业：________	担任本职位时间：________

1．请您填写管理关系图（请务必填写）

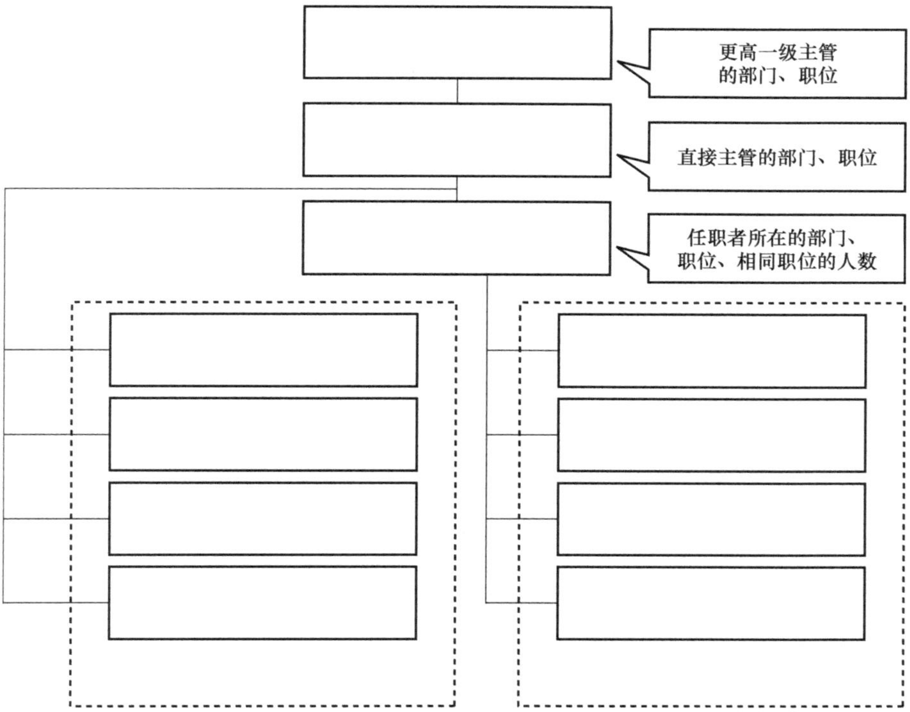

2．职位的目的（职位存在的理由、范围和目标）

1）请通过思考以下问题来概括：

您目前所在职位当初设置的目的是什么？

如果不设这个职位，公司的哪些工作目标将无法实现？

2）职位总体目标填写的标准模式为：

为了……，在……的指导下（影响下），（做）……（工作）。

或者：在……的指导下（影响下），（做）……（工作），确保（实现）……。

例如，某公司营销总监职位的总体目标：为了完成销售额，实现利润及获得市场占有率，在公司的营业发展方向和产品影响下，制定营销策略和营销部门的管理制度，提高部门绩效，完善服务质量。

3）请将您的职位的总体目标填写在下面的方框里：

3．职位的职责

（1）业务职责　某公司人力资源部员工职位的一项职责：组织编制各职位的职位说明书，确保符合公司《职位说明书编制规范和要求》文件的规定，并为公司各项人力资源管理工作提供准确、及时的信息。

请将您的业务职责填写在下面的空格里：

按主要工作流程排序	主要职责 （每一项工作职责都可分为两个部分：①行为动词，如组织、审查、拟定、负责、购置、联络等；②工作本身，即经过归类的任务）	工作应达到的目标

（2）管理职责　对管理层员工，管理职责是必须体现在职位说明书中的计划与总结、制度与流程、人力资源管理、财务管理。

序　号	管 理 职 责	工作应达到的目标
1		
2		
3		
4		
5		

4．工作流程

（1）工作联系　您目前的工作需要和公司内部和外部哪些部门或职位进行联系？通常

是因为什么工作内容而进行联系的？这样的联系是否经常发生？

单位/部门		职　　位	工作联系主要内容	频繁程度（在相应位置打“✓”）			
				频繁	经常	有时	偶尔
公司外部							
公司内部							

（2）各项工作的具体流程。

职责编号	职责内容（同第 3 项职位的业务职责）	信息输入（得到的指令和资料等信息）	信息输出（工作成果）
1			
2			

5．对其他职位的指导、监督与培训

您需要监督、指导与培训哪些职位的工作？如不存在这方面的工作，请填写“无”。

所监督、指导与培训的职位（直接下属）	人　　数	所监督、指导与培训的工作内容

6．工作汇报关系

（1）工作汇报。

必须向上级主管汇报的事情	形式（打“✓”）	
	口　　头	书　　面

（2）职位权限。

序　　号	有权自主处理的事情或做出的决定（如工作权限、费用权限、人事权限）
1	
2	

7．工作时间与环境

1）本职位的工作时间是（　　　）。

A．白天正常班　　　　　　　　　B．昼夜轮班

2）加班的频率为（　　　）次/周，加班的时间约为每月（　　　）小时。

3）本职位的工作环境是（在符合的项目后面打“✓”）。

75%或更多的时间在室内（　　）75%或更多的时间在室外（　　）室内外的时间大体相等（　　）经常变换工作地点（　　）在固定地点工作（　　）。

8．职业发展

请按时间顺序列出您在本公司所历任的职位：

任职时间	部门/职位
________至________	
________至________	

9．对任职资格的基本要求

（1）胜任本职位应具备的行业或专业知识。知识根据内容和性质不同，分成专业知识、管理知识和办公知识3大类别。

知识类别	类别定义
专业知识	顺利完成某一职能工作的特殊知识，如专业技术知识、财务知识、商务知识、市场知识、产品知识等
管理知识	关于组织管理方法论、流程的知识，如流程管理知识、人力资源管理知识、企业文化知识、项目管理知识等
办公知识	为顺利完成日常工作所需的知识，如计算机知识、外语知识等

根据掌握知识深度不同，将任职者掌握知识的水平分成了解、掌握、熟悉、精通4个层次。请填写所需要的知识和任职者应掌握的程度：

① ____________________掌握水平____________

② ____________________掌握水平____________

③ ____________________掌握水平____________

（2）胜任本职位应具备的行业或专业的经验。

经验类别	类别内涵
教育背景	专业、学历、证书或成果
工作经验	一般工作经验、管理经验、专业成果、其他经验

1）至少应具备________学历；能够好本职位的工作应具备________学历。

2）职位最适合专业是______________，可接受专业有________________。

3）胜任本职位的工作应具备的工作经验和管理经验，年限分别是：

____

____

4）本职位应具备的资格证书及等级：

____

5）本职位应接受的岗前培训：

____

（3）胜任本职位应具备的素质。

1）请选择最重要的6项能力素质。

素质维度	能力素质	选择项	胜任能力等级
个人特征	成就动机		
	专业学习能力		
	创新能力		
	自信		
任务达成	计划组织能力		
	判断能力		
	组织透视能力		
	预期应对能力		
管理和领导能力	组织认同		
	影响力		
	人才培养		
	督导能力		
构建关系	以客户为本		
	人际关系构建		
	团队精神		
	倾听与反应		

2）各能力素质含义。

① 成就动机：驱使个人持续地做好工作，努力实现优秀工作绩效的动力。

② 专业学习能力：发展自己的专业/职业知识，与他人分享专业经验的能力与动机。

③ 创新能力：创造或引进新观念、方式，提高工作绩效的能力。

④ 自信：一种对自己的观点、决定，以及完成任务、有效解决问题的能力的自我信仰。

⑤ 计划组织能力：指为实现组织目标而确立并执行清晰、详细的行动过程的能力。

⑥ 判断能力：一种理性、客观、无偏见的采取行动或决策的能力。

⑦ 组织透视能力：一种能了解和掌握所在组织内部或其他组织内的权力关系，并能鉴别出决策者及影响者的能力。

⑧ 预期应对能力：一种采取行动迎接即将来临的挑战，或者提前思考以适应未来机遇和挑战的倾向性。

⑨ 组织认同：理解、实施组织目标和愿景，并激发他人工作动力的能力。

⑩ 影响力：说服或影响他人接受某一观点，推动某一议程，以及领导某一具体行为的能力。

⑪ 人才培养：提供恰当的需求分析、辅导和其他支持，帮助他人学习与进步的能力。

⑫ 督导能力：为了组织及其客户的利益，在必要时指导他人行为的能力。

⑬ 以客户为本：帮助和服务他人，无论内部还是外部客户，并满足其需要。

⑭ 人际关系构建：指能创立一个在信息搜集、分享和完成工作目标方面有用或可能有用的人的关系网络的能力。

⑮ 团队精神：一种与别人一起工作，而不是单独工作或与别人竞争的能力。

⑯ 倾听与反应：一种正确倾听他人倾诉，理解其感受、需要和观点，并能做出适当反应的能力。

3）能力等级描述。

能力等级	等级描述
初级	展示最基本的、有限的能力 在充分的帮助下可以开展与此能力相关的事项
中级	能熟练、独立地进行工具操作，或运用所掌握的各方面知识，完成复杂程度一般的事项 能够认知在应用该方面能力时可能预见的潜在风险和机会 能够在做出决定的时候参考并应用自己在该领域过去的经验
高级	能够应用该方面能力处理富有挑战性的和复杂的事项 能够指导小规模团队展现该方面的能力
专家级	能被征询意见，解决与该方面能力相关的复杂技术问题 能够对其所掌握的知识、流程或是工具提出战略性的建议或做出调整 能对事物的发展趋势及隐含的问题有足够的预见性和洞察力

附录B　职位分析问卷

一、导语

1）本问卷旨在调查您目前所从事工作的特征，并不是对您工作成绩的优劣进行评价。因此，请您从工作本身的内容出发，对每个项目做出判断；不要对任何项目都不加区别地一律评作“一般”。

2）问卷中项目所指的工作活动、工作条件以及工作关系，均限于您的本职业务工作，不包括单位组织的或您自愿从事的各种义务劳动或公益活动，如义务植树、义务服务及同事之间的互助活动等。

3）对于每个项目，请您务必选择一个而且只能选择一个评定分类来表达您的判断。如果您觉得该项目是您本职工作中没有的工作活动，或者您对某个项目的内容感到不熟悉，请选择A。

4）为了正确理解每个项目，请认真阅读它们的说明、评定要求以及它们的解释和示例。

5）每个项目除有特殊说明外，均根据它们对本职工作的需要程度或重要性来评定：

A．无　　B．有时需要/次要

C．一般　　D．很需要/很重要

E．非常需要/非常重要

6）请将您对每个项目的评价“A”“B”“C”“D”或“E”写在每个项目的前面。

谢谢您的合作！

二、正文

（一）信息输入

1. 信息的来源

1）文字材料（如书籍、报告、字条、文章、说明书、符号标志等）。

2）数量材料（如图表、账目、数字表等）。

3）图形或图案材料（如草图、工程蓝图、工艺图、地图、线路图、图片、照片、X光片等）。

4）视觉显示器（如雷达显示屏、计算机终端等）、测量仪器。

5）机械装置（操作或使用的工具、机具、设备及其他机械装置）。

6）需要观察和检查的自然环境因素（如地形、场地、地理标本、植物、云层及其他因素）。

7）室内外人工环境（如建筑物、结构、道路、桥梁、码头等，但不包括机器设备）。

8）观察人或动物的行为（如教学、监督、运动指导等）。

9）事件或情况（如地面、海上或空中的交通状况，物体的运动等）。

10）与本职工作有关的口头言语信息（如口头命令、指示、要求、交谈、访问、讨论、会议等）。

11）非言语声音（如噪声、发动机声音、汽笛声、哨声、乐器声、信号声、喇叭声等）。

2. 信息的辨别与加工

1）近距离视觉辨别的精确程度（必须精确地辨认出一臂范围以内的物体、事件、外形特征等）。

2）距离判断的重要性（如操纵钻机钻头，操纵起重机，移动或摆放物体等）。

3）颜色辨别的重要性（根据颜色来辨别或确认物体、材料或细节等）。

4）声音辨认的重要性（如电报码、心脏跳动、发动机不正常的声音等）。

5）辨别声音的大小、声调的高低、音色变化（如钢琴调音师、音响系统修理师等的工作）。

3. 判断活动

1）判断运动物体的速度（如汽车的行驶速度、传送带上材料运动的速度、管道中液体流动的速度等）。

2）判断变化过程的速度或事件出现的速度（如化学反应、装配活动、食品烹饪的时间等）。

3）估计数量（如估计一根原木加工出的板材尺寸、梁的重量、在显微镜下一眼所见的细菌数目等）。

4）估测大小（如估计一棵树的高度,判断箱子的体积大小及一辆汽车所载货物的体积等）。

5）估计时间（如判断邮寄所需的时间，估计维修所需的时间，判断改变生产程序所需的时间等)。

(二)心智活动

1. 做决定,分析推理,以及计划和安排

1)做决定的复杂性(如涉及因素的多少及其复杂程度,可供选择方法的多少,后果及重要性,所需经验、教育及专门培训,有没有可供参考的先例等)。

2)分析推理的复杂程度。

3)做计划和安排的频次。

2. 信息加工活动

1)对信息进行综合、解释和预测。

2)分析信息或资料(如分析财务报告,诊断疾病,分析判断机器故障等)。

3)收集和整理信息或资料(如准备各方面的报告,核对内容,对数据分类、排序等)。

4)信息形式的转换(如译码,翻译外语,使用速记符号、工艺符号、数字代号等)。

5)抄写(为以后使用而复制或抄写资料和信息,如记录仪表读数,整理账目等)。

3. 运用所掌握的信息

1)短时间的记忆(记住与工作有关的信息,并在很短的时间内回忆起来,如服务员、接线员等的工作)。

2)教育程度要求(不包括工作培训):

A. 无要求　　B. 小学到初中
C. 高中　　D. 大专及本科
E. 研究生及以上

3)其他工作经验(不包括学历教育):

A. 无要求　　B. 一个月　　C. 一年　　D. 三至五年
E. 五年以上

4)专业培训(不包括学历教育):

A. 无要求　　B. 一个月　　C. 半年　　D. 一至三年
E. 三年以上

5)必要的数学知识:

A. 无要求　　B. 简单加减
C. 四则运算　　D. 代数、几何等算法
E. 高等数学

(三)工作输出

1. 设备和仪器的使用

1)绘图工具及有关设备(如绘图笔、画笔、绘图仪、制图设备等)。

2)测量仪器(如直尺、皮尺、弯脚规、量角器、直角尺、测厚仪、水平尺、量杯、轮

胎压力计等）。

3）有关技术设备（如照相机、秒表、袖珍计算机等）。

4）开关装置（如电动机开关、灯光开关、点火开关等）。

5）分档的小型控制装置（如电视频道选择器、变速杆等）。

6）连续变化的小型控制装置（如音量控制器等）。

7）键盘装置（如打字机、计数器、计算器、钢琴、计算机终端等）。

8）手动连续控制装置（如方向盘、追踪装置等）。

9）脚动连续控制装置（如加速器或节气门等）。

10）遥控设备（如无线电通信传输系统、计算机网络系统等）。

2. 手工活动

1）启动或调试（例如启动车床或钻床，调整发动机化油器，调整、校准、匹配电流等）。

2）眼睛、手和脚的协调（必须运用视觉控制的手脚协调运动，如开汽车、操作缝纫机等）。

3）不需要视觉控制的肢体运动（如不用看而操纵控制杆，演奏乐器，录入英文字母等）。

4）耳朵与手的协调（如调整接收无线电台信号，为乐器调音，飞行员在塔台的指挥下降落等）。

（四）与他人的关系

1）建议（为解决有关法律、金融、科学、技术、医疗等职业问题而与他人交流、咨询）。

2）说服（与他人交流以影响对方采取某种行动或接受某种观点，如商品推销、宣传教育等）。

3）指导（运用各种正式或非正式的方式传授知识或技能，如教师教学，师傅带徒弟等）。

4）访谈（为达到某种目的而进行的访问和交谈，如与求职者交谈，人口普查等）。

5）例行信息交换（如出租车调度员、饭店前台接待员、售票员等的工作）。

6）非例行信息交换（如专业会议，工程师们讨论新产品的设计等）。

7）写作（自己构思、手写或口授信函、报告等，写演讲稿、文章等）。

8）信号交流（借助于某种信号，如手势、信号灯、口哨、号、铃、灯光等，进行交流）。

9）密码交流（使用电报码、暗语等进行通信和联络等）。

10）工作需要的人际接触（如与顾客、病人、学生、上下级、同事、求职者、因工来访者等的接触），根据发生量来评定：

A．没有　　B．较少　　C．一般　　D．较多

E．很多

11）工作需要接触的本单位或其他单位人员类型：

A．高级行政人员、官员（如企业最高层领导、政府官员等）

B．中层管理人员

C．基层负责人（工作小组的直接负责人，如领班、业务经理及其他一线管理人员等）

D．高级专业技术人员（如医生、律师、科学家、工程师、教授、顾问，以及各领域的专家等）

E．一般专业技术人员（如技术员、绘图员、摄影师、调查员等需要较高教育程度和实践经验的人员）

12）所接受的管理（根据任职者在本单位所接受管理的性质来评定）：

A．直接管理（接受专门工作活动的直接管理，包括分配任务、指导工作方法等）

B．一般性管理（接受有关工作活动的一般性管理）

C．一般性指导（主要限于确定预期目标方面，在确定工作方法、工作程序和进度等方面都有较大的自由。如一线管理人员、大多数行政职能人员及独自工作的人员等接受的指导）

D．上级部门的政策性、原则性的一般指导（如某单位或部门的主管领导、科研人员等接受的指导）

E．无领导（具有独立职能的人员，如个体工商户、自己创业的医生、律师、技术人员、咨询专家等）

（五）工作背景关系

1．工作的自然环境条件

根据任职者在各种条件下的平均工作时间来评定：

A．没有　　B．很少　　C．一般　　D．较多

E．几乎全部

1）室外（受气象条件变化影响的环境）以及其他自然环境条件（包括如果各种工作条件长期处于恶化状态，会给任职者的生命或健康造成危害的。请注意，在评定时应以国家劳动保护部门确认的危害条件为准）。

2）空气污染（工作中产生的令人难以忍受的空气污染，如灰尘、烟雾、毒气、难闻的气味等）。

3）振动（整个身体或肢体的振动，如开拖拉机或卡车，操作气锤等）。

4）不良照明或刺眼的强光（如光线不足、周围有电焊弧光、熔炉内的强光、物体强烈的反光等）。

5）狭小不便的作业空间（在这种条件下任职者的身体不能舒展或感到很不舒适）。

6）噪声（根据典型的噪声水平来评定）：

A．非常安静（如医院的重症病房、手术室等）

B．安静（如单人办公室、图书馆等）

C．一般（如适用打字机的业务办公室、交通不太拥挤的街道、百货商场等）

D．嘈杂（如机加工车间、木工车间、交通拥挤的街道等）

E．非常嘈杂（如在飞机发动机、大型土木工程机械、碎石机周围，使用铆钉枪等）

2．身体伤害

根据事故发生的可能性来评定：

A．无　　B．很小　　C．一般　　D．较大

E．很大

1）轻伤（轻微的损伤或疾病，一般会损失一个或不到一个工作日，并且需要急诊治疗）。

2）暂时性伤残（会造成任职者一个工作日以上不能工作，但不会造成永久性残疾）。

3）永久性的部分残疾（造成身体器官的部分功能永久性丧失的疾病或损伤，如手指断残、耳聋等）。

4）永久性的完全残疾、死亡（如失明、截肢、患放射性疾病等）。

3．工作的个人和社会侧面

1）特殊的义务（任职者由于从事本职工作而应承担的特殊义务或责任，如警察、机要秘书等的工作义务）。

2）挫折感（如科学家多次实验失败，管理者管理失误，经营者面对原料或能源供应不足，正常的工作秩序被打乱等）。

3）个人利益的牺牲（不会造成身体伤害的其他牺牲，如执法、执行公务、做社会工作等时，需要服从集体利益）。

4）人际冲突（如处理人际纠纷的谈判，必须采取某些得罪人的管理措施等）。

（六）其他职务特点

1）着装：

A．自由着装

B．体面的职业着装（如国家机关工作人员在办公室，商人进行贸易谈判时等穿着的服装应得体）

C．专门的制服、服饰（如护士、警察、飞机或列车乘务员、宾馆或饭店里的服务人员等）

D．工作服（在工厂车间、建筑工地、实验室工作时穿着的作业服装）

E．防护用具（如安全帽、护镜、耳罩、隔离手套、服装、面具等，不包括偶然的情况）

2）从事工作所必需的执照、证书（如律师证、医师资格证等）。

3）工作时间稳定性（以全年为准）：

A．无规律　　B．有规律

4）工作时间的固定性：

A．工作时间无规律（取决于领导、顾客或工作需要等，如秘书、警察、保险公司职员等）

B．轮班工作（轮流上不同的班次）

C．工作时间及长短固定不变（每周的作息时间基本相同）

5）昼夜作息时间：

A．白天工作　　B．夜间工作

C．白天和夜晚都可能工作

6）特定的工作速度（如在流水装配线上等）。

7）重复操作（在一段时间内不断地重复同样的身体动作或心智活动）。

8）循环的工作活动（通常以周、天或小时为周期，完成一系列作业活动；任职者在工作时间内有一定的活动自由。如邮递员、巡警等）。

9）遵循操作规程（如质量检查，按规定程序更换轮胎，按照专门程序进行实验等）。

10）期限压力（如顾客高峰时间的餐馆服务、履行合同的最后期限、紧迫的任务等）。

11）精确性（比一般情况下要求更精确）。

12）注意细节（要求注意自己工作中的各种细节，以确保没有遗漏任何方面）。

13）观察（运用视觉、听觉、触觉等确认或辨别出某些事物、过程、行为或其特征、性质等）。

14）警觉不常发生但又至关重要的事件（如注意森林火灾，监视仪表盘的各种异常变化等）。

15）持续监视连续变化的事件（如驾驶汽车、飞机，持续观察仪表盘和计量器上不断发生的变化）。

16）在有干扰的条件下工作（如时常被电话打断，被他人的来访干扰等）。

17）不断更新的业务知识（要求跟上业务知识变化的潮流，了解与业务有关的新发展）。

18）对他人安全的责任（重视防止伤害他人，但不包括个人无法控制的自然灾害）：

A．无

B．较小（任职者对他人的安全仅承担很小的责任，如使用小型手工工具，使用无危险的机器等）

C．一般（任职者必须注意以防止伤害他人，如操纵机床、汽锤、起重机及开汽车等）

D．重大（任职者必须保持极大的关注以防止对他人的严重伤害，如控制危险的化学品，实施爆破等）

E．极重大（他人的安全几乎完全取决于任职者正确的行动，如驾驶飞机，实施外科手术等）

19）对物质财产浪费、损坏、报废或其他损失的责任（根据对这些损失的直接责任大小来评定）：

A．无　　B．较小　　C．一般　　D．很大

E．完全责任

20）一般责任（根据责任的大小来评定，但不包括对他人安全和对物质财产的责任）：

A．无　　B．较小　　C．一般　　D．很大

E．完全责任

21）职务的限定性（限定性越高，对改变、决策、适应情况变化的需要也越小）：

A．没有（完全没有约束，工作中必须运用智慧和创造性来解决许多新问题，如化学家、大学教授等）

B．较小（较少限制，任职者可能通过改变工作方法、更换设备等解决问题，如建筑师、工程师等）

C．中等（有可能相当程度地偏离常规，但通常会受到一些合理限制，如大堂经理等）

D．较大（有可能适度偏离常规，如仓库管理员、机器操作员等）

E．很大（不能偏离常规，如流水线作业等）

22）职位的关键性（任职者在本职位工作中的不良表现可能造成重大消极影响）：

A．无　B．较小　C．中等　D．较大

E．很大

参考文献

[1] 刘子龙，张颖昆．人力资源管理[M]．北京：机械工业出版社，2010.

[2] 德斯勒，陈永华．人力资源管理：第 2 版[M]．赵曙明，高素英，译．北京：机械工业出版社，2013.

[3] 彭剑锋．人力资源管理概论[M]．3 版．上海：复旦大学出版社，2018.

[4] 陈国海，马海刚．人力资源管理学[M]．北京：清华大学出版社，2016.

[5] 郑晓明．人力资源管理导论[M]．3 版．北京．机械工业出版社，2011.

[6] 文跃然．人力资源战略与规划[M]．上海：复旦大学出版社，2007.

[7] 梅洛．战略人力资源管理[M]．吴雯芳，译．北京：中国财政经济出版社，2004.

[8] 中国就业培训技术指导中心．企业人力资源管理师：一级[M]．3 版．北京：中国劳动社会保障出版社，2014.

[9] 侯光明．人力资源战略与规划[M]．北京：科学出版社，2018.

[10] 刘昕．人力资源管理[M]．3 版．北京：中国人民大学出版社，2018.

[11] 陈春花．组织行为学[M]．3 版．北京：机械工业出版社，2013.

[12] 刘毅．现代企业人力资源开发与管理[M]．哈尔滨：哈尔滨工程大学出版社，2007.

[13] 诺伊，霍伦贝克，格哈特，等．人力资源管理赢得竞争优势：第 9 版[M]．刘昕，荣茂昌，译．北京：中国人民大学出版社，2018.

[14] 陈维政，余凯成，程文文．人力资源管理[M]．4 版．北京：高等教育出版社，2016.

[15] 孟庆伟．人力资源管理通用工具[M]．北京：清华大学出版社，2006.

[16] 王丽娟．招聘与录用[M]．北京：中国人民大学出版社，2012.

[17] 时勘．基于胜任特征模型的人力资源开发[J]．心理科学进展，2006，14(4)：586-595.

[18] 张爱卿．人才测评[M]．2 版．北京：中国人民大学出版社，2011.

[19] 张继辰，文丽颜．华为的人力资源管理[M]．2 版．深圳：海天出版社，2010.

[20] 陈国海．员工培训与开发[M]．北京：清华大学出版社，2012.

[21] 威克，波洛克，杰斐逊．将培训转化为商业结果：第 2 版[M]．周涛，宋亚南，译．北京：电子工业出版社，2013.

[22] 石金涛．培训与开发[M]．4 版．北京：中国人民大学出版社，2019.

[23] 刘永中．培训经理手册[M]．海口：南海出版公司，2004.

[24] 翟莲子．通用电气：强制分配法应用改进[J]． 销售与市场，2005(11)：92-93.

[25] 黎志锋，余永生． 五星图模型：一种新的绩效考评方法[J]． 管理科学，2004(10)：53-58.

[26] 张颖昆，曹慧．人力资源管理[M]．北京：北京出版社，2013.

[27] 周晓飞．薪酬设计与绩效考核案例实操指南[M]．北京：中国铁道出版社，2017.

[28] 刘艳红，张艳萍．薪酬管理理论与实务[M]．北京：电子工业出版社，2016.

[29] 程延园．劳动关系[M]．4 版．北京：中国人民大学出版社，2016.

[30] 林嘉，范围．劳动关系法律调整模式论：从《劳动合同法》的视角解读[J]．中国人民大学学报，2008(06)：107-115.

[31] 张网成．我国劳动争议现状及发展趋势[J]．中国劳动关系学院学报，2008(03)：40-44．
[32] 张倜．劳动关系管理[M]．北京：电子工业出版社，2006．
[33] 董保华．劳动合同研究[M]．北京：中国劳动社会保障出版社，2005．
[34] 刘德恩，包昆锦．职业生涯规划[M]．北京：北京师范大学出版社，2007．
[35] 德鲁克．德鲁克管理思想精要[M]．李维安，译．北京：机械工业出版社，2019．
[36] 刘澜．管理的十大真相[M]．北京：当代世界出版社，2008．
[37] 余嘉丽，张妮．美国竞业限制协议的效力认定及对我国的启示[J]．科技视界，2013（07）：18，51．